HISTOIRE ANCIENNE
DE L'EGLISE

L. DUCHESNE

Histoire ancienne de l'Église

Tome I.

TROISIÈME ÉDITION

PARIS
E. DE BOCCARD, Éditeur
LIBRAIRE DES ÉCOLES FRANÇAISES D'ATHÈNES ET DE ROME
1, Rue de Médicis, 1

1923

A

M. GASTON BOISSIER

PRÉFACE

Au temps de la persécution de Dioclétien, alors que les églises étaient détruites, les livres saints brûlés, les chrétiens proscrits ou contraints d'apostasier, un d'entre eux travaillait tranquillement à compiler la première histoire du christianisme. Ce n'était pas un esprit supérieur, mais c'était un homme patient, laborieux, consciencieux. Depuis de longues années déjà, il rassemblait des matériaux en vue du livre qu'il méditait. Il réussit à les sauver du naufrage et même à les mettre en œuvre. C'est ainsi qu'Eusèbe de Césarée devint le père de l'histoire ecclésiastique. A ceux qui, longtemps après lui, en des jours sombres, eux aussi, reprennent son dessein, incombe avant tout le devoir de rappeler son nom et ses incomparables services. S'il n'avait pas, avec une diligence sans égale, fouillé les bibliothèques palestiniennes où le docteur Origène et l'évêque Alexandre avaient recueilli toute la littérature chrétienne des temps anciens, nos connaissances sur les trois premiers siècles de l'Eglise se réduiraient à bien peu de chose. Grâce à lui nous nous trouvons en mesure, non sans doute de ne pas regretter le naufrage de cette littérature, mais au moins de pouvoir l'apprécier sur de notables débris.

Eusèbe, pourtant, n'est pas notre seul témoin. Plusieurs des livres antiques dont il nous parle et même quelques-uns dont il ne parle pas se sont conservés jusqu'à nous; d'autres ont passé sous les yeux de liseurs infatigables et communicatifs, comme saint Epiphane, saint Jérôme et Photius. L'histoire littéraire du christianisme en sa primitive époque est chose possible. On l'a tentée souvent. L'Allemagne possède, en ce genre, l'exposition toute neuve et bien remarquable de M. O. Bardenhever [1]. Depuis une trentaine d'années, l'actif laboratoire de M. Adolf Harnack travaille, comme Eusèbe avant la persécution, à rassembler les documents d'une grande synthèse. Le monde scientifique est tenu au courant des préparatifs par la collection des « Textes et recherches » [2] et surtout par la publication de deux ouvrages préliminaires sur la tradition de l'ancienne littérature chrétienne et sur sa chronologie [3].

---

1. *Geschichte der altkirchlichen Litteratur*, Herder, 1902-1903, 2 vol.
2. *Texte und Untersuchungen zur Geschichte der altchristlichen Litteratur*, Leipzig, Hinrich.
3. *Geschichte der altchristlichen Litteratur* ; 1re partie : *Die Ueberlieferung und der Bestand* (1893) ; 2e partie : *Die Chronologie* (1897-1904). Je dois mentionner aussi la collection des écrivains chrétiens des trois premiers siècles, publiée sous les auspices de l'académie de Berlin : plusieurs volumes ont déjà paru.

Ces travaux, auprès desquels il serait aisé d'en citer d'autres, originaires de France [1], d'Angleterre et d'Italie, ont grandement éclairé les vieux textes et leurs mutuels rapports. La documentation a fait vraiment de grands progrès. Vers la fin du XVIIe siècle l'honnête et judicieux Tillemont établit ses dissertations sur la plus consciencieuse étude des sources connues de son temps. Il serait bien étonné, s'il réapparaissait, de voir tout ce qu'on a découvert depuis.

Cependant il ne faut pas croire que le progrès des études ait modifié essentiellement, ou même grandement, la tradition qui s'exprime en ses doctes volumes. Les résultats partiels acquis par tant de découvertes et d'efforts tendent en somme à justifier la façon de voir des sages critiques du temps de Louis XIV. On est revenu des systèmes insensés dont Tubingue eut la primeur; d'autres, il est vrai, les ont remplacés, car le cerveau humain est toujours fécond en inventions bizarres. Mais il y a une opinion moyenne, représentée par les jugements des gens graves et sains d'esprit, qui s'impose au public de sens rassis. Je n'ai pas besoin de dire que je crois être de celle-là. Peut-être me flatté-je. Mais je me sens une égale horreur pour la niaiserie de certains systèmes et pour

---

1. Surtout P. Monceaux, *Histoire littéraire de l'Afrique chrétienne*, 1901.

celle de certaines légendes. Je crois même que, s'il fallait choisir, les légendes, où il y a au moins un peu de poésie et d'âme populaire, auraient encore ma préférence.

Donc la tâche que j'entreprends ici, tâche modeste, d'exposition et de vulgarisation, peut se justifier par les progrès de la recherche érudite. Cependant si j'ai pris la plume, c'est que j'y ai été exhorté et presque contraint par tant de personnes, que j'ai dû, pour en obtenir le repos, leur donner satisfaction [1].

Ces personnes ne me défendront pas contre les critiques, car elles ne sont pas, pour la plupart, des personnes de plume. Mais les gens experts et sensés m'excuseront d'eux-mêmes de ce que, voulant faire un livre lisible, je ne me suis pas encombré de discussions critiques et de bibliographie. Ils comprendront aussi pourquoi je ne me suis pas trop attardé aux toutes premières origines. Traitées avec l'ampleur nécessaire, les questions relatives à la fondation de l'Eglise en général et aux premières phases de l'évangélisation m'auraient retenu trop longtemps en dehors de ce qui est le sujet propre de mon livre. Chaque chose a son temps, et sa place. On me pardonnera aussi une certaine ten-

---

1. Je dois avouer que j'ai été inspiré aussi par le désir d'arrêter la circulation d'un vieux cahier de cours, lithographié depuis bientôt trente ans, qui me semble avoir trop vécu pour ma gloire.

dance à limiter ma curiosité. J'admire beaucoup les personnes qui veulent tout savoir, et je rends hommage à l'ingéniosité avec laquelle elles savent prolonger, par des hypothèses séduisantes, les perspectives ouvertes sur témoignages bien vérifiés. Pour mon usage personnel je préfère les terrains solides; j'aime mieux aller moins loin et marcher avec plus de sécurité, *non plus sapere quam oportet sapere, sed sapere ad sobrietatem.*

Rome, 22 novembre 1905.

Avis sur la deuxième édition

L'accueil fait à ce livre a été si favorable que, deux mois après la mise en vente de la première édition, il a fallu en préparer une deuxième. Elle est exactement semblable à la première. En trois endroits seulement de légers changements ont été introduits : p. 320, on a dû noter la découverte du texte grec de la Chronique d'Hippolyte ; p. 460, on a tenu compte de renseignements biographiques fournis, sur Jules Africain, par un papyrus récemment publié ; enfin, p. 353, note 2, d'après l'avis d'un hébraïsant exercé, on a modifié l'appréciation d'abord émise sur une différence de traduction entre les Septante et saint Jérôme.

CHAPITRE I.

L'Empire romain patrie du christianisme.

La Méditerranée et le monde antique. — L'empire romain et ses voisins. — Le peuple juif et la religion juive. — Les provinces romaines et l'organisation municipale. — Mœurs, idées, religion : mystères, cultes orientaux. — Préparation évangélique.

Au moment où naquit le christianisme, l'empire pacifique de Rome s'étendait sur tous les pays riverains de la Méditerranée. Dans l'ensemble du monde il correspondait à peu près à ce qu'est maintenant l'Europe ; mais il était plus isolé. Sans parler de l'Amérique, encore insoupçonnée, les grandes agglomérations humaines de la Chine, de l'Inde, de l'Afrique intérieure, ignoraient la Méditerranée comme elles étaient ignorées d'elle. Avec ces pays presque fabuleux on aurait pu, il est vrai, communiquer par le Nil ou par les deux golfes qui flanquent la péninsule arabique et s'ouvrent sur la mer des Indes : c'est précisément sur ces grands chemins du monde que, depuis les temps les plus reculés, prospérèrent les empires d'Egypte, d'Assyrie, de Chaldée et de Susiane. Mais, malgré leur situation géographique, si favorable aux relations lointaines, ces états semblent avoir été toujours à peu près fermés du côté de l'Orient. C'est vers la Méditerranée que se portait leur expansion conquérante et civilisatrice ; c'est aussi de ce côté qu'ils finirent par se heurter à des nations plus jeunes, destinées à arrêter leur développement, à fermer leur histoire et à les remplacer dans la direction politique de l'Asie occidentale.

Au VI⁰ siècle avant notre ère, le Nil et l'Euphrate se trouvèrent réunis sous la domination des Perses, race entreprenante, dont les conquêtes atteignirent la mer Egée et le Danube, en même temps qu'elles s'étendaient à l'est jusqu'à l'Indus. Deux cents ans plus tard, Alexandre brisa cet empire passager et mit l'Orient sous l'autorité des Grecs. L'établissement politique par lequel il essaya de couronner ses magnifiques aventures n'eut, sans doute, qu'une durée bien éphémère. Mais la conquête macédonienne doit être considérée surtout comme l'avènement de l'hellénisme en Orient. En ces pays d'antique et puissante culture, Alexandre inaugura un régime destiné à une toute autre fortune que son empire à lui. De bonne heure, il est vrai, l'Iran reprit son indépendance et vécut à part des royaumes grecs, entraînant avec lui ses vieux vassaux du Tigre et de l'Euphrate. Mais ni les rois Parthes, ni leurs successeurs Sassanides, ne parvinrent à reprendre, en face de l'Occident, le rôle des Assourbanipal et des Darius. Tout développement de ce côté leur fut interdit. Sans doute ils virent tomber les royaumes grecs, mais les légions romaines s'installèrent à leur place. La frontière était désormais gardée pour de longs siècles. Maîtresse de l'Italie, victorieuse à Carthage et en Grèce, Rome brisa en 64 la royauté des Séleucides ; trente ans après elle hérita de celle des Ptolémées. La Méditerranée tout entière, depuis Antioche jusqu'à l'Espagne, reconnaissait son empire. César y joignit la Gaule ; Auguste porta sa frontière jusqu'au Danube, Claude jusqu'à l'Ecosse. Au nord le monde romain ne se heurtait qu'à des populations barbares ; l'Océan formait sa frontière à l'ouest, le désert au sud. Ce n'est qu'à l'Orient, du côté du Tigre et de l'Arménie, qu'il confinait à un autre empire ; encore le contact avec les Parthes était-il atténué par l'interposition d'une ligne de petits royaumes tributaires, depuis le Pont-Euxin jusqu'à la mer Rouge.

C'est dans un de ces petits états, la Judée, que le christianisme apparut. Le judaïsme, qui le précéda et le prépara, fut d'abord représenté, en ce coin de la Syrie méridionale, par la vie religieuse d'un petit peuple formé de tribus diverses, rassemblé en un royaume, puis en deux, qui ne durèrent pas longtemps et tombèrent sous les coups des Assyriens et des Chaldéens. Au moment de la dernière catastrophe (590), cette vie religieuse, progressivement épurée sous l'influence de prophètes inspirés, avait pour centre le sanctuaire national de Jérusalem. On y adorait un dieu unique, on l'adorait comme le seul vrai Dieu et Seigneur, auprès duquel toutes les autres prétendues divinités n'étaient qu'idoles et démons.

L'Israélite le connaissait comme auteur et maître du monde ; il se savait lié à lui par des pactes antiques et spéciaux. Jahvé, le Créateur, était son dieu à lui, comme il était, lui, le peuple de Jahvé. De là un sentiment très haut de sa dignité, de sa race et de sa mission ; de là une confiance inébranlable en ses destinées et en Celui qui les lui avait ménagées.

Le temple fut détruit, la dynastie supprimée, le peuple lui-même dispersé en de lointains exils ; Israël espéra quand même et son espérance ne fut pas déçue. Les Perses ruinèrent l'empire chaldéen, prirent et pillèrent l'odieuse Babylone, et finalement permirent aux Juifs de rebâtir leur sanctuaire, de se grouper autour, et même de fortifier Jérusalem. De l'indépendance nationale il fallut faire son deuil ; on se consola en resserrant de plus en plus les liens qui unissaient les fils d'Israël à Jahvé et en Jahvé. Les souverains de Suse accordaient une large autonomie locale, qui fut maintenue après eux par les Ptolémées et les Séleucides, jusqu'au moment où Antiochus Epiphane conçut la folle pensée d'helléniser le peuple de Dieu. La défense religieuse aboutit à l'insurrection. De celle-ci, quand le succès l'eut couronnée, sortit un état autonome, gouverné par les grands prêtres asmonéens, fils des héros de l'indépendance. Peu à peu ces prêtres se transformèrent en rois de Judée. Ce régime dura près de cent ans, jusqu'à l'arrivée des Romains. Pompée, qui mit fin au royaume séleucide et prit Jérusalem (63), laissa subsister, en somme, cet état de choses. Antoine remplaça (40) les derniers asmonéens par un aventurier du pays, Hérode, celui qu'on appelle Hérode le Grand. C'est par son nom que s'ouvre l'Evangile. Quand il mourut (750 de Rome, 4 av. J.-C.) le royaume assez vaste qu'on lui avait attribué fut divisé en trois parts ; celle qui comprenait Jérusalem échut à son fils Archélaüs : il la garda jusqu'en l'an 6 de notre ère. Alors il fut destitué et remplacé par des procurateurs, dont la série, sauf un intervalle de trois ans (Hérode Agrippa, 42-44), se prolongea jusqu'à la grande insurrection de 66.

Au moment où elle éclata, le christianisme était déjà né et sa propagande avait inauguré ses voies. Elles ne le conduisirent pas d'abord vers l'Orient : ce n'est que plus tard qu'on le voit prendre pied dans l'empire parthe. Dès ses débuts il regarda du côté du monde grec et de l'empire romain.

L'empire romain, malgré les scandales dont Rome était le théâtre, assurait la paix, la sécurité, la liberté même, en ce sens qu'il favorisait volontiers la vie des organisations municipales. Les provinces, gouvernées, les unes par des proconsuls annuels au nom du sénat, les autres par des légats propréteurs au nom du prince, pouvaient être considérées comme des groupes de circonscriptions communales administrées par les magistrats élus de la ville chef-lieu. Dans les pays où le régime municipal n'avait pas été introduit, l'autonomie était organisée autrement. Les fonctionnaires, sauf ceux de l'impôt, étaient peu nombreux ; la justice, sauf — et encore pas partout — les causes criminelles, restait aux mains des magistrats municipaux. Cependant les personnes qui jouissaient du droit de cité romaine n'étaient justiciables que des tribunaux de Rome. Les provinces frontières étaient les seules qui eussent des troupes impériales ; le maintien de la paix intérieure était encore affaire locale, confiée aux autorités des villes. Cette organisation libérale n'entraînait pas de désordres graves : des précautions avaient été prises pour que le pouvoir municipal ne sortît pas des classes aisées ; les masses populaires n'avaient aucune influence sur le gouvernement communal.

Sous ce régime le monde prospérait, la civilisation grecque et romaine conquérait rapidement les pays où jusque là avaient régné soit des mœurs différentes, soit la barbarie. Les campagnes conservaient l'usage des anciens idiomes, comme le celte, le punique, l'ibère, l'illyrien, le syriaque, l'égyptien ; dans les villes on ne parlait guère que le grec ou le latin. Un vaste système de routes reliait entre elles les diverses parties de l'empire ; la poste impériale y circulait, en même temps que les voitures des particuliers. La Méditerranée était elle-même une voie immense, sûre et rapide. Aussi les relations, devenues faciles, étaient-elles fréquentes.

Cependant il circulait dans ce grand corps plus de vie matérielle que de sève intellectuelle. Le siècle d'Auguste était passé : l'éloquence et la poésie ne jetaient plus aucun éclat ; les grammairiens avaient succédé aux grands écrivains. La philosophie elle-même subissait une éclipse. Les sectes en vues, l'épicuréisme et le stoïcisme, ne se préoccupaient guère de métaphysique ; les rares esprits qui méditaient encore comme Sénèque, méditaient sur la morale. A Rome, quelques nobles caractères, les Thraséas, les Helvidius Priscus, entretinrent contre la tyrannie des Césars et des Flaviens la protestation de la conscience humaine, en même temps qu'une demi-revendication de la liberté disparue. Mais ni cette généreuse opposition ni la philosophie spéculative n'avaient d'action appréciable sur le populaire de Rome ou sur les masses provinciales.

En religion, les classes supérieures étaient généralement sceptiques. Des anciens cultes, romains ou helléniques, il ne restait guère que les cérémonies officielles. En dehors du rite, la vieille religion de Rome avait été peu de chose. Elle s'adressait à des dieux abstraits, sans forme, sans poésie, quelquefois sans nom. L'imagination grecque, au contraire, avait su revêtir de formes brillantes les abstractions du naturalisme primitif, en avait fait des hommes transcendants en beauté, en force et en intelligence. De ces séduisants immortels les poètes chantaient les exploits et les aventures ; mais nulle théologie sérieuse ne fut déduite de leur panthéon. La philosophie, il est vrai, s'ingénia à donner un sens cosmogonique aux fables religieuses ; mais on arriva ainsi à les discréditer beaucoup plus qu'à les expliquer. Détourné de l'Olympe traditionnel, l'instinct religieux se porta vers les mystères, où l'on prétendait donner le mot des énigmes éternelles, délivrer l'âme captive et lui assurer le bonheur dans une autre vie. Mais les initiations grecques n'attiraient guère le peuple ; quelques-unes, où la morale courait trop de risques, avaient été déjà ou prohibées ou soumises à une étroite surveillance.

La conquête de l'Orient et de l'Egypte introduisit d'autres éléments religieux. Des cultes bruyants, excitants, immoraux, dont les cérémonies admettaient pêle-mêle hommes et femmes, riches et pauvres, libres et esclaves, se répandirent de toute part. L'Egypte fournit ceux d'Isis et de Sérapis, la Syrie ceux d'Adonis et d'Astarté, la Perse celui de Mithra, la Phrygie ceux de Cybèle et de Sabazius. D'innombrables associations se fondèrent partout en l'honneur de ces divinités nouvelles, et leur culte ne tarda pas à donner au sentiment religieux un aliment qu'il ne trouvait plus guère dans les cérémonies officielles.

Celles-ci, d'ailleurs, subissaient une transformation. Les anciens sanctuaires nationaux continuèrent sans doute à être desservis ; mais une divinité nouvelle, plus présente et plus puissante, s'installa à côté des anciennes et leur fit une redoutable concurrence. Je veux parler du culte de Rome et d'Auguste[1]. Ce culte

1. Dans cette formule le nom d'Auguste ne désigne pas l'empereur Octavien-Auguste en particulier, mais l'Auguste vivant, l'empereur en fonctions.

fit sa première apparition, en province, sous l'empereur Auguste, et se répandit avec une extrême rapidité. Dans chaque province une assemblée de délégués des cités se réunissait chaque année auprès d'un temple consacré à Rome et à l'empereur. Ces délégués élisaient parmi eux un prêtre, qui, jusqu'à l'année suivante, exerçait le sacerdoce de ce culte au nom de la province, sous le titre de *flamen*, de *sacerdcs*, d'ἀρχιερεύς (grand-prêtre). On célébrait des sacrifices, et surtout des jeux publics, avec la plus grande solennité ; puis l'assemblée se séparait, après avoir contrôlé la gestion du prêtre sortant de charge. En dehors de ces cérémonies d'un caractère provincial, le culte de Rome et d'Auguste avait, dans la plupart des villes, ses temples et ses prêtres municipaux, et, de plus, ses associations religieuses. Moulé sur l'organisation municipale et provinciale, qu'il rattachait par une sorte de lien sacré au gouvernement suprême de l'empire, il ne tarda pas à représenter le plus clair de la religion officielle.

Tous ces cultes, si divers d'origine et de sens, vivaient ensemble sans qu'aucun d'eux prétendît exclure les autres. On se décidait entre eux suivant ses goûts et ses commodités ; en général on admettait qu'ils pouvaient tous être pratiqués, suivant les circonstances. Le christianisme n'a pas trouvé la place vide. Il lui a fallu extirper des âmes qui s'ouvraient à lui, non seulement l'attachement particulier à tel ou tel culte, mais encore une certaine sympathie pour tous les paganismes qui s'étaient peu à peu croisés ou superposés dans la dévotion vulgaire.

De ce qui vient d'être dit on peut conclure que la propagation du christianisme a trouvé dans la situation de l'empire romain à la fois des facilités et des obstacles. Parmi les facilités il faut mettre au premier rang la paix universelle, l'uniformité de langue et d'idées, la rapidité et la sûreté des communications. La philosophie, par les coups qu'elle avait portés aux vieilles légendes et par son impuissance à créer quelque chose qui les pût remplacer, peut aussi être considérée comme un utile auxiliaire : les Pères de l'Eglise parlent du paganisme comme Lucien. Enfin les religions orientales, en donnant un aliment quelconque au sentiment religieux, l'ont empêché de mourir, lui ont permis d'attendre la renaissance évangélique. Mais à côté des facilités, que d'obstacles ! L'empire romain deviendra bientôt persécuteur ; à plusieurs reprises il entreprendra une lutte à mort contre le christianisme. L'esprit raisonneur de la philosophie grecque s'emparera des éléments doctrinaux de l'enseignement chrétien ; il en fera sortir cent hérésies diverses. Quant aux cultes populaires, s'ils conservaient d'une certaine façon le sentiment religieux, ce n'est pas d'eux que l'on devait attendre un secours quelconque contre ces passions égoïstes et honteuses qui forment toujours, dans les nations comme dans les individus, le plus difficile obstacle à l'œuvre du salut.

CHAPITRE II

La primitive église à Jérusalem.

Le judaïsme dans l'empire et en Palestine. — Les disciples de Jéus : leur propagande, leur organisation. — Saul de Tarse. — Premières conversions parmi les gentils favorables au judaïsme.

« Le salut vient des Juifs » disait Jésus à la Samaritaine. Ce mot caractérise l'aspect extérieur de la propagande évangélique. C'est à Jérusalem qu'elle a son premier point de départ ; c'est en passant par les juiveries établies un peu partout dans l'empire qu'elle atteint les populations païennes.

Depuis que le monde avait été ouvert par Alexandre et par les Romains, le judaïsme avait essaimé. En dehors de la Palestine, son berceau, il possédait, depuis l'exil, un centre important à Babylone. Celui-ci, pourtant, est à peu près négligeable dans l'histoire du christianisme primitif. Il n'en est pas de même de la colonie juive d'Alexandrie, qui formait environ les deux cinquièmes de la population de cette grande ville. De là sortirent, outre l'exégèse de Philon, le livre canonique de la Sagesse et plusieurs apocryphes importants. Cependant, comme l'évangélisation de l'Egypte est entourée d'une obscurité profonde, il n'y a pas non plus à s'arrêter sur ce point. Dans le reste de l'empire, les principales villes avaient une population juive plus ou moins nombreuse, occupée de petit commerce et protégée par des privilèges, plusieurs fois renouvelés depuis les premiers successeurs d'Alexandre. Les enfants d'Israël se réunissaient dans leurs synagogues pour entendre la lecture et l'explication des Livres Saints, prier en commun et traiter les affaires spirituelles ou temporelles de la congrégation locale. Leur formation religieuse comportait d'abord une séparation aussi absolue que possible d'avec les païens, puis la foi au Dieu d'Israël, les espérances messianiques et l'observation de la Loi, mais tempérée par les circonstances et dégagée du formalisme étroit qui régnait à Jérusalem.

En Palestine le Temple, sanctuaire unique du culte de Jahvé, conservait un puissant prestige. La hiérarchie sacerdotale, dirigée par le parti aristocratique des Sadducéens, maintenait avec rigueur les prescriptions rituelles. Mais le luxe, la dépravation, l'indifférence religieuse, qu'affichaient les chefs du sacerdoce, leur platitude en face des autorités romaines, leur mépris pour les espérances messianiques et la doctrine de la résurrection, leur avaient enlevé l'affection du peuple et jetaient, aux yeux de quelques-uns, une certaine déconsidération sur le Temple lui-même. Il se trouvait des gens qui, saisis de dégoût, fuyaient le sanctuaire officiel et ses desservants, pour se livrer, loin du monde, au service de Dieu et à la pratique scrupuleuse de la Loi. Les Esséniens représentent ce mouvement. Ils vivaient groupés en petites communautés sur les bords de la mer Morte, aux environs d'Engaddi.

Les prêtres sadducéens furent les persécuteurs de Jésus-Christ et de ses disciples. Quant aux Esséniens, ils vécurent à côté du christianisme naissant, et, s'ils se joignirent à lui, ce ne fut que tardivement. Les Pharisiens, si souvent stigmatisés dans l'Evangile pour leur hypocrisie, leur faux zèle et leurs observances bizarres, ne formaient pas une secte particulière : leur nom servait à désigner en général les gens scrupuleux pour le culte de la Loi, et non seulement de la Loi, mais de mille pratiques dont ils l'avaient surchargée, leur attribuant autant de valeur qu'aux préceptes essentiels de la morale. Du reste ils étaient les défenseurs fidèles des espérances messianiques et de la croyance à la résurrection. Sous leur attachement excessif et orgueilleux aux détails des observances ils conservaient un fond sérieux de foi et de piété. L'Evangile fit parmi eux de nombreuses et d'excellentes recrues.

Mais comment et en quelles circonstances commença, dans ce monde religieux de Palestine, le mouvement qui devait aboutir à la fondation de l'Eglise ? Tous les renseignements s'accordent à nous indiquer, comme point de départ, un groupe de personnes qui vivaient à Jérualem dans les dernières années de l'empereur Tibère (30-37). Ces premiers fidèles se réclamaient du nom et de la doctrine de Jésus de Nazareth, récemment supplicié par ordre du procurateur Pilate, à l'instigation des autorités juives. Bon nombre d'entre eux l'avaient connu vivant ; tous savaient qu'il était mort crucifié ; tous aussi croyaient qu'il était ressuscité, encore qu'une partie seulement d'entre eux eussent joui de sa présence après sa résurrection. Ils le considéraient comme le Messie promis et attendu, l'envoyé, le Fils de Dieu, qui devait rétablir en ce monde le règne de la justice et donner au bien une revanche éclatante sur le mal. Il avait promis de fonder un royaume, le royaume de Dieu, dont les méchants seraient exclus et dont l'accès était assuré à tous ceux qui s'attacheraient à lui. Son supplice, il est vrai, avait retardé l'accomplissement de la promesse ; mais celle-ci ne tarderait pas à se réaliser. On en avait le gage dans le triomphe remporté sur la mort par la résurrection du Maître. Celui-ci était présentement assis à la droite de Dieu son Père, d'où il allait venir manifester sa gloire et fonder son royaume.

En l'attendant, ses fidèles s'occupaient à répandre la bonne nouvelle, l'Evangile, et à former ainsi le personnel des élus. Ils vivaient en union spirituelle : une même foi, une même attente, les tenaient serrés les uns contre les autres. Leurs chefs étaient douze hommes qui, les années précédentes, avaient vécu dans l'entourage intime de Jésus, avaient reçu de lui les enseignements qu'ils distribuaient en son nom, et se trouvaient en situation d'attester ses miracles. Cette intimité avec le Maître ne les avait pas, à la vérité, empêchés de l'abandonner au moment critique, et ce n'est pas sans résistance qu'ils avaient admis sa résurrection. Maintenant leur conviction était au-dessus de toute contradiction et de toute épreuve. On ne tarda pas à le constater.

Ce premier groupe de fidèles demeurait profondément imbu de l'esprit juif. Entre eux et les juifs pieux il n'y avait guère de dissidence possible. Tout ce que croyaient, espéraient ou pratiquaient, les personnes sincèrement religieuses de leur nation, ils le croyaient aussi, l'espéraient, le pratiquaient. Comme les autres ils allaient au Temple, comme les autres ils se soumettaient aux observances communes du mosaïsme. Un seul point les caractérisait : le Messie, pour eux, n'appartenait pas aux indéterminations de l'avenir. Ils l'avaient trouvé, car il était venu et s'était fait connaître : ils étaient sûrs de le revoir bientôt.

Mais s'il n'y avait là rien qui sortît du cercle des idées ou préoccupations juives, on ne saurait dire qu'une telle espérance, avec le groupement dont elle était la raison d'être, pût agréer au sacerdoce juif, pût même lui demeurer indifférente. Se réclamer de Jésus, et surtout le désigner comme l'espoir d'Israël, c'était protester contre l'exécution d'un personnage que les chefs de la nation avaient jugé dangereux, coupable, digne de mort. D'autre part, le mouvement populaire, dont les manifestations avaient si fort alarmé le grand-prêtre, reprenait sous une autre forme. Au lieu d'acclamations bruyantes on se trouvait en présence d'une prédication discrète : mais les adhérents solides paraissaient déjà plus nombreux qu'au temps de Jésus ; ils se multipliaient chaque jour ; une société s'organisait pour les encadrer. Ils avaient leurs chefs, et c'étaient précisément les amis que Jésus avait recrutés en Galilée, dès la première heure.

Dans ces conditions il était difficile que les autorités juives ne fissent pas la vie dure aux disciples de Jésus. C'est en effet ce qui arriva, comme nous le voyons dans les récits du livre des Actes[1]. Les apôtres, arrêtés et réprimandés, faisaient tête aux prohibitions, supportaient verges et prison, sans se laisser intimider. Les prêtres, d'ailleurs, ne pouvaient faire tout ce qui leur plaisait. Le procurateur, apparemment, ne se prêtait pas volontiers à de nouveaux supplices. Il y eût un moment plus dur à passer. Etienne, l'un des premiers convertis, auxiliaire zélé des apôtres, fut accusé de blasphème contre le lieu saint et contre la loi de Moïse. A en juger par le discours que le livre des Actes lui fait tenir, il semble bien que ses propos aient eu quelque véhémence spéciale. Toujours est-il que le sanhédrin, enhardi peut-être par la mollesse du procurateur, ou profitant d'un moment de vacance de cet emploi, prononça contre Etienne une sentence de mort et le fit lapider selon les formes traditionnelles. A la suite de cet événement, des mesures rigoureuses

---

1. Cf. *Matth.* X, 16-24 ; *I Thess.* II, 14.

furent prises contre les fidèles, et la communauté, effrayée, se dispersa pour un temps. L'alarme, cependant, ne fut pas bien longue, et l' « Eglise », comme on commençait à dire, ne tarda pas à se réformer.

Son organisation intérieure ne paraît pas avoir été bien compliquée. On y entrait par le baptême, symbole de l'adhésion à Jésus, au nom de qui il était conféré, et en même temps de la conversion, de la réforme morale, que le fidèle s'imposait. Un repas commun et quotidien était le signe et le lien de la vie corporative. On y célébrait l'Eucharistie, mémorial sensible et mystérieux du Maître invisible. Dans les premiers jours le besoin de vivre ensemble fut si intense que l'on alla jusqu'à la communauté des biens. De là des développements administratifs : les apôtres se choisirent sept auxiliaires qui devinrent les prototypes des diacres. Un peu plus tard on voit apparaître une dignité intermédiaire, un conseil d'anciens (*presbyteri*, prêtres), qui assistent les apôtres dans la direction générale et délibèrent avec eux.

Bien qu'elle eût pris rapidement un développement assez considérable, cette première communauté chrétienne dut renoncer de bonne heure à s'incorporer l'ensemble des juifs palestiniens. Sa propagande se heurta non seulement à la malveillance des autorités religieuses, mais aussi à la résistance de l'opinion générale. Contrariée à Jérusalem, elle se répandit ailleurs, moins, semble-t-il, en vertu d'un plan préconçu que sous l'action des circonstances. La dispersion qui

Duchesne, *Hist. anc. de l'Egl.* - T. I.

suivit la mort d'Etienne transporta au loin nombre de fidèles enthousiastes, qui semèrent la « bonne nouvelle » par toute la Palestine et même au delà, en Phénicie, en Syrie, jusque dans l'île de Chypre. La Galilée, première patrie de l'Evangile, devait avoir conservé un noyau d'anciens disciples ; il y en avait même à Damas, dans le royaume d'Arabie. C'est à ce moment et dans ces circonstances que vint à l'Eglise naissante l'adhésion la moins prévue, en la personne de Saul de Tarse, ardent et savant zélateur de la Loi, jusqu'alors persécuteur fanatique des disciples de Jésus. Converti par une apparition du Seigneur sur la route de Jérusalem à Damas, il se joignit d'abord aux fidèles de cette dernière ville, puis se mit à évangéliser le royaume d'Arabie.

Comme toutes les recrues de cette première heure, Saul était un juif de race, imbu de l'esprit exclusif et dédaigneux qui animait ses congénères et réglait leurs rapports avec les gens étrangers à leur nation. Dans ce petit monde il allait de soi que le royaume de Dieu était pour le peuple de Dieu, pour cette nation privilégiée que Dieu avait comblée de tant de faveurs, à qui il avait fait tant de promesses. Mais comme le peuple de Dieu semblait peu disposé, dans son ensemble, à se ranger parmi les fidèles de Jésus, il se produisit chez ceux-ci une certaine tendance à élargir les bases de leur communauté. Quelques-uns d'entre ceux que la persécution avait chassés de Jérusalem s'adressèrent à des personnes bien disposées pour la religion juive et la pratiquant d'une certaine façon, comme le ministre de la reine d'Ethiopie et le centurion Corneille. Les Samaritains eux-mêmes furent atteints par la prédication évangélique. Le livre des Actes rapporte à ce propos quelques épisodes choisis, bien propres à caractériser cette situation. On sent dans ces récits, même quand cela n'est pas dit expressément, que de telles conversions n'allaient pas sans quelque difficulté. L'admission du centurion Corneille et de son groupe souleva chez les fidèles de Jérusalem des objections assez vives pour que l'apôtre Pierre se sentît obligé de les écarter ; il ne le fit qu'en se couvrant d'une intervention divine.

Les événements et développements rapportés jusqu'ici se placent entre les années 30 et 42 ; c'est à peu près tout ce qu'on en peut dire, au point de vue de la chronologie, laquelle, faute de données bien sûres, demeure, pour le détail, très incertaine. En l'année 42 on revit un roi juif à Jérusalem, Hérode Agrippa, petit-fils d'Hérode le Grand, qui, depuis quelques années déjà, gouvernait les tétrarchies de Philippe et d'Hérode Antipas (Transjordanie et Galilée). Installé dans la ville sainte par la grâce de l'empereur Claude, il y régna trois ans. Ce fut un dur moment pour la communauté chrétienne. Agrippa avait tout intérêt à flatter les chefs de l'aristocratie sacerdotale ; il se mit au service de leurs rancunes contre les disciples de Jésus. Plusieurs d'entre eux en pâtirent. L'un des apôtres les plus en vue, Jacques, fils de Zébédée, fut décapité ; Pierre fût arrêté aussi ; le même sort lui était réservé ; il n'y échappa que par miracle.

Mais Hérode mourut peu après (44) ; le régime des procurateurs fut rétabli et les fidèles retrouvèrent une sécurité relative.

Une ancienne tradition rapporte à ce temps la dispersion des douze apôtres, demeurés jusque là dans la communauté de Jérusalem. Les violences d'Hérode, dirigées surtout contre eux, expliqueraient assez leur départ. Toutefois Pierre se trouvait encore à Jérusalem quelques années après[1].

1. Sur cette tradition, v. Harnack, *Chronologie*, t. I, p. 243, et Dobschütz, *Texte und Unters.*, t. XI[1], p. 51. M. Harnack attache, je crois, trop d'importance à cette tradition, qui semble dériver de quelque écrit apocryphe, comme le Kérygme de Pierre.

CHAPITRE III

Antioche et les missions de saint Paul.

Juifs hellénistes. — Fondation d'un groupe chrétien à Antioche. — Mission de Saul et de Barnabé dans la haute Asie-Mineure. — Situation des convertis du paganisme : conflits intérieurs. — Saint Paul en Macédoine, en Grèce et à Ephèse. — Son retour à Jérusalem. — Sa situation en face des judéo-chrétiens. — Ses lettres, sa captivité.

Dans le milieu chrétien primitif, les éléments les plus traditionnels, les plus conservateurs, au point de vue juif, étaient représentés par les convertis venus du judaïsme palestinien, dont la langue était l'araméen et dont l'esprit ne pouvait être que fermé aux influences extérieures. Mais il y avait aussi, même à Jérusalem, des juifs venus du dehors, des juifs de race et de religion, mais non de langue et de patrie. Ceux-ci étaient originaires des colonies juives établies depuis longtemps dans les pays grecs. Ils se sentaient de leur milieu, si différent de la ville sainte. En dépit de leur attachement à la tradition nationale et aux observances religieuses de leur pays d'origine, ils avaient trop de points de contact avec l'hellénisme pour n'être pas un peu ouverts à des idées différentes des leurs. Dès les premiers jours, un certain nombre d'entre eux, résidant à Jérusalem, s'étaient attachés aux apôtres. Lorsque la persécution eut dispersé pour un temps la communauté hiérosolymite, quelques-uns de ces convertis portèrent l'Evangile dans les villes de la côte phénicienne, dans l'île de Chypre et jusqu'à Antioche. Il y en eût même — ils étaient originaires de Chypre et de Cyrénaïque — qui se hasardèrent à le prêcher aux « Grecs » d'Antioche, c'est-à-dire à des personnes qui, si bien disposées qu'elles aient pu être à l'égard du Dieu d'Israël, n'appartenaient pourtant pas au peuple circoncis. Beaucoup de conversions se produisirent, et ainsi se forma le noyau de l'église d'Antioche, qui devint promptement comme un second centre de développement chrétien et surtout de propagande évangélique.

L'église d'Antioche fut organisée par Barnabé, fidèle d'origine chypriote, un des plus anciens et des plus zélés parmi les disciples de la première heure. La communauté de Jérusalem, émue d'abord de cet afflux de gentils, le commissionna pour arranger les choses. C'était un heureux choix. Barnabé avait assez de largeur d'esprit pour comprendre la situation et l'avenir du nouveau groupe. Il s'associa Saul, le persécuteur converti, qui, depuis quelque temps, était retourné dans son pays de Tarse. Grâce à eux le nombre des croyants s'augmenta très rapidement. C'est à Antioche que les disciples de Jésus furent d'abord appelés chrétiens[1], c'est-à-dire gens du Messie ou du Christ.

1. En dehors du passage des *Actes* (XI, 26) où se trouve signalée l'apparition de ce nom, on ne le rencontre que deux fois dans le N. T. (*Act.*, XXVI, 28 ; *I Petr.*, IV, 16), et encore comme une dénomination usitée parmi les non-chrétiens. Il ne figure pas non plus dans les Pères apostoliques, sauf chez saint Ignace, qui était d'Antioche (Harnack, *Mission*, p. 295).

Là s'organisa la première mission lointaine. C'est encore Saul et Barnabé qui en furent chargés. Ils se rendirent d'abord dans l'île de Chypre et la traversèrent tout entière, de Salamine à Paphos, où le proconsul Sergius Paulus, frappé de leurs miracles, embrassa la foi. De là ils passèrent en Asie-Mineure et séjournèrent longtemps en diverses localités de Pamphylie, de Pisidie et de Lycaonie. Ils s'arrêtaient dans les villes où il y avait des colonies juives, se rendaient le samedi à la synagogue et y commençaient leur prédication. Celle-ci n'avait jamais, auprès des vrais juifs, qu'un succès limité ; mais les prosélytes, « les gens craignant Dieu », c'est-à-dire les païens plus ou moins ralliés au monothéisme israélite, l'écoutaient plus volontiers. Il y eut beaucoup de conversions parmi eux et même parmi les païens proprement dits, quand la prédication apostolique, évincée des synagogues, s'adressa directement à eux. Au bout de quatre ou cinq ans, les missionnaires reprirent le chemin d'Antioche ; les villes où ils avaient séjourné avaient toutes une petite communauté chrétienne, séparée de la communauté juive et organisée sous la conduite d' « anciens » (*presbyteri*, prêtres), installés par eux.

Saul, qui s'appelait maintenant Paul, et son compagnon Barnabé furent chaleureusement accueillis par l'Eglise. Leurs conversions et spécialement les succès qu'ils avaient obtenus auprès des païens ne pouvaient manquer d'intéresser au plus haut point. Cependant elles soulevaient avec une intensité très grande un problème qui avait dû se poser déjà, surtout dans la communauté d'Antioche. A quelles conditions devait-on admettre ces recrues, faites soit directement dans le paganisme, soit parmi les prosélytes du judaïsme ? Devait-on leur imposer toutes les obligations religieuses qui pesaient sur les juifs de race, et spécialement les soumettre à la circoncision ? Tel n'était pas l'avis de tout le monde, surtout des missionnaires. Mais la solution rigoriste avait aussi des partisans nombreux et influents. Un conflit s'éleva et l'on se décida à le porter devant les apôtres et les « anciens » de Jérusalem. Une députation partit d'Antioche pour la ville sainte ; Paul et Barnabé en firent partie. Ils eurent d'abord à lutter, et cela se conçoit dans un tel milieu, contre une opposition très décidée. Cependant les autorités, surtout Pierre, Jean et Jacques, « frère du Seigneur », se rangèrent à leur avis et le firent prévaloir. On partit, semble-t-il, de cette idée que, de même qu'il y avait un peu partout des prosélytes à côté des juifs proprement dits et que les uns et les autres étaient admis aux assemblées des synagogues, de même aussi les églises chrétiennes pouvaient comporter deux classes de fidèles, identiques au point de vue de l'initiation au christianisme, mais distinctes au point de vue de l'incorporation au judaïsme. Cette solution fut notifiée à l'église d'Antioche, par une lettre que lui portèrent Judas Barsabba et Silas, deux membres de celle de Jérusalem.

Il semblait que tout fût arrangé. On en était loin. Battus sur le principal, les juifs de stricte observance se rejetèrent sur le détail. Ils n'avaient pu empêcher qu'on prêchât aux païens et qu'on les admît dans la communauté ; ils cherchèrent à leur faire assigner une place à part. Un des points sur lesquels sévissait le scrupule juif, c'était la question des repas. Manger avec des païens, des incirconcis, répugnait extrêmement aux israélites de vieille roche. Ceci était très grave dans la circonstance, car le principal acte religieux de la communauté chrétienne, c'était précisément un repas commun. Du moment où les fidèles du lieu ne pouvaient pas manger ensemble, c'en était fait de la communion, de l'unité. De cette situation ce qui serait sorti, ç'eût été, non pas la fraternité chrétienne, mais une société religieuse à deux étages, comme le fut plus tard la secte des Manichéens.

A Jérusalem, où l'on était entre juifs, on n'avait pas le sentiment de ce danger. Paul, dont le regard portait plus loin, se désolait de voir, même à Antioche, les circoncis se segréger de ceux qui ne l'étaient pas. Pierre s'étant transporté dans la capitale syrienne, il le décida tout d'abord à entrer dans ses vues et à prendre part aux mêmes repas que les chrétiens incirconcis. Mais le parti juif avait l'œil sur le chef des apôtres. On vit arriver des gens de Jérusalem, venus de la part de Jacques ou le disant, qui le firent changer d'attitude. Son exemple entraîna beaucoup de défections : Barnabé lui-même se sépara du compagnon de ses travaux apostoliques. Mais Paul ne s'abandonna pas. Il résista en face au grand chef des fidèles et lui reprocha, en termes assez durs, l'inconséquence de son attitude.

On ne saurait dire quelle fut l'issue immédiate et locale de ce conflit. Une chose est certaine, c'est que les idées de Paul finirent par prévaloir dans l'organisation des sociétés chrétiennes. Cela était inévitable. Les juifs convertis, sauf en Palestine, se trouvaient déjà et se trouvèrent de plus en plus, dans la situation de minorité. L'expansion chrétienne, partie d'eux, s'opéra en dehors d'eux.

A procurer ce résultat Paul employa le reste de sa carrière. Il ne tarda pas à repartir pour l'Asie-Mineure, en compagnie, non plus de Barnabé, avec lequel, en raison du récent conflit et pour d'autres motifs [1], il se trouvait un peu en froid, mais de Silas, notable chrétien de Jérusalem, gagné évidemment à sa manière de voir. En passant par la Lycaonie, il s'adjoignit un auxiliaire précieux, Timothée, né d'un père « hellène » et d'une mère juive. Il le fit circoncire, car il savait se plier aux circonstances et ne voulait pas se créer des difficultés inutiles. Par la Phrygie et la Galatie il atteignit le port de Troas en Mysie et de là passa en Macédoine ; puis il séjourna à Philippes, Thessalonique et autres lieux, s'embarqua pour Athènes, où il s'arrêta peu de temps, et s'établit enfin à Corinthe où il de-

---

1. *Act.*, XV, 36-39.

meura dix-huit mois (53-54). C'est ce qu'on appelle sa seconde mission. De là il s'embarqua pour Ephèse, ne fit qu'y toucher et, par Césarée de Palestine, revint à Antioche.

Il n'y resta pas longtemps et repartit bientôt pour son troisième voyage. Traversant l'Asie-Mineure de l'est à l'ouest, il arriva à Ephèse où il se fixa pour trois ans (55-57). Là il trouva deux vieux chrétiens de Rome, Aquilas et Priscille, qui l'avaient déjà accueilli à Corinthe au cours de son précédent voyage. Aquilas et sa femme ne semblent pas s'être occupés de propagande. Avant l'arrivée de Paul ils avaient pourtant eu occasion de conférer avec un juif alexandrin, appelé Apollo, qui prêchait l'Evangile, mais ne connaissait d'autre baptême que celui de Jean. Il avait fait des disciples, qui, entre les mains de Paul, formèrent le premier noyau de l'église éphésienne. Celle-ci se développa par l'effet des prédications, à la synagogue d'abord, puis ailleurs. Non seulement Ephèse, mais beaucoup d'autres localités de la province d'Asie furent alors initiées à l'Evangile. Enfin l'apôtre se décida à revenir une fois encore en Syrie, mais non sans avoir revu ses chrétientés de Macédoine et d'Achaïe. Il hiverna (57-58) à Corinthe et, le printemps suivant, repassant encore par la Macédoine et la côte d'Asie, il fit décidément voile pour la Phénicie et la Palestine. Vers le temps de la Pentecôte (58)[1] il arrivait à Jérusalem.

1. Cette date a été fort discutée. M. Harnack, *Chronologie*, t. I, p. 233 et suiv., la reporte de quatre ou cinq ans en arrière. Je ne puis

Paul revenait au berceau du christianisme après de longues années employées à prêcher l'Evangile en des pays lointains, où personne ne l'avait porté avant lui. Il avait semé de fondations sérieuses et vivaces la plus grande partie de l'Asie-Mineure, de la Macédoine et de l'Achaïe. Les grandes villes d'Ephèse, de Thessalonique, de Corinthe, bien d'autres encore, avaient, grâce à lui, des églises remplies de foi, d'ardeur, de charité. Ce que ces résultats lui avaient coûté, on peut le supposer ; du reste, il en dit quelque chose dans une de ses lettres [1], où, à côté des désagréments de voyage, faim, soif, brigands, naufrages, il énumère les conséquences de ses conflits avec les diverses autorités, flagellations, lapidations, bastonnades. L'apôtre était déjà doublé d'un martyr. Nul n'avait tant travaillé et tant souffert pour la foi commune. A l'église mère de Jérusalem il apportait l'hommage des fondations nouvelles et, en signe de leur charité respectueuse, un large tribut d'aumônes. Cependant il se sentait très peu rassuré sur l'accueil qui l'attendait, et ses craintes, comme on le vit bientôt, n'étaient que trop fondées.

L'esprit étroit auquel les tendances universalistes de Paul s'étaient heurtées, dix ans auparavant, pouvait avoir eu le dessous à Antioche ; à Jérusalem il en allait tout autrement. Les apôtres avaient depuis

---

accepter ses arguments, auxquels, du reste, M. Schürer, *Gesch. des jüdischen Volkes*, 3ᵉ éd., t. I, p. 578, a suffisamment répondu.

1. *II Cor.*, xi, xii.

longtemps quitté la ville sainte. Ce qu'il pouvait y avoir, en un tel milieu, d'esprits ouverts à des conceptions un peu larges, paraît les avoir suivis, s'être transporté à Antioche ou employé dans les missions. Restés entre eux, les vieux conservateurs n'avaient pu que renforcer leurs tendances. Ils avaient pour chef Jacques, « frère du Seigneur », qui déjà, du temps des apôtres, jouissait d'une grande considération et gouvernait avec eux l'église locale. C'était un homme d'une sainteté reconnue, d'une piété profonde, mais très attaché aux coutumes juives et peu disposé à transiger sur leur caractère obligatoire. Dans son entourage les hardiesses de Paul avaient été subies plutôt qu'acceptées. C'est de là qu'étaient sorties les inspirations qui divisèrent momentanément la chrétienté d'Antioche et mirent Pierre et Paul aux prises. De là aussi partirent divers émissaires qui, suivant les traces de Paul en Asie-Mineure et en Grèce, entreprirent de ramener au judaïsme strict les païens ou prosélytes convertis par lui, de leur imposer la circoncision, et, pour en arriver là, de déconsidérer personnellement l'apôtre des gentils.

Sur ces conflits et ces crises, le livre pacifique des Actes passe très rapidement. Mais à la date à laquelle nous sommes arrivés, six lettres de saint Paul étaient déjà en circulation. Elles nous renseignent avec plus de précision. Dans les deux épîtres aux Thessaloniciens, écrites de Corinthe pendant le premier séjour que Paul fit en cette ville, il n'est pas encore question de l'opposition judaïsante. L'apôtre s'épanche avec des disciples particulièrement aimés ; il leur rappelle les tribulations qu'ils ont eu à endurer de la part des juifs au moment de la première prédication de l'Evangile. Ces tribulations n'ont pas cessé. Il faut savoir les supporter avec douceur. Paul est heureux de féliciter ses Thessaloniciens sur leur conduite et leur attitude : il est fier d'eux. Ils sont très préoccupés du prochain retour du Seigneur : l'apôtre répond à leurs questions et s'efforce de les calmer.

A cette correspondance idyllique font suite les épîtres aux Corinthiens. Elles témoignent l'une et l'autre d'une sorte de brouille survenue entre l'apôtre et ses néophytes. Ceux-ci lui ont donné, par leur conduite, plusieurs sujets de plainte ; mais ce qui le touche davantage c'est qu'il s'est formé parmi eux diverses écoles et que son autorité est mise en question. D'autres missionnaires ont passé par Corinthe après lui. Les uns ont fait montre d'un enseignement plus élevé que celui de Paul, lequel avait dû s'en tenir aux éléments. D'autres se sont présentés avec des lettres de recommandation, faisant valoir bien haut le nom et l'autorité des grands apôtres, auprès desquels Paul n'était, à les entendre, qu'un missionnaire de second ordre. De tout cela il est résulté des divisions : il y a, dans l'église de Corinthe, un parti d'Apollo, un parti de Paul ; d'autres se réclament de Pierre, d'autres enfin du Christ lui-même.

Cependant il n'y a rien dans ses lettres d'où l'on

puisse déduire que les rivaux de l'apôtre eussent introduit à Corinthe des tendances judaïsantes. La façon dont il est parlé de la circoncision et des idolothytes [1] supposerait plutôt que Paul se sentait parfaitement à l'aise de ce côté.

Il n'en était pas de même en Galatie. Ce pays, évangélisé par saint Paul dès sa première mission et qu'il avait visité deux fois depuis, contenait plusieurs chrétientés qui avaient bien des raisons de le considérer comme leur directeur spécial. Il y vint des prédicateurs judaïsants ; ceux-ci leur apprirent que Paul était un apôtre sujet à caution et que leur salut ne serait assuré que par la circoncision. Les braves Galates se laissèrent endoctriner et circoncire. A cette nouvelle Paul s'empressa de leur écrire une lettre enflammée, où son indignation pour la stupidité de ses disciples se heurte, dans un conflit animé, à la tendresse paternelle qu'il leur a conservée. Paul n'était pas d'un caractère endurant ; les judaïsants sont fort malmenés dans la lettre aux Galates.

Les idées qu'il y exprime assez tumultueusement, à cause des circonstances, se retrouvent dans les développements calmes de l'épître aux Romains [2]. Celle-ci fut écrite à Corinthe, pendant l'hiver qui précéda le retour à Jérusalem.

Gentils, juifs, tous sont pécheurs, les uns sans la Loi, les autres avec la Loi. Les juifs n'ont d'autre

1. *I Cor.*, vii, 17-24 ; viii-x.
2. *Rom.*, i-xi.

avance sur les gentils que leur situation de gardiens des paroles de Dieu. Le salut, la justification, c'est-à-dire la réconciliation avec Dieu, ne vient que de la foi. C'est le régime inauguré avec Abraham.

Le péché règne depuis Adam, et, par le péché, la mort. De même, par Jésus-Christ, nouvel Adam, la grâce circule et vivifie. La loi de Moïse, jadis inefficace, plutôt faite pour faire pécher les gens que pour les justifier, est maintenant abrogée et remplacée par la loi chrétienne, loi de liberté, qui consiste dans la simple obligation de se conformer à Jésus-Christ.

Cette théologie écarte en bloc tout le mosaïsme, non seulement son obligation, mais même son utilité. La Loi ne sert à rien ; il ne sert de rien d'être juif. Ici, Paul se place brusquement en face d'une question de fait. Quelle est maintenant la situation d'Israël ? L'apôtre n'hésite pas. En dépit de ses sentiments de nationalité, encore très vifs, il déclare que le rôle d'Israël est fini, ou plutôt interrompu. Dieu, irrité de son incrédulité, s'est détourné de lui ; c'est désormais aux gentils que la Promesse s'adresse. Israël est comme une branche détachée de l'olivier ; à sa place est greffée la gentilité. Cependant un temps viendra où les restes du peuple de Dieu auront part à l'héritage.

Ce manifeste, adressé aux chrétiens de Rome et communiqué tout aussitôt à d'autres chrétientés, devait avoir précédé l'apôtre à Jérusalem. Aux yeux

de ses adversaires c'était une déclaration d'apostasie [1].
La Loi, la circoncision, la vie juive, la dignité du peuple de Dieu, tout cela il le répudiait. On se figure aisément l'accueil qui l'attendait dans la ville sainte. En ce moment le sentiment national était très excité. Rapace et brutal, le gouvernement des procurateurs aliénait de plus en plus à l'empire l'esprit de ces populations difficiles. Le sacerdoce officiel, débordé par le fanatisme des zélotes, sentait son autorité défaillir ; l'émeute, dominée avec peine, grondait sans cesse autour du Temple ; l'insurection s'annonçait. Sans doute les fidèles de Jésus, absorbés par leur espérance à eux, ne se sentaient pas entraînés à ces extrémités ; mais, dans ce milieu d'exaspération farouche, comment auraient-ils fait pour se maintenir en patience ?

Accueilli par des amis, Paul se présenta chez Jacques le lendemain de son arrivée. Il y trouva réuni le conseil des « anciens », leur raconta ses voyages apostoliques, ses fondations, et sans doute leur remit le produit de la quête qu'il avait faite à l'intention de l'église-mère. Quand il eut fini, on commença par le féliciter. Puis son attention fut attirée sur le grand nombre des juifs convertis [2], sur leur attachement extrême à la Loi et sur la fâcheuse réputation dont il jouissait auprès d'eux. Pour dissiper ces bruits il n'y

---

1. C'est le terme que le livre des Actes met dans la bouche des judaïsants de Jérusalem : ἀποστασιαν διδάσκεις ἀπὸ Μωϋσέως, *Act.*, xxi, 21.

2. Ἡόσαι μυριάδες.

avait qu'une chose à faire, c'était de prouver, par une démonstration éclatante, qu'il avait été calomnié et qu'il était toujours un fidèle observateur de la Loi.

Paul, qui avait pour principe de se faire tout à tous, accepta cette solution. Il se joignit à quatre fidèles qui avaient fait le vœu des nazirs, se fit raser la tête, se soumit en leur compagnie aux purifications rituelles, et commença avec eux, dans l'enceinte du Temple, une série d'exercices spéciaux : leur durée était de sept jours ; ils se terminaient par un sacrifice. L'auteur de l'épître aux Romains, après avoir, d'un ton si décidé, pris congé de la loi de Moïse, la sentait de nouveau peser sur ses épaules rebelles.

L'épreuve allait se terminer, et Dieu sait ce qui aurait pu arriver quand Paul se serait retrouvé en face de ceux qui la lui avaient imposée, lorsque le cours des événements changea soudain. Si Paul était mal vu des zélotes chrétiens, on se figure quel bien lui pouvaient vouloir les zélotes juifs. Ceux-ci l'aperçurent dans le Temple et déchaînèrent une émeute. Il allait périr, lorsque le commandant de la garnison romaine se saisit de lui, le défendit contre les fanatiques, et, pour plus de sûreté, l'expédia à Césarée, au procurateur Félix. Là, il fut accusé dans les règles, mais sans résultat, par les chefs du sacerdoce israélite. Enfin, comme il excipait de son titre de citoyen romain et de son droit d'être jugé par l'empereur, on l'expédia à Rome, après l'avoir gardé deux ans à Césarée.

Ainsi Paul échappa aux luttes intestines pour prendre la situation de défenseur de la foi commune. Comme Jésus, il était dénoncé aux Romains par les Juifs ses compatriotes.

Ceux-ci, du reste, distribuaient leur haine avec impartialité. Jacques aussi, Jacques le judaïsant, le chef de l'église judaïsante, en sentit les effets. En 62, le grand prêtre Hanan le jeune, profitant de la mort du procurateur Festus, le fit comparaître, avec plusieurs autres chrétiens, devant le sanhédrin, comme violateur de la Loi, et rendit contre eux une sentence de lapidation, qui fut exécutée.

Profitons de cet instant d'arrêt forcé dans les polémiques intérieures pour nous rendre compte de ce qu'étaient, au point de vue des masses chrétiennes, les rapports entre l'ancienne tradition hébraïque et le développement nouveau introduit par l'Evangile.

CHAPITRE IV

Le chrétien dans l'age apostolique.

La tradition religieuse d'Israël. — La loi de Moïse et la foi en Jésus-Christ. — L'éducation biblique. — La fin des choses. — La personne du Christ : sa divinité. — Jésus-Christ, Fils de Dieu, Sauveur. — La vie chrétienne : renoncement au monde, groupement en confréries locales. — Assemblées religieuses imitées des synagogues. — Eucharistie, charismes. — Organisation des églises naissantes.

Qu'il vînt à la communauté des rangs du judaïsme pur ou du sein du paganisme, l'adepte de la prédication chrétienne y arrivait par un acte de foi en Jésus-Christ.

Il croyait que Jésus était le Messie attendu d'Israël, qu'il était mort et ressuscité, suivant ce qui était marqué d'avance dans les saintes écritures des Juifs[1]. Sa foi au Christ était comme enveloppée dans une foi plus compréhensive, dont l'objet était la tradition religieuse des Israélites, quelles que fussent d'ailleurs les restrictions ou interprétations que celle-ci pût subir de la part de tel ou tel prédicateur. Le plus ardent disciple de saint Paul, pourvu qu'il demeurât fidèle à la pensée essentielle de son maître, ne pouvait avoir l'idée de présenter le christianisme comme une religion tout à fait nouvelle. Moïse pouvait être atténué, Abraham subsistait, et avec lui toute une série de faits, de

---

1. *I Cor.*, XV, 3 etc.

personnes, de croyances, d'institutions, qui rattachaient l'Evangile à l'histoire la plus ancienne, à l'origine même du monde, à Dieu son créateur.

Ce long passé était représenté sous les yeux du nouveau disciple par une nation religieuse, très vivante en son centre palestinien et dans ses colonies du monde hellénisé. Il était représenté en outre par une littérature sacrée, dont les dernières productions étaient des livres contemporains. Considéré comme le dépôt des souvenirs du vieil Israël, l'Ancien Testament s'étend, inclusivement, jusqu'à Josèphe. C'est cet auteur qui a raconté, pour le public de son temps, en fait surtout pour les chrétiens, les catastrophes où s'abîma la nation juive. Après lui, les juifs ressemblent plutôt à des chrétiens dissidents et arriérés ; avant lui c'est le contraire : les chrétiens sont des juifs progressistes.

Quoiqu'il en soit d'ailleurs de ces rapports passagers, il est sûr que le christianisme a ses racines dans la tradition juive, que les premières crises de son histoire sont comparables à celle qui sépare un enfant de sa mère, que l'histoire juive a toujours été considérée par lui comme la préface de la sienne, comme sa préhistoire, que les livres sacrés d'Israël sont aussi ses livres sacrés à lui, et même qu'il fut un temps où il n'en connut pas d'autres.

Ainsi l'agrégation au christianisme doit être et était réellement conçue comme une incorporation à un Israël élargi, mais au fond identique à lui-même.

Sur cette identité, toutefois, les opinions divergèrent de bonne heure. Les juifs du premier siècle étaient surtout préoccupés de leur loi nationale, les chrétiens de leur chef et fondateur. Ceux des judéo-chrétiens qui donnaient, entre les deux, la prépondérance à la Loi et n'admettaient qu'à titre exceptionnel la prédication aux gentils, furent bientôt hors de la voie commune ; au IIe siècle ils étaient classés parmi les hérétiques. Ceux qui admirent une participation des gentils aux bienfaits de l'Evangile, tout en maintenant une certaine inégalité, furent vite entraînés plus loin ; et cela, moins par l'influence spéciale de saint Paul que par le développement général de la situation. Il fallut bien en venir à reconnaître qu'il n'y a pas de parité, dans l'essence du christianisme, entre Jésus-Christ et Moïse ; que le fondement est Jésus et non le législateur du Sinaï, que c'est la Foi qui sauve et non l'observation de la Loi. Telle est en somme la situation dont témoignent — sauf pour la Palestine — toutes les lettres de saint Paul, quand elles nous montrent les premières chrétientés dans leur état normal et non dans certains jours de conflit.

Que la pensée personnelle de l'apôtre ait été plus loin, c'est ce qui n'est pas douteux. Mais il ne paraît pas avoir été suivi dans certaines de ses théories, par exemple sur l'efficacité « tentatrice » de la Loi. On resta un peu en deçà de sa pensée : la Loi fut conçue comme une règle abrogée, mais qui n'avait pu avoir en son temps que de bons effets ; on lui reconnut même une valeur d'ombre, destinée à faire ressortir la clarté nouvelle de l'Evangile, ou même de figure, de type imparfait, de premier essai.

Ce serait bien mal comprendre le christianisme des anciens gentils que de se le représenter comme chargeant tête baissée contre la Loi, à la façon de saint Paul dans l'épître aux Galates. La plupart des primitives recrues qui forment ce que l'on appelle les *helléno-chrétiens* étaient des gens très frottés de judaïsme. Saint Paul lui-même, il faut le répéter, est sans doute incomplètement représenté par certains de ses propos ; on aura une impression plus exacte de son attitude ordinaire en considérant ce que l'Eglise a retenu de lui qu'en s'attachant exclusivement à ce qu'elle en a ou laissé tomber, ou interprété dans son sens à elle.

Ainsi la tradition juive, l'Ancien Testament, a été adoptée dans son ensemble par le christianisme. De ce fait résultait pour les nouveaux fidèles un avantage très important. La Bible leur donnait une histoire, et quelle histoire ! Avec elle on remontait bien au delà des traditions grecques, j'entends de celles qui demeuraient sur le terrain du raisonnable et n'enchevêtraient pas les hommes avec les dieux. Par delà les Macédoniens, les Perses, les Juifs eux-mêmes, en tant que nation, on atteignait les plus anciennes régions de l'archéologie égyptienne et chaldéenne. On remontait[1], ce qui était infiniment plus important, à l'ori-

---

1. Nous savons maintenant que les étapes de ce développement sont plus courtes dans la Bible qu'elles ne l'ont été en réalité. Mais il s'agit

gine même des choses. On voyait le monde sortir de la main créatrice du Dieu suprême, le mal introduit par l'abus de la liberté ; on assistait à la première propagation de la race humaine, à la fondation de ses premiers établissements.

En dehors de ces histoires grandioses, la Bible en fournissait encore beaucoup d'autres, dont le charme et l'utilité se révélèrent bientôt. Il suffit de jeter un coup d'œil sur les monuments de l'art chrétien primitif pour voir quelle impression féconde ressortait de récits comme ceux de Job, de Jonas, de Daniel, de Susanne, des trois jeunes hébreux dans la fournaise. Les livres prophétiques donnaient le témoignage de l'attente du peuple de Dieu ; on y trouvait tous les traits du Messie et de son royaume ; ils justifiaient l'abandon des sacrifices et autres rites mosaïques. Il n'est pas jusqu'aux livres gnomiques d'où, à côté des maximes de commun et perpétuel usage, on ne tirât des données importantes sur la Sagesse incréée. Quant au Psautier, il est à peine besoin d'en parler ; ces admirables prières ont toujours été sur les lèvres des chrétiens ; elles sont le fond de leur liturgie.

Il va de soi qu'en acceptant, ou plutôt en conservant, des livres si anciens et si divers, les primitives communautés chrétiennes acceptaient ou conservaient en même temps la façon dont on s'en servait

---

ici de l'histoire telle que la percevaient les anciens et non de celle qui s'allonge sans cesse devant nos yeux par les découvertes de l'archéologie.

avant elles et autour d'elles. Soit à l'état de lectures publiques, dans les assemblées religieuses, soit comme aliment de l'édification ou comme ressource de controverse, l'Ecriture-Sainte comportait toujours une interprétation. De cette interprétation les procédés pouvaient varier d'un milieu à l'autre et aussi d'un livre à l'autre : au fond toutes les exégèses s'accordaient à donner aux textes sacrés le sens susceptible d'une application présente, que ce sens fût ou non identique à celui qui en avait été déduit lors de l'apparition de chacun d'eux. Tous ces livres sont divins ; les choses qu'ils nous disent sont l'enseignement même de Dieu. Ce principe général, souvent proclamé dans l'Eglise, c'est le fond même de la religion des saintes Ecritures telle que la pratiquaient les premiers chrétiens et telle que les juifs l'avaient pratiquée avant eux.

Ce n'est pas seulement sur le passé que la tradition d'Israël offrait des ressources à la pensée chrétienne ; elle l'orientait aussi vers l'avenir, vers la région des espérances. Ici il ne faut pas faire trop de différences entre les livres de l'Ancien Testament et ceux du Nouveau, entre les canoniques et les apocryphes. Tous ils témoignent d'une même préoccupation : nous touchons à la fin des choses ; Dieu va avoir sa revanche ; son Messie va paraître ou reparaître. Malgré certains traits épars qui nous montrent saint Paul affranchi par instants de cette obsession, il faut bien reconnaître qu'elle a pesé sur l'esprit des premières générations chrétiennes.

De l'origine des choses ou de leur fin, la pensée des fidèles était toujours ramenée sur le présent de leur état qu'un homme appelé Jésus, qu'ils n'avaient pas vu pour la plupart, les avait appelés à lui. Cet homme était mort, il était ressuscité ; assis maintenant à la droite de Dieu, il allait bientôt reparaître tout glorieux et livrer au mal une bataille décisive. Qu'était-il ? Quelle était l'origine de ce rôle de chef religieux, de représentant efficace de Dieu, de juge de l'humanité entière ? Comme messie juif, il avait une histoire en arrière ; il avait été prédestiné par Dieu, pressenti, annoncé, décrit par les prophètes. Un de ses titres les plus élevés était celui de Fils de Dieu. Mais, sur ce point essentiel, il ne pouvait être question de s'en tenir à la tradition juive. Elle est manifestement dépassée par les affirmations de saint Paul, de saint Jean, de l'auteur de l'épître aux Hébreux. Et ces affirmations elles-mêmes ne sont que l'épanouissement de la croyance commune, encore indigente en formules, mais profonde et résistante. Jésus, bien qu'il appartienne par sa réalité d'homme à la catégorie des créatures visibles, tient aussi, par le fond de son être, à la divinité. Comment, c'est ce qui s'éclaircira peu à peu. Mais l'essentiel de cette croyance est dans les âmes chrétiennes, dès la première génération. Le Nouveau Testament la révèle, depuis ses plus anciens livres jusqu'aux plus récents. A la suite du Nouveau Testament, les autres livres chrétiens du premier âge, orthodoxes ou gnostiques, supposent tous cette croyance fondamentale, universellement acceptée et solidement ancrée dans la tradition.

Et ici il faut tenir grand compte de l'éducation juive par laquelle avait passé la pensée chrétienne. Pour des païens il y avait bien des façons d'être dieu ; les anciens dieux de l'Olympe avaient eu des parents ; on connaissait leurs généalogies ; quelques-uns n'étaient que des héros divinisés. Les rois macédoniens, maures, et bien d'autres, avaient été adorés : les empereurs l'étaient encore. Un dieu de plus ou de moins, pour une conscience polythéiste, ce n'était pas une affaire.

Il en était tout autrement pour une conscience formée par les idées religieuses d'Israël. « Ecoute, Israël ! ton Dieu, le Dieu d'Israël, est un ». Ce Credo des juifs modernes comme des juifs antiques exprime ce qu'il y a de plus profond et de plus apparent en même temps dans leur religion. Admettre que Jésus-Christ et l'Esprit-Saint sont Dieu, c'était admettre qu'ils participent à l'essence même du Dieu unique, qu'ils lui sont respectivement identiques, sans cependant être dépourvus de certaines spécialités.

Ceci, c'est la Trinité chrétienne, non sans doute à l'état de formulation qu'elle a. 'ndra plus tard et que l'on opposera à des hérésies passagères, mais à l'état où elle pénètre la conscience commune des chrétiens et réclame l'adhésion de leur foi. Le commun des chrétiens, au premier siècle, au temps même des apôtres, en est, sur ceci, à peu près exactement au même point que le commun des chrétiens d'à présent. Les théologiens en savent notablement plus long. Mais il s'agit ici de religion et non d'école.

Mais Jésus n'est pas seulement Messie et Fils de Dieu, il est encore le Sauveur des hommes[1]. S'il d[oi]t accueillir ses fidèles dans le royaume des Cieux, c[e n]'[e]st qu'ils sont à lui ; et s'ils sont à lui, ce n'est pas [s]eulement parce qu'ils croient en lui et se sont agré[gé]s à l'Eglise, c'est parce qu'il les a rachetés d'une [s]orte d'esclavage spirituel. Il est leur Rédempteur, et c'est par sa mort sur la croix qu'il a conquis ses dro[it]s sur eux. Il ne faut pas croire que cette idée, sur l[a]quelle saint Paul insiste si souvent et si fortement, [so]it un simple produit de sa réflexion individuelle, n[i] même, ce qui serait plus admissible, d'une inspir[ati]on spéciale. Du moment où la société chrétienne [se] fut ouverte à des païens et à des samaritains — [et] ce n'est pas à Paul que ce mouvement a commencé — il fallut bien admettre que l'essentiel, dans l'œuv[re] du salut, ce n'était pas la Loi, mais la Foi ; que la qualité de disciple de Moïse non seulement ne servait plus à rien si l'on n'était disciple de Jésus, mais qu'on pouvait s'en passer et qu'elle n'offrait qu'un avantage secondaire. Que cette conséquence supportât la foi à la rédemption ou fût inspirée par elle, il est sûr qu'entre les deux la distance n'était pas grande. D'autre part saint Paul nous atteste[2] que, se trouvant à Jérusa-

---

1. C'est la définition exprimée par la célèbre formule Ἰησοῦς Χριστὸς Θεοῦ Υἱὸς Σωτήρ, qui a donné l'anagramme ΙΧΘΥΣ et le symbole du poisson.
2. *Gal.*, II, 1, 2.

lem après sa première mission, il exposa aux chefs de l'Eglise, Pierre, Jacques, Jean, et autres, la doctrine qu'il enseignait aux païens, « afin, dit-il, de ne pas courir en vain ». On se demande ce qu'il leur aurait exposé s'il ne leur avait pas parlé d'un point si grave et qui tenait tant de place dans ses prédications. Comme on ne lui fit pas d'objections, il faut admettre que l'efficacité rédemptrice de la mort du Seigneur était dès lors chose reçue parmi les apôtres. Enfin, quand Paul discute sur la valeur de la Loi avec des adversaires judaïsants, quel est son argument principal ? « Si c'est la Loi qui justifie, c'est donc pour rien que le Christ est mort[1] ». De quelle grâce eût-il produit un tel raisonnement, si les judaïsants n'avaient partagé sa croyance à la Rédemption ?

Ainsi l'éducation des premières générations chrétiennes comportait, avec une somme considérable d'éléments empruntés à la tradition juive, des croyances tout à fait spéciales, qui ne pouvaient manquer, en se développant, d'introduire une grande différence entre les deux confessions.

Et ce qui se constate pour l'enseignement se révèle tout aussi bien dans les institutions. Jetons un coup d'œil sur l'organisation et la vie des sociétés chrétiennes, que la prédication des apôtres constituait un peu partout dans le monde hellénisé. Les lettres de saint Paul nous offrent ici des renseignements précieux.

1. *Gal.*, II, 21.

L'adhésion au christianisme était une démarche de très grave conséquence. Il fallait, sur bien des points, se séquestrer de la vie ordinaire. Les théâtres, par exemple, et, en général, les jeux publics, écoles d'immoralité, figuraient au premier rang des pompes de Satan auxquelles il fallait renoncer. Il en était de même de la fornication. Il va de soi que l'on rompait avec l'idolâtrie ; mais il n'était pas toujours aisé d'en éviter le contact : la vie privée des anciens était si pénétrée de religion ! Les mariages, les naissances, les moissons, les semailles, l'inauguration et l'exercice des magistratures, les fêtes de famille, tout était prétexte à sacrifices, avec libations, encens, banquets. Sur ce dernier point, Paul admettait quelques concessions. Il défendit sévèrement toute participation aux festins sacrés célébrés dans l'enceinte des temples ; mais la circonstance qu'un morceau de viande avait fait partie d'une victime n'était pas à ses yeux une raison définitive de s'en abstenir, pourvu que personne n'en fût scandalisé. C'était se montrer plus facile qu'on ne l'avait été, en 51, à Jérusalem, et que ne l'étaient les synagogues à l'égard de leurs prosélytes.

Séparés du paganisme, les fidèles devaient vivre entre eux. Chaque église formait une société complète, dont les membres demeuraient sans doute obligés par les lois, fiscales ou autres, de la cité et de l'empire, mais devaient éviter de porter leurs différends devant d'autres juridictions que celle de la communauté.

On se mariait entre chrétiens. Le mariage antérieur à la conversion, lorsqu'un seul des conjoints passait au christianisme, n'était dissous que sur la demande de la partie restée païenne. En dehors de ce cas, le divorce était rigoureusement proscrit. La virginité absolue était louée et même recommandée, mais nullement imposée. Dans la vie ordinaire, le chrétien devait se montrer soumis aux autorités, et à ses maîtres s'il était esclave ; l'oisiveté était flétrie ; on insistait fortement sur l'honnêteté, l'amabilité dans les rapports, la gaîté qui procède d'un cœur pur, la charité, et particulièrement l'hospitalité.

La vie religieuse ressemblait beaucoup à celle des synagogues. On se réunissait pour prier et pour lire la sainte Écriture, dans laquelle les beaux exemples des justes étaient l'objet d'une attention particulière. Les éléments spécifiquement chrétiens de ce culte primitif étaient l'Eucharistie et les charismes, effusions extraordinaires de l'Esprit-Saint. L'Eucharistie se célébrait le soir, à la suite d'un repas frugal (agape) que l'on prenait en commun. On reproduisait ainsi la Cène du Seigneur au soir de sa passion. Quant aux manifestations de l'Esprit-Saint, elles se produisaient sous des formes diverses ; tantôt c'étaient des guérisons ou autres actes miraculeux, tantôt des visions (ἀποκαλύψεις), tantôt une illumination de l'esprit qui se traduisait en discours sur les mystères de la foi ou sur les obligations de la conscience (λόγος γνώσεως, λόγος σοφίας, πίστις). Les plus remarquables étaient la prophétie et la glossolalie. La prophétie était le don de connaître les choses cachées, notamment les secrets des consciences[1]. Ce don, tout-à-fait temporaire, doit être distingué de la qualité de prophète que possédèrent certains personnages des temps apostoliques, comme Judas Barsabbas, Silas, Agabus[2], et même de la génération suivante, comme les filles de Philippe, Ammias, Quadratus et autres dont il sera question plus tard. De même le don des langues qui permit aux apôtres de se faire comprendre, le jour de la Pentecôte, par des gens de nationalités diverses, n'a rien de commun avec la glossolalie que saint Paul décrit dans sa première épître aux Corinthiens. Ni le glossolale lui-même, ni les assistants, ne comprennent ce qu'il dit ; la communication ne peut s'établir entre eux, ou plutôt entre les assistants et l'Esprit-Saint, que par l'intermédiaire d'un interprète inspiré. Cependant, en dehors de toute interprétation, on peut déjà saisir, dans les sons étranges que profère le glossolale, l'accent de la prière, de la louange, de la reconnaissance.

Ces phénomènes surnaturels étaient bien propres à frapper les esprits et à entretenir l'enthousiasme des premières chrétientés. Cependant l'abus n'était pas loin de l'usage ; l'usage lui-même pouvait avoir ses inconvénients, s'il n'était réglé avec sagesse. L'église de Corinthe n'a encore que quatre ans et déjà saint

1. *I Cor.*, XIV, 24, 25.
2. *Act.*, XI, 27, 28 ; XV, 22, 32 ; XXI, 10, 11.

Paul est obligé d'intervenir pour discipliner l'inspiration de ses fidèles. Même dans la célébration de l'Eucharistie des abus se produisirent de bonne heure. On fut obligé de simplifier le plus possible le repas qui en était comme le premier acte ; plus tard on le sépara de la liturgie et enfin on le supprima plus ou moins complètement. L'homélie ecclésiastique suppléa aux manifestations primitives du λόγος σοφίας. Les visions, les prophéties, les guérisons miraculeuses, n'étaient sans doute pas destinées à disparaître tout à fait ; mais, comme elles n'étaient guère compatibles avec la régularité du service liturgique, elles cessèrent bientôt de s'y produire.

Nous ne trouvons, dans les épîtres apostoliques, aucun détail sur les rites de l'initiation chrétienne, qui prirent pourtant d'assez bonne heure des formes arrêtées et significatives. Paul se reposait sur ses collaborateurs pour l'accomplissement de ces cérémonies[1]. Quelques fidèles, non contents de se faire baptiser eux-mêmes, cherchaient à se faire baptiser aussi pour leurs parents ou amis défunts[2].

Parmi les charismes, il faut remarquer ceux qui se rapportent[3] aux services intérieurs des communautés. Saint Paul parle de ceux des membres de l'association qui travaillent pour elle, qui président, qui exhortent, et des devoirs que les fidèles ont envers eux ;

1. *I Cor.*, I, 14-17.
2. *I Cor.*, XV, 29.
3. *I Thess.*, V, 12, 13.

il mentionne le don de gouvernement, de dévouement[1]. Bientôt apparaîtront les termes d'évêques, de diacres, de prêtres. Mais, dans les commencements, l'autorité réelle ou principale demeure tout naturellement entre les mains des missionnaires, des fondateurs. Ils ont une toute autre importance que ceux d'entre les néophytes par lesquels ils se font assister sur place dans les détails de la vie corporative.

Les réunions se tenaient dans des maisons particulières, surtout dans ces grandes pièces de l'étage supérieur, qui, de tout temps, ont été d'usage en Orient. Les gens de ces pays excellent à se tasser dans un petit espace. Les assemblées avaient lieu le soir et se prolongeaient souvent dans la nuit. A côté du sabbat juif, le dimanche fut, de très bonne heure, consacré au service divin.

On s'est demandé souvent si les premières chrétientés des pays grecs n'ont pas été organisées sur le modèle des associations religieuses païennes. Il y a des analogies, dans le recrutement, par exemple. Comme les thiases, les éranes et les collèges religieux de tout genre, les églises chrétiennes admettent sans distinction les étrangers, les esclaves, les femmes ; l'initiation est entourée d'un certain rituel, qui devint bientôt imposant ; on célèbre des repas sacrés. Mais ces analogies ne vont pas bien loin. Quand même on ferait abstraction des différences de croyance et de

---

1. *I Cor.*, XII, 28 : γυβερνήσεις, ἀντιλήψεις.

morale, et même des formes du culte, qui, chez les païens, comporte toujours le temple, l'idole, le sacrifice, il resterait encore un contraste radical dans la conception et la distribution de l'autorité. Les chefs des associations païennes sont toujours temporaires, généralement annuels, tandis que les prêtres et les diacres chrétiens sont à vie. Les pouvoirs des premiers dérivent de la communauté qui les a nommés et dont ils ne sont que les agents ; les autres, au contraire, parlent, agissent, gouvernent, au nom de Dieu et des apôtres, dont ils sont les auxiliaires et les représentants.

Il suffit d'ailleurs d'un médiocre sens historique pour comprendre que les premières églises, composées de gens qui sortaient des synagogues, devaient tendre à se modeler sur celles-ci, et que les apôtres missionnaires, qui avaient vécu plus ou moins longtemps au milieu des communautés chrétiennes de Jérusalem et d'Antioche, portaient avec eux des habitudes, des traditions, déjà précises. On n'avait nul besoin de demander à des institutions païennes le type d'une organisation qui existait déjà. Du reste l'horreur profonde que l'on éprouvait pour le paganisme s'opposait à toute imitation de ce genre.

En somme, les chrétientés se sont constituées à peu près de la même façon que les synagogues juives. Comme celles-ci, elles ont été des sociétés religieuses, fondées sur la communauté de foi et d'espérance, mais d'une foi et d'une espérance qui ne connaissaient plus aucune barrière de race et de nationalité. Comme les synagogues, elles ont cherché à supprimer tout contact dangereux avec les institutions ou usages païens : elles ont offert à leurs membres une vie sociale à la fois très intense et très douce ; un gouvernement à peu près complet, comportant une caisse commune, des tribunaux et des services charitables. Même au point de vue du culte proprement dit, la ressemblance est encore très grande. A la synagogue, comme à l'église[1], on prie, on lit la Bible, on l'explique ; à l'Eglise on n'a de plus que l'Eucharistie et les exercices d'inspiration. Dans ces premiers temps, l'analogie va encore plus loin. De même que les juifs de tous les pays se considèrent comme frères en Abraham, Isaac et Jacob, de même les chrétientés locales sentent très vivement leur fraternité en Jésus-Christ. Des deux côtés on regarde vers Jérusalem, qui est encore, au moment où nous sommes, le cœur du christianisme aussi bien que du judaïsme. Mais tandis que les yeux des juifs sont tournés vers le Temple, centre de leurs souvenirs, pôle de leurs espérances, les chrétiens songent aux lieux où fut plantée la croix de leur Maître, où vivent encore les témoins de sa résurrection, et d'où leur sont venus les chefs apostoliques sous la parole desquels se forme en tous lieux le peuple de l'alliance nouvelle.

---

[1]. Remarquez que ces deux mots signifient la même chose, « l'assemblée », et qu'ils ont aussi été employés, l'un comme l'autre, pour désigner les édifices où cette assemblée se réunissait.

CHAPITRE V.

Origines de l'église romaine.

La colonie juive de Rome. — Aquilas et Priscille. — L'épître aux Romains. — Paul à Rome. — Les plus anciens fidèles de l'église Romaine. — Pierre à Rome. — L'incendie de l'an 64 et la persécution de Néron.

Les princes juifs de la maison asmonéenne avaient été de bonne heure en rapport avec les Romains. De là sans doute les premières origines de la communauté juive de Rome. La prise de Jérusalem par Pompée (63) lui donna un subit et important accroissement[1]. Le vainqueur jeta sur le marché romain une énorme quantité de prisonniers de guerre. Achetés d'abord comme esclaves, puis affranchis, ils ne tardèrent pas à constituer, dès le temps d'Auguste, et même auparavant, un groupe considérable, localisé dans le Transtévère[2]. Cette colonie n'était pas protégée, au moins directement, par des privilèges, comme ceux que les anciens rois macédoniens et les généraux romains avaient délivrés à tant de juiveries de l'Orient hellénique ou hellénisé. Tibère ne viola aucun engagement lorsqu'il chassa les Juifs de Rome en 19[3]; ils étaient alors assez nombreux pour que l'on pût en envoyer

---

1. Schürer, *Geschichte der jüdischen Volkes* etc., 3ᵉ éd. t. III, p. 28.
2. Philon, *Leg. ad Caium*, 23.
3. Josèphe, *Ant.*, XVIII, 3, 5; Tacite, *Ann.*, II, 85; Suétone, *Tiberius*, 36.

quatre mille combattre les barbares de Sardaigne. Cette mesure, dont le prétexte avait été un fait de conversion par trop avantageux à la communauté juive, était due à l'inspiration de Séjan. Après la chute de ce ministre (31) on se montra moins sévère. Lorsque Philon vint à Rome plaider devant Caligula (40) la cause des juifs d'Alexandrie, ceux de Rome avaient repris leur situation d'autrefois. L'année suivante (41), ou peu après, Claude leur accorda un édit de tolérance[1]; mais plus tard il crut devoir prendre des mesures répressives.

C'est ici que, pour la première fois, l'Evangile se manifeste dans l'histoire de la communauté juive de Rome. Les Actes des Apôtres et Suétone s'accordent à dire que les juifs furent chassés de la capitale. D'après Dion Cassius, l'expulsion totale ayant paru difficile à exécuter, la police se serait bornée à interdire les réunions[2]. Il y eut certainement des expulsions : en 52, saint Paul trouva à Corinthe un juif, Aquilas, et sa femme Priscille, qui s'y étaient transportés à la suite de l'édit de Claude. Aquilas était du Pont; lui et sa femme faisaient déjà profession de christianisme. Ce détail concorde très bien avec ce que Suétone rapporte sur le motif de l'expulsion : *Iudaeos impulsore Chresto[3] assidue tumultuantes Roma expulit*. Il y avait

---

1. Josèphe, *Ant.*, XIX, 5, 2.
2. *Act.*, XVIII, 2 ; Suéton , *Claudius*, 25 ; Dion, LX, 6.
3. Confusion vulgaire de χρηστός et de χριστόσ. La populace romaine désignait les chrétiens par le nom de *Chrestiani* (Χρηστιανοι) : *quos... vulgus Chrestianos appellabat*. Telle est, en effet, la véritable leçon du célèbre texte de Tacite, *Ann.*, XV, 44 (Harnack, *Die Mission*, p. 297).

donc eu des troubles causés par la prédication de l'Evangile, des troubles dont l'analogue nous est souvent offert dans les récits des Actes, à Jérusalem, en Asie-Mineure, à Thessalonique, à Bérée, à Corinthe, à Ephèse. D'après les Actes, Aquilas et Priscille, lorsqu'ils reçurent saint Paul à Corinthe, étaient arrivés tout récemment d'Italie ; c'est donc en 51 ou 52 qu'il faut placer l'édit de proscription et les troubles qui le motivèrent.

Ceci, c'est, dans l'histoire de l'église romaine, le premier fait connu, la première date assignable. Autant qu'il est possible d'en juger par comparaison, cette date doit être assez rapprochée de la première prédication de l'Evangile dans le milieu romain : les récits des Actes nous montrent toujours, comme conséquence immédiate du premier apostolat, des troubles graves dans les communautés juives. Quand saint Paul écrivit aux Romains, en 58 au plus tard, il y avait déjà un certain nombre d'années[1] que leur église existait et qu'il désirait la visiter.

Par quelles mains la divine semence fut-elle jetée dans cette terre où elle devait fructifier d'une manière prodigieuse ? Nous l'ignorerons toujours. Des calculs trop peu fondés pour entraîner le suffrage de l'histoire transportent à Rome l'apôtre Pierre dès les premiers temps de Claude (42), ou même sous Caligula (39). Rien ne prouve que les juifs romains qui

1. Ἀπὸ ἱκανῶν ἐτῶν (*Rom.*, XV, 24).

assistèrent à la première Pentecôte aient été convertis et surtout missionnaires ; le centurion Corneille converti par Saint-Pierre à Césarée n'est pas nécessairement un romain de Rome ; on ignore quelles furent, au point de vue de la diffusion du christianisme, les conséquences de la conversion ($\genfrac{}{}{0pt}{}{}{\epsilon\pi\iota\sigma\tau\epsilon\upsilon\sigma\epsilon\nu}$) du proconsul de Chypre Sergius Paulus[1].

Laissons donc le mystère planer sur cette première origine et bornons-nous à constater que l'église romaine, au temps où Saint Paul lui écrivit (58), était, non seulement sortie de la crise à laquelle sa naissance avait donné lieu, mais constituée, nombreuse, connue, célèbre même par sa foi et ses œuvres.

A ce moment elle en imposait assez pour que l'apôtre des Gentils ne prétendît pas se substituer à elle et travailler à sa place à l'évangélisation du champ romain, le plus considérable, le plus tentant pour son zèle. Son seul désir était de s'y édifier en passant, quand il pousserait ses missions jusqu'en Espagne, et d'ajouter aussi quelque chose à l'instruction déjà acquise par les fidèles romains. Les idées qu'il leur expose et qui semblent avoir été dès lors communiquées à d'autres églises, la façon dont il les leur présente, les exhortations pratiques dont il les accompagne, permettent de se rendre compte des éléments dont se composait la jeune communauté. Comme la plupart des autres, elle était née d'un schisme du judaïsme

---

1. *Act.*, XIII, 12.

local. Dans cette séparation, un certain nombre de juifs de race, un nombre probablement plus grand de païens à demi-convertis (φοβούμενοι τὸν Θεόν) avaient été entraînés et s'étaient formés en un groupe nouveau, où ils vivaient en bonne intelligence, les premiers avec peu de chances de se voir renforcés par un recrutement considérable, les autres ayant devant eux l'avenir de la propagande.

Un tel terrain était de plain pied avec celui où Paul opérait depuis douze ans. La situation de l'église romaine, c'était celle de l'église d'Antioche, abstraction faite de l'incident passager entre Paul et Pierre ; c'était celle des églises de Galatie, de Macédoine, de Grèce, d'Asie, tant que la contremission judaïsante n'y fut pas venue porter le trouble. Il est impossible de mesurer exactement, à une date déterminée, la proportion des éléments judéo-chrétiens et pagano-chrétiens qui pouvaient se rencontrer dans le groupe romain. Une chose est sûre, c'est que, une fois consommé le divorce avec la synagogue, l'avenir apparaissait plus favorable, beaucoup plus favorable, au recrutement chez les païens. Cependant il n'y avait encore eu aucune lutte. Les fanatiques de Jérusalem ne s'étaient pas montrés ; les questions qu'ils venaient de soulever en Galatie et ailleurs ne se posaient pas encore à Rome.

Qu'arriva-t-il les années suivantes ? Paul, arrêté à Jérusalem et retenu deux ans en Palestine, dut ajourner ses projets de voyage en Espagne. Lorsqu'il vint en Italie (61), sous escorte et comme accusé devant le tribunal impérial il trouva des chrétiens à Pouzzoles, qui lui firent bon accueil. Ceux de Rome se portèrent au devant de lui sur la voie Appienne.

Aussitôt installé[1], il se ménagea une entrevue avec les juifs les plus considérables (τοὺς ὄντας τῶν Ἰουδαίων πρώτους) de Rome et se mit à leur parler de l'Evangile, comme s'ils ne l'eussent point déjà connu. Le résultat fut ce qu'on pouvait attendre : quelques adhésions nouvelles, une résistance marquée de la part des chefs[2].

La captivité de Paul se prolongea deux ans. Un seul de ses écrits d'alors, l'épître aux Philippiens, nous ouvre quelques perspectives sur ce qui se passait autour de lui. Les gens de Jérusalem avaient enfin trouvé, eux aussi, le chemin de Rome ; l'évangile était annoncé non seulement par des amis de l'apôtre, mais aussi par ses ennemis. Lui-même faisait sensation dans le « prétoire ». En somme, sa présence à Rome était plutôt avantageuse à la propagation du christianisme ; les chrétiens se montraient plutôt confiants qu'abattus. Ce bon résultat atténuait pour lui le chagrin de voir s'attacher à ses pas une opposition judaïsante que ses chaînes elles-mêmes, portées pour la foi commune, ne parvenaient pas à désarmer.

---

1. D'après une variante ou glose très ancienne à *Act.*, XXVIII, 16, Paul aurait été remis, avec les autres prisonniers, au commandant des *Castra peregrinorum*. Ce quartier se trouvait sur le Celius, à l'est du temple de Claude, vers l'hôpital militaire actuel. Paul obtint d'habiter en dehors du quartier, *extra castra*. Cf. *Sitzungsber.* de l'acad. de Berlin, 1895, p. 491-503 (Harnack et Mommsen).
2. *Act.*, XXVIII.

Son procès finit par être jugé. Comme les procurateurs Félix et Festus, comme le roi Agrippa II lui-même, le tribunal impérial estima que Paul n'avait rien fait qui méritât la mort et la prison.

Remis en liberté, il en profita, sans doute, pour aller en Espagne, où les origines chrétiennes semblent bien se rattacher à son apostolat[1]. Il revit aussi ses chrétientés de la mer Egée ; de ce dernier voyage il nous reste des traces importantes dans les lettres dites Pastorales, à Tite et à Timothée.

De la primitive église romaine plusieurs membres sont connus, par leurs noms tout au moins. Dès avant de venir à Rome, Paul y avait beaucoup d'amis ; à la fin de son épître aux Romains il salue expressément jusqu'à vingt-quatre personnes : Aquilas et Priscille, qu'il avait rencontrés déjà à Corinthe et en Asie, où ils lui avaient rendu de grands services, et qui étaient, à Rome, le centre d'un petit groupe chrétien, d'une église domestique ; Epénète, le plus ancien fidèle d'Asie ; Marie, qui avait beaucoup travaillé à Rome pour la foi ; Andronic et Junie, apôtres de renom, venus au Christ avant Paul lui-même ; Ampliatus, Urbain, Stachys, Apelles, Hérodion ; Tryphaena, Tryphosa, Persis, trois bonnes ouvrières de l'Evangile ; Rufus et sa mère ; Asyncritos, Phlégon, Hermès, Patrobas, Hermas, qui formaient aussi, avec d'autres, un groupe spécial ; Philologue, Julie, Nérée, sa sœur,

---

1. *I Clem.*, 5.

Olympas, et les leurs ; enfin deux groupes l'un de chez Aristobule, l'autre de chez Narcisse. Ce dernier nom est sans doute celui du célèbre affranchi de Claude, comme Aristobule est celui d'un petit-fils d'Hérode le Grand, qui vivait à Rome en très bons termes avec ce même empereur. L'expression dont se sert saint Paul, « ceux d'entre les gens d'Aristobule,... de Narcisse », donne lieu de croire à des groupes recrutés dans la clientèle ou la domesticité de ces riches personnages[1]. Ecrivant de Rome aux Philippiens, Paul leur envoie entre autres le salut des fidèles de la maison de César. Plus tard, la finale de la IIe épître à Timothée nous fournit les noms de quatre autres chrétiens de Rome, Eubule, Pudens, Linus, Claudia.

Ce Linus doit être le même dont le nom figure en tête de la liste épiscopale de Rome. Les noms de Pudens et de Priscille sont entrés dans des compositions légendaires sans autorité. Cependant il y avait à Rome, dès le IVe siècle, une église de Pudens et une de Prisque ou Priscille. Ce dernier nom était celui du plus ancien cimetière de Rome, et ce cimetière conservait les tombes d'un Pudens et d'une Priscille. On a retrouvé sur la voie Ardéatine une crypte funéraire chrétienne, ornée de peintures du temps des Antonins, sinon plus anciennes encore, et portant le nom d'un Ampliatus[2].

Vers le temps où saint Paul recouvrait sa liberté,

---

1. Lightfoot, *Philippians*, p. 175.
2. De Rossi, *Bull.*, 1881, p. 57-74.

saint Pierre se transporta à Rome. Peut-être y était-il venu auparavant : cela est possible, mais non démontrable. De son activité apostolique en ce milieu aucun détail n'est connu. Les écrits, canoniques ou autres, qui nous sont parvenus sous son nom, ne contiennent, à ce sujet, aucun renseignement.

Mais le fait même de son séjour à Rome a porté de telles conséquences et suscité de si graves controverses qu'il vaut la peine de se rendre compte de son attestation.

Passé le milieu du second siècle nous trouvons sur ce point une tradition précise et universelle. Il suffit de citer Denys de Corinthe pour la Grèce, Irénée pour la Gaule, Clément et Origène pour Alexandrie, Tertullien pour l'Afrique. Quant à Rome, Caïus y montre, vers l'an 200, les tombeaux des apôtres[1]. Dès le IIIe siècle on voit les papes argumenter de leur qualité de successeurs de saint Pierre ; nulle part ce titre ne leur est contesté. Pour toute la chrétienté, aussitôt que l'attention est éveillée sur les souvenirs postoliques et sur les droits qui s'y rattachent, l'église de Rome est l'église de saint Pierre : c'est là qu'il est mort et qu'il a laissé son siège. Toutes les controverses entre l'Orient et Rome laissent cette position intacte, et cela est bien remarquable, pour un fait si gros de conséquences.

Mais on peut remonter beaucoup plus haut que le

1. Denys et Caïus dans Eus., II, 25 ; Clément, *ibid.*, VI, 14 ; Origène, *ibid.*, III, 1 ; Irénée, *Haer.*, III, 1, 3 (cf. Eus., V, 6, 8) ; Tertullien, *Praescr.*, 36, *Adv. Marcion.*, IV, 5, *Scorp.*, 15, *De Baptismo*, 4.

déclin ou même le milieu du IIe siècle. Dans sa lettre aux Romains[1], saint Ignace d'Antioche vise leurs traditions apostoliques et nous montre ainsi qu'elles étaient déjà connues et acceptées en Asie et en Syrie. Après avoir adjuré les chrétiens de Rome de ne pas s'opposer à son martyre, il continue : « Ce n'est pas » comme Pierre et Paul que je vous commande : eux » étaient des apôtres, moi, je ne suis qu'un condamné ». Ces paroles ne sont pas l'équivalent de l'assertion : » Pierre est venu à Rome » ; mais supposé qu'il y soit venu, Ignace n'aurait pas parlé autrement ; supposé qu'il n'y soit pas venu, son raisonnement manque de base.

Du reste, il ne faut pas croire que la mort de saint Pierre ait été chose obscure, rapidement oubliée dans l'Eglise. Sans parler des traces que l'on a cru pouvoir relever dans l'Apocalypse et dans l'épître aux Hébreux, le dernier chapitre du quatrième évangile[2] contient une allusion fort claire au supplice de l'apôtre. Quel que soit celui qui a tenu ici la plume, il est sûr qu'il vivait au temps de Trajan ou bien peu après.

A Rome, naturellement, les souvenirs étaient encore plus clairs. Saint Clément[3], dans son célèbre passage sur la persécution de Néron, réunit les apôtres Pierre

---

1. *Ign. ad Rom.*, 4.
2. *Joh.*, XXI, 18, 19 : « Je te le dis en vérité, quand tu étais jeune, « tu mettais toi-même ta ceinture et tu allais où il te plaisait ; mais « quand tu seras devenu vieux, tu étendras les bras, un autre te « ceindra et te mènera où tu ne voudrais pas ». Il (Jésus) lui dit cela, signifiant de quelle mort il (Pierre) devait glorifier Dieu.
3. *I Clem.*, 5, 6.

et Paul avec les Danaïdes, les Dircés et autres victimes immolées à propos de l'incendie. Tous ensemble ils sont représentés comme formant un seul groupe (συνηθροίσθη) ; ensemble ils ont été pour les Romains, parmi eux, ἐν ἡμῖν, un grand exemple de courage.

Il n'est pas jusqu'à saint Pierre lui-même qui ne documente son séjour à Rome. Sa lettre aux chrétiens d'Asie-Mineure[1] se termine par un salut qu'il leur envoie au nom de l'église de Babylone (ἡ ἐν Βαβυλῶνι συνεκλεκτή), c'est-à-dire de l'église de Rome. Ce symbolisme est fort connu, ne serait-ce que par l'Apocalypse.

Pendant l'été de l'année 64, un incendie terrible détruisit les principaux quartiers de Rome. Peut-être n'avait-il d'autre cause que le hasard ; l'opinion, d'une voix unanime, accusa Néron de l'avoir allumé, ou tout au moins secondé. Pour détourner les soupçons, l'empereur rejeta la faute sur les chrétiens. Un grand nombre furent arrêtés, jugés sommairement et exécutés. Néron imagina de transformer leur supplice en spectacle ; dans s.. jardins du Vatican il donna des fêtes de nuit, où les m.. heureux, enduits de poix, dévorés par les flammes, jeta... sur les exercices du cirque une lumière sinistre. Tacite, de qui nous tenons ces détails, parle d'une multitude énorme, *multitudo ingens*. Il laisse bien voir que personne n'att.. ait

---

1. *I Petri*, V, 13. Quand même la lettre ne serait pas de saint Pierre, ce serait toujours une pièce très ancienne ; son auteur, en se servant du nom de l'apôtre, se serait bien gardé de le faire écrire d'un endroit où il n'aurait pas fait un séjour connu de tout le monde.

l'incendie aux chrétiens ; cependant ils étaient mal réputés ; on les disait « ennemis du genre humain », on racontait leurs désordres ; il fallait que Néron fût bien détesté pour qu'on s'avisât, comme on le fit, d'avoir pitié d'eux.

Ceci, c'est l'appréciation[1] de Tacite, qui étend ici aux chrétiens l'injustice et le mépris dont il aime à accabler les juifs. Reste le fait, les horribles scènes du Vatican et le témoignage rendu à leur foi par une multitude de fidèles, des deux sexes, car les femmes ne furent point épargnées[2]. L'apôtre Pierre paraît bien avoir été compris dans ces lugubres exécutions ; c'est au Vatican, tout près du cirque de Néron, que se trouvait son tombeau, et la tradition sur le lieu de son supplice, si haut qu'on peut remonter, nous conduit au même endroit. C'est donc en 64 qu'il convient de placer son martyre[3]. La même raison ne peut-être alléguée pour saint Paul. Lui aussi trouva à Rome le terme sanglant de sa carrière. Mais rien ne prouve qu'il ait été condamné à propos de l'incendie de Rome. La tradition, qui oublia bientôt la multitude des martyrs de l'an 64, rapprocha les deux apôtres et voulut qu'ils fussent morts non seulement la même année, mais le même jour.

1. Sur ce jugement, v. Boissier, *Tacite*, p. 146.
2. Ce sont les Danaïdes et les Dircés de saint Clément.
3. Eusèbe le met en 67 ou 68 ; cependant, comme il indique en même temps la persécution de Néron, son attribution n'est pas sans ambiguité. La persécution de Néron, c'est-à-dire les supplices décrits par Tacite, commença à l'été de 64.

Quoiqu'il en soit, quand les débris de la communauté romaine purent se rejoindre et se réorganiser, la jeune église se trouva consacrée par la haine de Néron, le sang des martyrs et le souvenir des deux plus grands apôtres. De leur vivant déjà elle était en grand renom parmi les fidèles du Christ. Paul, qui ménagea si peu ses Corinthiens et qui trouva tant de reproches à faire aux Galates et aux Asiatiques, n'eut pour les Romains que des éloges. La lettre qu'il leur écrivit et qui prit place en tête de son recueil épistolaire, est un hommage rendu à leurs vertus. Quant à Pierre, le fait d'avoir été ses derniers disciles immédiats constitua pour les Romains une prérogative importante. Au lendemain des scènes du Vatican commençait (66) la catastrophe de Jérusalem. Les chrétiens de la ville sainte n'échappèrent à la crise de leur nation qu'en se dispersant. On parla encore quelque temps d'une église de Jérusalem ; mais elle n'était plus à Jérusalem ; son nom ne représentait qu'une série de groupes éparpillés dans toute la Palestine, surtout à l'est du Jourdain, isolés des autres communautés chrétiennes, de plus en plus confinés dans leur parler sémitique et leur légalisme intransigeant. Le christianisme perdait son premier centre, juste au moment où l'église de Rome se trouvait mûre pour la succession. La capitale de l'empire devint bientôt la métropole de tous les chrétiens.

CHAPITRE VI.

Les premières hérésies.

La curiosité religieuse et la spéculation chez les premiers chrétiens. — Epîtres aux Ephésiens et aux Colossiens. — Les semeurs de doctrines. — Judaïsme transcendant. — La christologie de saint Paul. — L'hérésie dans les Pastorales, dans l'Apocalypse. — Nicolaïtes et Cérinthiens. — L'hérésie dans les lettres de saint Ignace.

On voit par les premières épîtres de saint Paul avec quelle liberté s'exerçait alors la propagande évangélique. Les missionnaires allaient où l'Esprit les poussait, tantôt en des pays où l'Evangile n'avait pas encore été prêché, tantôt en des endroits où des communautés chrétiennes existaient déjà. De ceci Paul s'abstenait : il s'était fait une règle de ne point semer dans le champ des autres ; s'il fit un assez long séjour à Rome, ce fut contre sa volonté. Mais tout le monde n'avait pas le même scrupule. De là des conflits de personnes, d'autorités, même d'enseignements. La doctrine inculquée d'abord était naturellement très simple ; elle s'encadrait, comme j'ai essayé de le montrer, dans l'éducation religieuse israélite. Mais la ferveur des premiers chrétiens était trop intense pour demeurer inactive. Dans l'ordre de la connaissance elle se traduisait par une incessante avidité de savoir. Le retour du Christ, sa date, ses conditions et conséquences, la forme, la durée et

presque la topographie de son royaume, tout cela
excitait au plus haut degré la curiosité et produisait
cette tension d'esprit dont témoignent les lettres aux
Thessaloniciens. Quand on avait fini de disserter sur
les obligations légales et sur les rapports entre le
vieil Israël et la jeune Eglise, la personne du fondateur faisait, de son côté, travailler les esprits. Dans
quelles conditions avait-il préexisté à son apparition
en ce monde ? Comment le classer dans le personnel
céleste ? En quels rapports avait-il été, se trouvait-il
présentement, avec les puissances mystérieuses que
la tradition biblique, dans une certaine mesure, mais
surtout les spéculations des écoles juives interpo-
saient entre notre monde et l'Etre infiniment parfait ?

Sur ces points et sur bien d'autres il pouvait y avoir
lieu à des explications, qui venaient s'ajouter, se
superposer au fond premier de l'évangélisation. C'est
ce que saint Paul appelle la surédification (ἐποικοδομή),
de laquelle procède une connaissance supérieure
(ἐπίγνωσις). Il admet ce progrès dans l'instruction religieuse ; il y travaille même très efficacement. Mais il
ne se dissimule pas qu'il y a plusieurs manières de
développer l'enseignement premier, et que, sous prétexte de le compléter, on peut fort bien le pervertir[1].

C'est ce qui arriva dans ses chrétientés d'Asie ;
nous en avons le témoignage dans les lettres qu'il
leur écrivit de sa captivité romaine. Je veux parler des

---

1. *I Cor.*, III, 11-16.

épîtres aux Ephésiens et aux Colossiens. La première paraît avoir été une sorte de circulaire, dont des exemplaires furent adressés à diverses communautés. Elle ne présente aucun trait local. Il n'en est pas de même de l'épître aux Colossiens, dont les destinataires sont bien déterminés. Un court billet s'y trouve joint, l'épître àPhilémon.

Avec ces lettres nous sommes transportés à la lisière du pays phrygien vers les anciennes régions de Lydie et de Carie. Hiérapolis, Laodicée, Colosses, trois villes importantes, s'élevaient de ce côté, à peu de distance l'une de l'autre, dans la vallée du Lycus. Paul n'avait pas évangélisé en personne cette partie de la province d'Asie : cependant on l'y reconnaissait pour maître spirituel. Sans doute il avait envoyé là quelqu'un de ses auxiliaires. Dans sa captivité il reçut la visite d'Epaphras, l'un des principaux chefs religieux de la région, qui le renseigna sur la situation intérieure de ces communautés. Paul se décida à écrire les deux lettres dont j'ai parlé et dont je vais extraire les passages propres à renseigner sur la crise doctrinale qui travaillait les esprits des chrétiens asiatiques.

Coloss. I, 15-20 : « Il (Jésus-Christ) est l'image de
» Dieu invisible, le premier-né de toute création, car
» par lui[1] a été créé tout ce qui existe au ciel et sur
» la terre, les choses visibles et les choses invisibles,

---

1. Ἐν αὐτῷ, sémitisme.

» même les Trônes, les Dominations, les Principes,
» les Puissances[1], tout a été créé par lui et pour lui.
» Il est avant tout et tout se tient[2] en lui. Il est la
» tête du corps, de l'Eglise. Il est le principe et le
» premier né des morts, afin qu'en tout il occupe le
» premier rang ; car en lui il a plu (à Dieu) de faire
» habiter toute plénitude[3]. (Dieu) a voulu réconcilier
» tous les êtres par le sang de sa croix, par lui-même,
» tout ce que la terre et le ciel renferment ».

Coloss. II : « Je veux que vous sachiez quelles an-
» goisses j'éprouve à votre sujet et au sujet de ceux
» de Laodicée et de tous ceux qui ne m'ont pas vu en
» personne. Je voudrais consoler vos cœurs, les forti-
» fier dans l'amour et les doter de toutes les richesses
» de la pleine intelligence, les amener à une pénétra-
» tion plus haute[4] du mystère de Dieu, c'est-à-dire
» du Christ, en qui sont cachés tous les trésors de la
» sagesse et de la science[5]. Je vous dis ces choses
» *afin que personne ne vous détourne du vrai chemin*
» *par des paroles malencontreusement persuasives* ; car
» si je suis absent de corps, par mon esprit au moins
» je suis avec vous, me réjouissant de vous voir dans
» l'ordre et la solidité de votre foi au Christ. Comme
» vous avez reçu Jésus-Christ, ainsi demeurez en lui,

1. Θρόνοι, κυριότητες, ἀρχαί, ἐξούσιαι.
2. Συνέστηκεν.
3. Πλήρωμα.
4. Ἐπίγνωσιν.
5. Σοφ.ας καὶ γνώσεως.

» enracinés, solidement bâtis, affermis dans la foi
» telle qu'on vous l'a enseignée, abondant en elle
» d'un cœur reconnaissant. *Prenez garde qu'on ne*
» *vous trompe avec de la philosophie et de vains men-*
» *songes dérivés de la tradition des hommes, conformes*
» *aux éléments du monde, non à Jésus-Christ.* Car
» c'est en lui qu'habite corporellement toute la plé-
» nitude de la divinité ; en lui vous jouissez de cette
» plénitude ; il est la tête de tout Principe et de
» toute Puissance[1] ; en lui vous avez été circoncis
» d'une circoncision qui n'est pas de main d'homme ;
» vous avez dépouillé votre chair corporelle par cette
» circoncision du Christ ; vous avez été ensevelis avec
» lui dans le baptême ; avec lui vous êtes ressuscités
» par la foi à la puissance de Dieu qui l'a ressuscité,
» lui, d'entre les morts. Vous étiez morts par vos pé-
» chés et votre incirconcision corporelle : il vous a
» vivifiés avec lui-même, vous remettant tous vos
» péchés. Il a effacé le décret de notre condamnation ;
» il l'a supprimé en l'attachant à la croix ; il a vaincu
» les Principes et les Puissances ; il a montré hardi-
» ment leur faiblesse par son triomphe sur eux ».

» *Que personne ne vous critique au sujet du manger*
» *et du boire, des fêtes, des néoménies, des sabbats.* Tout
» cela c'est l'ombre de l'avenir ; de cet avenir qui,
» devenu présent, appartient à Jésus-Christ. Que per-
» sonne ne condamne vos efforts, *ne vous abaisse*[2]

---

1. Ἀρχῆς καὶ ἐξουσίας.
2. Θέλων ἐν ταπεινοφροσύνῃ καὶ θρησκείᾳ τῶν ἀγγέλων, ἃ ἑόρακεν ἐμβατεύων (*Var.* ἃ μὴ ἑόρακεν).

» *dans le culte des anges, ne vous en impose par ses*
» *visions,* enflés que sont ces gens-là par le vain or-
» gueil de la chair. *Ils ne se tiennent pas à la tête,*
» à laquelle tout le corps est relié et qui en tire sa vie
» et sa croissance selon Dieu. Avec le Christ vous êtes
» morts aux éléments du monde. Pourquoi alors,
» comme si vous viviez dans le monde, venez-vous
» dogmatiser ainsi : *Ne prenez pas, ne mangez pas,*
» *ne touchez même pas à ces choses dont l'usage souille,*
» *car il est abusif.* Ce sont là des préceptes et des en-
» seignements humains, qui ont sans doute une appa-
» rence de raison *dans leur système de superstition,*
» *d'abaissement de l'esprit et de sévérité envers la chair,*
» mais au fond rien d'honorable, rien qui ne tende à
» la satisfaction de la chair ».

De ces textes on déduit que les adversaires combattus par saint Paul cherchaient à introduire : 1º des observances de fêtes, de néoménies, de sabbats ; 2º des abstinences de certains aliments et des pratiques d'humilation ; 3º un culte des anges. Peut-être était-il encore question de la circoncision (II, 11), qui semble être visée par le terme d'humiliation. Tout ceci a un aspect assez judaïque, mais nous ne sommes plus dans la controverse de l'épître aux Galates. Il ne s'agit plus de l'opposition entre la Foi et la Loi, mais de rites spéciaux, coordonnés à des doctrines particulières, que l'on songe à établir au dessus du fondement de la prédication apostolique.

Derrière ces observances apparaît un dogmatisme

spécial, dont le trait prédominant est une importance excessive donnée aux anges [1]. Saint Paul n'entre pas dans le détail ; il expose plutôt sa doctrine qu'il n'analyse celle de ses adversaires. Mais l'insistance avec laquelle il affirme que tout a été créé par et pour Jésus-Christ, qu'il a la première place dans l'œuvre de la création et dans celle de la rédemption, montre bien que les docteurs de Colosses avaient cherché à diminuer le rôle du Sauveur dans l'esprit des fidèles de Phrygie. Nous verrons plus tard des systèmes hérétiques opposer les anges à Dieu, leur attribuer la création du monde et la responsabilité du mal, tant moral que physique. Ici les rapports de Dieu et des anges sont tout différents. Les anges ne sont pas les ennemis de Dieu, puisqu'on leur rend un culte et qu'on a besoin d'eux pour compléter l'œuvre du salut, laissée inachevée par le Christ. Cependant ces intermédiaires entre Dieu et le monde, ces distinctions d'aliments, ces abaissements de la chair, sont des traits qui permettent de rattacher aux gnoses

---

1. Les Esséniens attribuaient une vertu particulière à la connaissance des noms des anges (Josèphe, *Bell. jud.*, II, 8, 7) ; ils pratiquaient aussi diverses abstinences. Quoique leur institution eût un caractère local, il y avait pourtant des Esséniens en dehors d'Engaddi, répandus dans les villes et vivant au milieu des autres juifs, tout en maintenant leurs propres observances. Le culte des anges reparut en Asie au IVe siècle, et précisément aux environs du Lycus. Le fameux sanctuaire de saint Michel à Khonae, près de l'ancienne Colosses (Bonnet, *Narratio de miraculo a Michaele Archangelo Chonis patrato* ; cf. *Bull. critique*, 1890, p. 441) peut remonter à ce temps-là. Le concile de Laodicée (can. 35) signale des coteries religieuses qui tenaient des assemblées en l'honneur des anges et les invoquaient par leurs noms. En dehors des trois anges que mentionne la Bible, les juifs en connaissaient beaucoup d'autres, Uriel, Jérémiel, etc.

judaïsantes que nous verrons bientôt apparaître les fausses doctrines que saint Paul dut extirper de l'église de Colosses [1].

Telle est l'$\dot{\epsilon}\pi i\gamma\nu\omega\sigma\iota\varsigma$ inculquée par l'apôtre. Le progrès dans la foi objective est le progrès de la conception du Christ. On peut remarquer que les expressions employées dans ces épîtres ne visent pas les rapports entre le Christ et son Père céleste. Le mot de Verbe n'est pas prononcé. Paul n'en a pas besoin, car il ne se préoccupe que des rapports du Christ et des créatures. On prétend l'abaisser au rang des anges : il le relève au dessus de toute créature, et ce n'est pas seulement la première place qu'il lui donne ; il fait de lui la raison d'être, la fin, l'auteur même de la création.

A cette haute conception du Christ se rattache la théorie de l'Eglise[2]. L'Eglise est l'ensemble des êtres auxquels est appliquée l'œuvre du salut. Cette application est faite par Dieu aux hommes de toute origine, Grecs, Juifs, Barbares, Scythes, esclaves, hommes libres, et cela par un don gratuit. L'Eglise ainsi recrutée tient tout de Jésus-Christ : il en est la raison d'être, le principe vital, la tête, le chef. Il est descendu du ciel pour la constituer, en opérant sur la croix l'œuvre du salut ; remonté au ciel, il opère en elle la

---

[1]. On prétend quelquefois que saint Paul a en vue ici des hérésies gnostiques, parce qu'il parle d'éons et de plérôme. Mais c'est Paul lui-même, non ses adversaires, qui emploie ces termes, et cela en des sens différents de ceux qu'ils auront chez les Valentiniens. Ce sont les Gnostiques qui ont emprunté ces mots à saint Paul, tout comme ils ont pris à saint Jean ceux de Logos, Zoé, etc.

[2]. *Eph.*, IV ; cf. *Col.*, III, 11.

propagation et la perfection de son œuvre. Il a institué dans son sein les différents degrés du ministère ecclésiastique, les apôtres, les prophètes, les évangélistes, les pasteurs, les docteurs, en vue de l'adaptation des saints à l'œuvre commune, à l'édifice sacré qui est le corps du Christ. Sous l'effort du Christ, transmis par ces instruments, nous croissons tous dans une même foi, une même science (ἐπίγνωσις), foi et science dont l'objet est toujours le Fils de Dieu, et nous arrivons à l'accomplissement de notre vocation, à cet âge d'homme qui est la possession du Christ dans toute sa plénitude.

Ainsi, dans l'Eglise, toute vie doctrinale vient de Jésus-Christ, tout progrès en science procède de lui et tend à une connaissance plus parfaite de lui et de ce plérôme, de cette plénitude divine qui habite en lui. Toute la vie chrétienne va de lui à lui. Cette forte pensée trouvera plus tard une image dans l'A et l'Ω de saint Jean.

Le danger qui menace cette croissance doctrinale, ce sont les vains enseignements des faux docteurs, variables comme le vent et les hasards du jeu, procédant de la malice humaine et conduisant artificieusement à l'erreur les esprits encore mal assis dans la vraie foi [1]. Paul laisse même entendre que ces systèmes étrangers à l'enseignement traditionnel aboutissent à la justification de la corruption charnelle.

---

1. *Eph.*, IV, 17-24.

La suite des événements ne justifia que trop les appréhensions de l'apôtre. Les documents dont nous disposons pour apprécier ces premiers stades de l'hérésie nous transportent, il est vrai, assez loin du temps où saint Paul écrivait aux Colossiens ; ils sont du reste plutôt polémiques que descriptifs. Mais il en résulte clairement que, longtemps même avant l'apparition des fameuses écoles gnostiques sous le règne d'Hadrien, des enseignements analogues aux leurs s'insinuaient un peu partout, divisant les fidèles, pervertissant l'Evangile, et tendant à le transformer en une sorte de justification des faiblesses humaines.

Telle est la situation qui se révèle dans les lettres dites Pastorales, dont deux, adressées à Timothée, semblent viser une situation asiatique. Les prêcheurs d'hérésie n'y sont plus indéterminés, comme dans l'épître aux Colossiens ; leurs noms sont indiqués : Hyménée, Philète, Alexandre. Ils se posent en docteurs de la loi (νομοδιδάσκαλοι) ; leurs enseignements sont des fables judaïques ; ils s'adressent aux esprits faibles, curieux, tourmentés de la démangeaison d'apprendre, aux femmes en particulier, les occupant de questions sottes autant que subtiles, de mythes, de généalogies interminables. Dans la pratique on inculque l'aversion pour le mariage et pour certains aliments. Quant à la résurrection, elle est déjà faite, c'est-à-dire qu'il n'y a qu'une résurrection morale. En dehors du danger que la foi court dans les entretiens avec ces prétendus docteurs, il y a là une source de querelles où s'usent les liens de la charité.

CHAPITRE VI.

Les Pastorales nous représentent saint Paul affligé de constater tant d'ivraie dans sa moisson apostolique. En d'autres documents des hérésies et de la sollicitude qu'elles excitaient chez les chefs de l'Eglise, ce n'est plus seulement la tristesse qui se révèle, c'est l'indignation ; ainsi, dans la lettre de saint Jude, dans la seconde épître de saint Pierre, dans l'Apocalypse de saint Jean. Les hérétiques sont dénoncés comme des théoriciens d'immoralité, qui mettent la grâce de Dieu, l'Evangile, au service de la luxure ; les plus terribles châtiments leur sont réservés par la justice divine. Ici encore il est question de mythes subtils, habilement combinés ; d'autres détails sont réprouvés, mais avec plus d'énergie que de clarté.

Saint Jean aussi, dans les sept lettres par lesquelles s'ouvre l'Apocalypse, se montre fort irrité. Dans les églises d'Asie sévit une propagande à conséquences immorales. Elle autorise la fornication et les viandes provenant des sacrifices païens. L'enseignement sur lequel se greffe cette morale relâchée n'est décrit nulle part ; il est caractérisé par un terme énergique : les profondeurs de Satan. Les faux docteurs se disent apôtres et ne le sont pas, se prétendent juifs et ne sont que la synagogue du démon. Par deux fois [1] ils sont désignés : ce sont des Nicolaïtes.

Ce n'est sûrement pas avec de tels renseignements que l'on peut se faire une idée des erreurs propagées

---

1. II, 6, 14.

en Asie au temps de l'Apocalypse. Et la tradition n'apporte ici aucune lumière. Saint Irénée ne connaît l'hérésie des Nicolaïtes[1] que par le texte de saint Jean ; il en résume les données par les mots *indiscrete vivunt*. Clément d'Alexandrie en est au même point. Cependant ces deux auteurs s'accordent à rattacher la secte nicolaïte au diacre Nicolas, nommé dans les Actes des apôtres[2]. Ceci n'est rien moins que prouvé[3].

Les Nicolaïtes ne sont pas les seuls hérétiques qui se soient rencontrés avec l'auteur de l'Apocalypse. Polycarpe racontait que Jean, le disciple du Seigneur, étant entré dans un bain, à Ephèse, y aperçut un certain Cérinthe et qu'il sortit aussitôt en disant : « Fuyons, la maison pourrait s'écrouler, puisqu'elle abrite Cérinthe, l'ennemi de la vérité »[4]. Saint Irénée, qui nous a conservé ce récit de Polycarpe, donne[5] des détails sur la doctrine de Cérinthe et saint Hip-

1. Irénée, I, 26 ; III, 11 ; Clément, *Strom.*, II, 118 ; III, 25, 26. La description d'Hippolyte (Pseudo-Tert., 48 ; Epiph., 25, 26 ; Philastr., 33 ; cf. Photius, cod. 232) se rapporte à un système ophitique.
2. *Act.*, VI, 5 ; c'était un des Sept : $\varkappa\alpha\grave{\iota}$ Νικόλαον προσήλυτον, Ἀντιοχέα : pas d'autre détail. Clément atteste l'immoralité de la secte, mais il disculpe Nicolas, sur le compte duquel il raconte l'histoire suivante. Nicolas avait une femme dont il était extraordinairement épris. Les apôtres le lui ayant reproché, il l'amena dans l'assemblée et permit à qui voudrait de la prendre $(\gamma\tilde{\eta}\mu\alpha\iota)$, Il vécut depuis dans son unique mariage, dont il eut un fils d'une conduite exemplaire et des filles qui passèrent leur vie dans la virginité. Sa maxime était qu'il fallait malmener la chair $(\pi\alpha\rho\alpha\chi\rho\tilde{\eta}\sigma\theta\alpha\iota\,\tau\tilde{\eta}\,\sigma\alpha\rho\varkappa\acute{\iota})$: Matthieu en disait autant. Ces mots avaient pour eux un sens ascétique, mais les sectaires les interprétaient dans un sens pervers.
3. Harnack, *Chronologie*, p. 536, note.
4. Irénée, *Haer.*, III, 3 – cf. Eusèbe, IV, 14.
5. *Haer.*, I, 26.

polyte[1] ajoute quelques traits à son exposé. On voit par ce qu'ils en disent que Cérinthe était en somme un docteur juif, attaché au sabbat, à la circoncision et autres rites. Comme les Ebionites de Palestine, il enseignait que Jésus était fils de Joseph et de Marie. Dieu (ἡ ὑπὲρ τὰ ὅλα αὐθεντία) est trop au-dessus du monde pour pouvoir s'en occuper autrement que par intermédiaire. C'est un ange qui a créé l'univers, un autre qui a donné la Loi ; celui-ci est le dieu des juifs. Ils sont l'un et l'autre tellement au-dessous de l'Etre suprême qu'ils n'en ont aucune connaissance. Au baptême de Jésus une vertu divine, le Christ (Irénée) ou le Saint-Esprit (Hippolyte), procédant du Dieu suprême, descendit sur lui et habita en lui jusqu'à sa Passion, exclusivement[2].

Une vingtaine d'années après l'Apocalypse, Ignace, évêque d'Antioche, condamné à mort comme chrétien et destiné à subir à Rome le supplice des bêtes féroces, traversait rapidement la province d'Asie. Dans les lettres qu'il eut occasion d'écrire à certaines églises de ce pays, il vise à son tour la situation doctrinale et prémunit les fidèles contre les hérésies que l'on semait chez eux.

Ce qui le frappe avant tout, c'est la tendance aux coteries et aux schismes. Il avait vu de ses yeux, à Philadelphie, des réunions hérétiques.

1. Représenté par Pseudo-Tert., 48 ; Epiph., 28 ; Philastr., 36. Les *Philosophumena* (VII, 33) ne font que reproduire saint Irénée.
2. D'après Hippolyte, Cérinthe aurait enseigné que Jésus n'était pas encore ressuscité, mais qu'il ressusciterait avec les autres justes. Cette assertion invraisemblable est contredite par Irénée.

» Quelques-uns[1] ont voulu me tromper selon la
» chair, mais l'Esprit ne s'égare pas, car il est de Dieu.
» Il sait d'où il vient, où il va, et dévoile les choses
» cachées. Je criai au milieu de leurs discours, je
» criai à haute voix : Tenez-vous à l'évêque, au pres-
» bytère et aux diacres. — Certains d'entre eux sup
» posèrent que je parlais ainsi parce que je connais-
» sais leur séparation ; mais, Celui pour qui je port
» des chaînes en est témoin, ce n'est pas la chair, c
» n'est pas l'homme qui me l'avait appris. C'est l'Es
» prit, qui proclame cet enseignement : Ne faites rie
» sans l'évêque ; gardez votre chair comme le templ
» de Dieu ; aimez l'union, fuyez les divisions, soye
» les imitateurs de Jésus-Christ, comme il l'est d
» son Père ».

Les promoteurs de ces réunions étaient des prédica
teurs ambulants qui s'en allaient de ville en vill
semer leur ivraie. Ils ne réussissaient pas toujour
Ainsi, sur la route de Philadelphie à Smyrne, Ignac
s'était rencontré avec des prédicateurs hétérodoxes
qui venaient d'Ephèse, où ils n'avaient eu aucun
succès[2]. Il est probable qu'Ignace connaissait ces
hérétiques avant de venir en Asie, et qu'il cherche à
prémunir les églises de ce pays contre un ennemi nouveau pour elles, mais auquel il était lui-même accoutumé.

La doctrine que l'on inculquait dans ces concilia-

1. *Philad.*, VII.
2. *Eph.*, IX.

bules est qualifiée avant tout de judaïsme. Il ne s'agit plus, bien entendu, du simple judaïsme légal, mais de spéculations où se combinent trois éléments : le mosaïsme rituel, l'Evangile et des rêveries étrangères à l'un et à l'autre. Les rites juifs, après avoir été défendus pour eux-mêmes et comme moyen de salut, servaient maintenant de recommandation, d'appareil extérieur, pour des systèmes religieux assez étranges. Ignace revient souvent sur le sabbat, la circoncision et autres observances, qu'il traite de surannées. Il insiste sur l'autorité du Testament nouveau et des Prophètes ; ceux-ci sont rattachés à l'Evangile et opposés indirectement à la Loi.

La christologie des hérétiques, seule partie du système qui soit clairement indiquée, est une christologie docète : « Devenez[1] sourds quand on vous parle en
» dehors de Jésus-Christ, le descendant de David, le
» fils de Marie, qui est réellement né, qui a mangé, qui
» a bu, qui a été réellement percsécuté sous Ponce
» Pilate, réellement crucifié ; qui est réellement mort,
» à la vue du ciel, de la terre, des enfers, qui est réel-
» lement ressuscité par la puissance de son Père[2]...
» S'il a souffert en apparence, comme le prétendent
» certains athées, c'est-à-dire certains infidèles, qui
» ne vivent, eux, qu'en apparence, pourquoi donc suis-
» je enchaîné ? Pourquoi souhaité-je combattre les

---

1. *Trall.*, IX, X.
2. Remarquer l'analogie avec le symbole apostolique, dans son deuxième article.

» bêtes ? Est-ce pour rien que je vais mourir ? » Ces expressions ne s'appliquent pas seulement à la réalité de la mort et de la résurrection du Sauveur ; elles embrassent toute la durée de sa vie terrestre. Elles ne visent pas le docétisme impropre de Cérinthe, mais un vrai docétisme, comme celui de Saturnil et de Marcion, pour lesquels Jésus-Christ n'avait jamais eu que l'apparence de la chair.

L'eschatologie (doctrine des fins dernières) n'est pas indiquée ; mais l'insistance avec laquelle Ignace appuie sur la résurrection réelle du Christ et sur l'espérance de la résurrection individuelle porte à croire que les hérétiques rejetaient aussi la foi à la résurrection de la chair[1]. Cette négation privait la morale du plus clair de sa sanction. Le mot de l'épître aux Philadelphiens : « Gardez votre chair comme le temple de Dieu », donne à entendre que les dogmes nouveaux avaient des conséquences immorales. Cependant elles ne sont que faiblement indiquées. Ce n'est pas par leur inconduite, c'est plutôt par leur esprit de coterie que les hérétiques nouveaux mettent l'Eglise en danger

La doctrine que saint Ignace oppose à cette prédication de contrebande est peu développée dans ses lettres. L'Ancien Testament était jadis un état religieux

---

1. Cf. Polycarpe, *Philipp.*, VII : « Celui qui ne confesse pas que Jésus-Christ est venu dans la chair, celui-là est un ante-christ ; celui qui n'accepte pas le témoignage de la croix, celui-là est du diable ; celui qui falsifie les paroles du Seigneur dans le sens de ses passions et dit qu'il n'y aura ni résurrection ni jugement, celui-là est le premier-né de Satan ».

justifié, mais imparfait : maintenant il est aboli. Le martyr ne le transforme pas en allégories [1] ; il y voit la préface de l'Evangile. Sa christologie présente quelques traits remarquables. Jésus-Christ est vraiment homme et vraiment Dieu : « Notre Dieu [2], Jésus-Christ, a été « conçu dans le sein de Marie suivant » la dispensation divine, de la race de David et de » l'Esprit Saint ; il est né, il a été baptisé, afin que » par la vertu de sa passion l'eau fût purifiée ». Sa » préexistence à l'Incarnation est vigoureusement » affirmée : « Il n'y a [3] qu'un médecin, en chair et en » esprit, né et pas né, *natus et innatus*, (γεννητὸς ἀκὶ ἀγέννητος), Dieu dans la chair, vie véritable dans la » mort, issu de Marie et de Dieu, d'abord passible et » alors même impassible, Jésus-Christ, notre Sei-» gneur ». Ignace connaît la doctrine du Verbe : Il n'y » a qu'un Dieu, qui s'est manifesté par Jésus-Christ, » son Fils, qui est son Verbe, proféré après le silence [4], qui a plu en tout à celui qui l'envoya ». Cette prola-

---

1. Comme Pseudo-Barnabé, par exemple.
2. *Eph.*, XVIII.
3. *Eph.*, VII.
4. *Magn.*, VIII. — Les anciennes éditions portaient : ὅς ἐστιν αὐτοῦ λόγος ἀίδιος, οὐκ ἀπὸ σιγῆς προελθών. Saint Ignace semblait réfuter le valentinianisme, système où l'on trouve le Verbe sortant, par intermédiaire, il est vrai, de Sigé (Silence), la compagne de l'Abîme éternel. Il y avait là un argument contre l'authenticité de cette lettre et des autres. M. Th. Zahn a prouvé (*PP. apost.*, t. II, p. 36) que les mots ἀίδιός οὐκ ne se lisent pas dans les textes les plus autorisés. Ils représentent une correction faite en un temps où la προέλευτις temporelle du Verbe était abandonnée et condamnée par les théologiens orthodoxes. Mais cette doctrine fut longtemps cultivée : on le verra plus loin.

tion temporelle n'empêche pas Jésus-Christ d'être au-dessus du temps, en dehors du temps, d'avoir existé avant les siècles auprès du Père [1].

Les hérésies, dans ces temps reculés, poussent sur un fond juif, mosaïste. Les faux docteurs sont toujours des docteurs de la Loi, attachés à la circoncision, au sabbat et autres rites. Mais ils n'enseignent pas que la Loi ; il ne faut pas les confondre avec les bons scribes de Jérusalem et leurs disciples pharisiens, absorbés par le droit canonique et ses commentaires. Ce sont de vrais théologiens, qui profitent largement de l'indifférence relative de leurs coreligionnaires à l'égard de tout ce qui n'est pas le culte de la Loi, pour se livrer à des fantaisies doctrinales. Encore ne s'en tiennent-ils pas là. Un ascétisme bien caractérisé, célibat, alimentation végétarienne, abstinence du vin, se superpose chez eux aux observances déjà bien minutieuses du mosaïsme. Ceux d'entre eux qui ont accepté le christianisme combinent avec leurs « fables judaïques » les données nouvelles introduites par l'Evangile et cherchent à les inculquer aux nouveaux convertis, en même temps que leurs règles de vie austère. Ce sont en somme des gnostiques judaïsants, qui préludent, dans les premières églises, à l'invasion du gnosticisme philosophique.

1. Ὑπὲρ καιρὸν, ἄχρονος (ad Polyc., III), πρὸ αἰώνων παρὰ Πατρί (Magn., VI).

CHAPITRE VII

L'épiscopat.

La fraternité chrétienne menacée par l'hérésie. — Nécessité de la hiérarchie. — Situation à Jérusalem et à Antioche. — Organisation des églises du temps de saint Paul. — Le collège épiscopal, les diacres. — L'épiscopat unitaire, sa tradition. — Apparent conflit entre l'épiscopat collégial et l'épiscopat monarchique.

La plupart des documents allégués jusqu'ici concernent les églises de la province d'Asie ; mais il est aisé de croire que la situation était la même à peu près partout. Elle était fort grave. Il ne s'agissait de rien moins que de savoir si le christianisme resterait fidèle à l'Evangile. La simple prédication des premiers jours allait-elle être submergée par des flots de doctrines étrangères ? Cette religion si pure, héritée de ce qu'il y avait de plus recommandable en Israël, cette morale saine, cette piété confiante et calme, tout cela allait-il être livré sans défense aux colporteurs de doctrines bizarres et aux charlatans immoraux ? Car ils étaient nombreux et divers ; ils couraient d'église en église sous les dehors d'apôtres ou de prophètes, se réclamant de traditions juives, d'autorités évangéliques, faisant valoir les considérations de philosophie abstruse, propres à étourdir les âmes simples.

Comment les écarter ? En ces premiers temps l'Eglise ne disposait encore ni d'un canon bien défini de ses Ecritures saintes, ni d'un symbole universellement reconnu, ni même d'autorités ecclésiastiques bien assises, confiantes en elles-mêmes et appuyées sur une tradition solide. Dans les assemblées chrétiennes la parole était aussi facile à obtenir que dans les synagogues ; si les discours prenaient une mauvaise tournure, il était sans doute aisé aux présidents de l'assemblée d'arrêter l'orateur. Mais s'il résistait, si la discussion s'engageait, que répondre à des gens qui se réclamaient soit des grands apôtres d'Orient, soit des docteurs de la Loi, soit même et surtout du Saint-Esprit ? On a vu quelle peine avait saint Paul à régler l'inspiration de ses Corinthiens. Et comment empêcher la propagande en dehors des réunions communes, la formation de coteries où, même en dehors de toute perversion doctrinale, se dissolvait l'union fraternelle des premiers jours ?

Il n'y avait qu'un moyen de sortir de là ; c'était de renforcer dans la communauté locale les organes d'unité et de direction. Aussi n'est-il pas étonnant que les plus anciens documents sur l'hérésie soient aussi les plus anciens témoignages sur le progrès de l'organisation ecclésiastique. Les Pastorales insistent beaucoup sur le choix des prêtres ou évêques, sur leurs devoirs, sur leur compétence ; c'est là aussi le thème presque unique des lettres de saint Ignace. C'est donc le moment d'étudier d'un peu plus près les origines du gouvernement hiérarchique dans la société chrétienne.

Nous avons vu que la communauté primitive de Jérusalem avait vécu d'abord sous la direction des douze apôtres, présidés par saint Pierre. Un conseil d'anciens (*presbyteri*, prêtres) et un collège de sept diacres complétaient cette organisation. Plus tard, un « frère » du Seigneur, Jacques, apparaît auprès des apôtres, partageant leur autorité supérieure. Après leur dispersion il les remplace à lui seul et prend le rôle de chef de l'église locale. A sa mort (61) on lui donne un successeur, lui aussi parent du Seigneur, Siméon, lequel vécut jusqu'en 110 env on. Cette hiérarchie hiérosolymite nous offre exac nent les mêmes degrés qui seront plus tard d'usag niversel.

Sur la deuxième communauté, celle d'Antioche, nous sommes moins renseignés. On voit d'abord à sa tête un groupe de personnages apostoliques ou inspirés ; puis l'obscurité se fait et il faut attendre le temps de Trajan. Alors l'église d'Antioche est gouvernée comme celle de Jérusalem. Ignace, l'évêque, est le pendant de Siméon de Jérusalem. Quelquefois[1] il s'intitule évêque non d'Antioche, mais de Syrie, ce qui permet de conjecturer qu'alors il n'y avait encore que deux églises distinctes en ces contrées, celle de Jérusalem pour les chrétiens judaïsants de Palestine et celle d'Antioche pour les groupes hellénistes de Syrie. L'évêque syrien est assisté, comme celui de Jérusalem, par des prêtres et des diacres. La tradition

---

1. *Rom.*, II ; cf. *Rom.*, IX, *Magn.*, XIV, *Trall.*, XIII.

a conservé le nom d'un prédécesseur d'Ignace, Evode. Par lui la hiérarchie se reliait au temps apostolique.

Dans ses missions, saint Paul ne put manquer de donner à ses chrétientés un commencement d'organisation ecclésiastique, et c'est bien ainsi que l'auteur des Actes présente les choses quand il montre [1] l'apôtre instituant dans chaque ville des *presbyteri* (prêtres). Cependant ces chefs locaux sont rarement mentionnés dans ses lettres. Les plus anciennes parlent plutôt d'actes exercés que de fonctions constituées [2], ou, s'il s'agit de fonctions, celles de l'apostolat itinérant, œcuménique sont plus clairement visées que celles du gouvernement local. C'est ainsi que l'épître aux Ephésiens [3] énumère en même temps les apôtres, les prophètes, les évangélistes, les pasteurs et les docteurs ; ces termes ne sont pas tous techniques, et les trois premiers n'ont rien à voir avec l'organisation locale de l'Eglise. Il ne faut pas croire, du reste, que, dans ces groupes de néophytes, les dignitaires pussent avoir, aux yeux des apôtres, un relief bien prononcé. Tous étaient des convertis de fraîche date, à peine dégrossis du paganisme ; les véritables chefs étaient encore les ouvriers directs de l'évangélisation.

Cependant le personnel hiérarchique existait déjà ;

1. XIV, 23.
2. *I Thess*,. V, 12, 13 : τοὺς κοπιῶντας ἐν ὑμῖν καὶ προϊσταμένους ὑμῶν ἐν Κυρίῳ καὶ νουθετοῦντας ὑμᾶς ; *I Cor*., XII. 28 : γυβερνήσεις ἀντιλήψεις.
3. IV, 11 : τοὺς μὲν ἀποστολους, τοὺς δὲ προφητας, τοὺς δὲ εὐαγγελιστὰς, τοὺς δὲ ποιμένας καὶ διδασκάλους.

on le désignait même par les termes qui sont demeurés en usage. Dans l'intitulé de sa lettre aux Philippiens, écrite vers 63, saint Paul s'adresse « aux saints du Christ qui sont à Philippes, avec les évêques et les diacres ». Quelques années auparavant, en se rendant à Jérusalem, il avait convoqué les « prêtres » d'Ephèse et leur avait recommandé la jeune église, où le Saint-Esprit les avait constitués « évêques »[1]. Ici apparaît déjà l'indistinction des prêtres et des évêques et le gouvernement collégial de l'Eglise. Comme celle de Philippes, l'église d'Ephèse est dirigée par un groupe de personnages qui sont à la fois prêtres et évêques.

Cette situation, ou, si l'on veut, cette façon de parler, se maintint fort longtemps. Dans les épîtres de saint Pierre et de saint Jacques[2], l'église locale est dirigée par des « prêtres » ; dans les Pastorales, où le recrutement et les devoirs des chefs d'église tiennent tant de place, on les qualifie tantôt de prêtres, tantôt d'évêques. La lettre de saint Clément (vers 97), très importante ici puisqu'elle a été écrite à propos d'une querelle sur la hiérarchie ecclésiastique, nous représente l'église locale comme gouvernée par des évêques et des diacres. Il en est de même dans la *Doctrine des Apôtres* récemment publiée. C'est la terminologie de l'épître aux Philippiens. L'église de Philippes reçut,

---

1. *Act.*, XX. Le discours est évidemment de l'auteur des Actes, pour les détails d'expression ; mais on ne saurait contester que saint Paul ait recommandé sa chrétienté d'Ephèse aux prêtres ou évêques institués par lui.
2. *I Petr.*, V, 1-5 ; *Jacob.*, V, 14.

vers 115, une lettre de Polycarpe, évêque de Smyrne ; il n'y est question que de prêtres et de diacres [1]. Hermas [2] ne parle pas autrement pour l'église romaine de son temps ; on peut en dire autant de la *II^a Clementis*, écrit romain ou corinthien contemporain d'Hermas.

Avec ces derniers écrits nous atteignons à peu près le milieu du IIe siècle.

On a beaucoup discuté sur ces textes et sur leur désaccord apparent avec la tradition qui nous représente l'épiscopat unitaire comme remontant à l'origine même de l'Eglise et comme représentant la succession des apôtres dans l'ordre hiérarchique. Il me semble que la tradition est moins intéressée qu'on ne le prétend dans cette question, pourvu qu'on veuille bien la poser simplement, sans esprit de chicane ou de système. Que l'épiscopat représente la succession des apôtres, c'est une idée qui correspond exactement à l'ensemble des faits connus. Les premières chrétientés ont d'abord été dirigées par les apôtres de divers ordres, auxquels elles devaient leur fondation, ainsi que par d'autres membres du personnel évangélisateur. Comme ce personnel était, de sa nature, itinérant et ubiquiste, les fondateurs n'ont pas tardé à confier à quelques néophytes, plus particulièrement instruits et recommandables, les fonctions stables

---

[1] V, VI.
[2] *Vis.*, III, 5, 1 ; *Sim.* IX, 27. Il emploie aussi le terme d'évêque, mais d'une manière générale, sans référence spéciale à son église.

nécessaires à la vie quotidienne de la communauté : célébration de l'eucharistie, prédication, préparation au baptême, direction des assemblées, administration du temporel. Un peu plus tôt, un peu plus tard, les missionnaires durent abandonner à elles-mêmes ces jeunes communautés et leur direction revint toute entière aux chefs sortis de leur sein [1]. Qu'elles eussent un seul évêque à leur tête, ou qu'elles en eussent plusieurs, l'épiscopat recueillait la succession apostolique. Que, par les apôtres qui l'avaient instituée, cette hiérarchie remontât aux origines même de l'Eglise et tirât ses pouvoirs de ceux à qui Jésus-Christ avait confié son œuvre, c'est ce qui n'est pas moins clair.

Mais on peut aller plus loin et montrer que, si l'épiscopat unitaire représente, à certains égards, un stade postérieur de la hiérarchie, il n'est pas, autant qu'il paraît, étranger aux institutions primitives.

D'abord celles-ci ne sauraient être mieux représentées que par l'organisation de la mère-église de Jérusalem, qui avait été pourvue, dès la séparation des apôtres, d'un gouvernement unitaire. Il y a aussi toute raison de croire que ce gouvernement était traditionnel à Antioche, dès le commencement du IIe siècle, alors que saint Ignace lui donne un tel éclat. Dans ses lettres, adressées à diverses églises d'Asie, Ignace recommande, avec beaucoup d'instances, de

---

1. Il est possible, comme l'a pensé M. Harnck (*Texte u. U.*, XV, fasc. 3) que les deux petites lettres *II* et *III Joh.* nous aient conservé trace de cette substitution et des conflits qu'elle dut amener çà et là.

s'attacher à l'évêque, chef de l'église locale, pour résister aux attaques de l'hérésie. C'est précisément à cause de ce témoignage rendu à l'institution épiscopale que ses lettres ont été si longtemps soupçonnées dans certains milieux. Mais Ignace ne parle pas de l'épiscopat unitaire comme d'une institution nouvelle ; s'il exhorte les fidèles d'Asie à se tenir serrés autour de l'évêque, il ne leur parle pas avec moins d'insistance des autres degrés de la hiérarchie. Ses recommandations se ramènent à ceci : « Serrez-vous autour de vos chefs spirituels ! » La circonstance que ces chefs sont distribués en une hiérarchie à trois degrés, plutôt qu'à deux, est secondaire dans son raisonnement ; cette distribution est visée par lui comme un état de fait, incontesté et traditionnel ; il n'a pas à la recommander [1].

C'est aussi comme un état de fait, incontesté et traditionnel, que l'épiscopat unitaire nous apparaît, vers le milieu du IIe siècle, dans les chrétientés occidentales à Rome, à Lyon, à Corinthe, à Athènes, en Crète, tout comme dans les provinces situées plus à l'est. Nulle part il n'y a trace d'une protestation contre un changement brusque et comme révolutionnaire, qui aurait fait passer la direction des commu-

---

1. Si l'on était plus au clair sur les « anges » des églises d'Asie dont il est question au commencement de l'Apocalypse, il serait peut-être permis d'affirmer que cette dénomination symbolique vise les évêques de ces églises. Et il n'y aurait pas lieu de s'en étonner, car entre l'Apocalypse et les lettres d'Ignace il y a peine vingt ans. Ce sens, toutefois, n'est pas certain.

nautés du régime collégial au régime monarchique. Dès ce temps-là on pouvait, en certains endroits au moins, énumérer les évêques par lesquels le temps présent se reliait aux apôtres. Hégésippe, qui fit un long voyage d'église en église, recueillit en plusieurs endroits des listes épiscopales, ou les établit lui-même, d'après les souvenirs et les documents indigènes. La succession des évêques de Rome nous est connue par saint Irénée ; celle d'Athènes par saint Denys de Corinthe : la première se rattache aux apôtres Pierre et Paul, l'autre à Denys l'Aréopagite. A Rome la succession épiscopale était si bien connue, si bien classée chronologiquement, qu'elle servait à dater les événements. On disait des hérésies qu'elles avaient paru sous Anicet, sous Pie, sous Hygin. Dans la querelle à propos de la Pâque, Irénée datait de la même façon, en remontant plus haut encore, jusqu'à Télesphore et à Xyste I, c'est-à-dire jusqu'au temps de Trajan et de saint Ignace [1].

1. L'impression qui se dégage de ces dates aurait un peu moins de valeur — elle subsisterait pourtant — si l'on admettait avec M. Harnack (*Chronologie*, t. I, p. 158 et suiv.) qu'elles proviennent toutes d'une petite chronique épiscopale romaine, du temps de Marc-Aurèle, à laquelle auraient puisé saint Irénée et divers chronologistes ou hérésiologues postérieurs. Mais l'existence de ce *Liber pontificalis* primitif est loin d'être établie par les arguments dont on l'appuie, et il serait bien imprudent de raisonner en partant d'un document aussi hypothétique. Même en acceptant comme ayant réellement existé le texte que M. Harnack a cru pouvoir reconstituer, il resterait à expliquer comment, s'il n'y a point eu d'évêque (unitaire) à Rome avant Anicet, on aurait pu, quelques années après celui-ci, le présenter comme le successeur de toute une série d'évêques et faire accepter cela tant au public local, à qui la petite chronique était évidemment destinée, qu'à des personnes comme Hégésippe, Irénée, Tertullien, Hippolyte, bien placées pour être renseignées.

Les chefs de l'empire ne pouvaient avoir l'idée d'enlever leurs dieux à ces sujets lointains ; on peut constater qu'ils s'en gardèrent avec soin. Tout ce qu'ils firent à cet égard, ce fut de prohiber certains usages qui paraissaient contraires aux bonnes mœurs, comme les sacrifices humains, la castration, la circoncision. En ce qui regarde la religion celtique, Auguste alla plus loin : il l'interdit aux citoyens romains.

On ne peut pas dire cependant que ces religions exotiques se soient jamais fondues avec celle de l'empire. Isis, Astarté, Mithra, demeurèrent, tout comme Teutatès et Odin, à l'état toléré et ne parvinrent jamais à l'état officiel. La religion celtique disparut à peu près, grâce aux progrès de la civilisation romaine, plus précisément grâce à l'extension du droit latin ou romain. On peut en dire autant des religions ibériques, mauritaniennes, illyriennes, qui se trouvèrent soumises aux mêmes influences. Les religions orientales eurent la vie plus dure ; non seulement elles se maintinrent sur leurs sols respectifs ; elles se propagèrent fort loin dans le monde grec, en Italie et bien au delà.

Au commencement cette propagande fut assez mal accueillie. Un grec, et surtout un romain, quand il tenait à ses traditions, hésitait à prendre part à ces cultes ; à la fin, l'empire devint si mêlé que les répugnances cessèrent. Les Romains du plus haut rang fréquentèrent les temples orientaux, non seulement en Orient, comme pèlerins, mais à Rome même, dans les succursales établies au voisinage du Capitole.

Cette fusion pratique était facilitée par l'absence d'exclusivisme de la part des religions étrangères. Un dévot d'Isis n'avait pas l'idée qu'il pût être mal vu de Jupiter Capitolin ; au IVe siècle les sacerdoces romains sont cumulés avec les sacerdoces orientaux par les représentants des plus vieilles familles de Rome. On pouvait être membre du collège des pontifes et de celui des augures sans que cela empêchât de se faire tauroboliser suivant le rite de Mithra ou même de présider aux tauroboles.

Telle n'était pas la situation de la religion juive et de la religion chrétienne. L'une et l'autre elles professaient un exclusivisme absolu, un exclusivisme fondé sur tout autre chose que le sentiment patriotique, un exclusivisme théorique. Le dieu d'Israël et des chrétiens n'était pas le dieu d'un peuple déterminé, un dieu entre d'autres dieux. C'était le Dieu unique, le Dieu de tout le monde, le créateur de l'univers, le législateur et le juge de l'humanité entière. Les autres dieux n'étaient que de faux dieux, des hommes divinisés, des démons, des idoles ; ils ne comptaient pas. En dehors du sien, tout culte était une impiété ; les religions des cités, des nations, de l'empire, n'étaient que de prétendues religions, des erreurs diaboliques contre lesquelles tout homme avait le droit et le devoir de protester.

Ces dieux, ces cultes divers, groupés dans une réprobation commune du côté juif et chrétien, trouvaient, dans cette réprobation même et dans la réaction collective qu'elle suscitait, une certaine raison d'unité. Le paganisme existait en face du monothéisme ; il avait une certaine conscience de lui-même, qui lui était donnée précisément par l'hostilité dont il était l'objet.

Et non seulement il avait conscience de l'ennemi commun ; il avait encore conscience de l'ami, du protecteur commun, l'Etat. Encore que le Panthéon fût à plusieurs étages et que la déesse syrienne, par exemple, ne fût pas aussi haut placée que Jupiter ou Apollon, une certaine communion régnait entre les divers cultes. Si tous les dieux n'étaient pas les dieux de la patrie, aucun d'eux n'était conçu comme radicalement opposé au groupe central, celui des dieux romains, renforcé depuis l'Empire par deux personnages universellement respectés, la déesse Rome et le dieu Auguste. Ces derniers, représentés et comme incarnés sur terre en tous les dépositaires du pouvoir central, offraient aux autres un supplément de prestige qui ne contribuait pas peu à préciser la notion officielle de la divinité. Qui n'était pas de ce côté, était évidemment en dehors de la religion nationale, en tant que l'empire en avait une : c'était des sans Dieu, des athées.

Tant que les juifs avaient eu une existence nationale, leurs colonies en dehors du centre palestinien pouvaient être considérées comme se rattachant à ce centre, leur culte comme un culte étranger, licite, et même obligatoire pour les personnes de leur nationalité, en quelque lieu qu'elles fussent établies. Les rois successeurs d'Alexandre s'étaient montrés fort bienveillants pour ces juiveries. Ils les avaient non seulement tolérées, mais protégées, mais encouragées. Lors de la conquête romaine, les Juifs purent exhiber aux proconsuls des chartes de privilège où leur existence était reconnue, où diverses facilités leur étaient spécialement accordées, au point de vue de l'observation du sabbat, des serments, du service militaire. Les Romains reconnurent tout cela. Dans les localités où de tels privilèges faisaient défaut, et surtout à Rome, ils partaient en principe des idées généralement admises sur les cultes étrangers et laissaient les juifs tranquilles. Cependant s'il arrivait, et cela se vit assez souvent, que des juifs fussent en même temps citoyens romains, la situation se compliquait et des portes s'ouvraient à l'arbitraire. Au premier sièce de notre ère, des juifs authentiques parvinrent, dans l'empire, à d'assez hautes dignités ; d'autres, bien autrement nombreux, furent, sous Tibère, enrégimentés dans l'armée de Sardaigne, armée malsaine, ou expulsés d'Italie[1]. Ceux-ci étaient, ou leurs parents avaient été, d'anciens esclaves, que l'affranchissement avait faits citoyens de Rome. Un autre cas pouvait se poser, celui des recrues que le judaïsme faisait dans le

1. Tacite, *Ann.*, II, 85 : Actum et de sacris Aegyptiis Iudaicisque pellendis, factumque Patrum consultum ut quattuor milia *libertini generis* ea superstitione infecta quis idonea aetas in insulam Sardiniam veherentur coercendis illic latrociniis, et si ob gravitatem caeli interissent, vile damnum ; ceteri cederent Italia nisi certam ante diem profanos ritus exuissent.

monde païen. Tant qu'il ne s'agissait que de l'adhésion au monothéisme, de l'acceptation de la morale juive et même de certaines observances, comme le sabbat ou l'abstention de la chair de porc, il ne devait guère y avoir de difficulté, surtout, bien entendu, pour les petites gens et les personnes restées en dehors de la cité romaine. Mais si le prosélytisme atteignait les classes supérieures, les familles aristocratiques ; si la conversion était poussée jusqu'à ses conséquences extrêmes, jusqu'à la circoncision ou autres rites impliquant l'incorporation complète à la société israélite, alors on se trouvait dans le cas d'une sorte d'abjuration de la cité romaine ; on était un apostat, un traître.

Aussi les prosélytes proprement dits paraissent-ils avoir été fort rares, même avant que, sous Hadrien, la circoncision commençât d'être interdite ou que Sévère n'édictât des lois fort dures contre la conversion au judaïsme.

Théoriquement la destruction du sanctuaire de Jérusalem aurait dû entraîner la suppression ou la prohibition du culte juif. Il n'en fut rien. Vespasien, en homme pratique, vit bien qu'il y avait là plus qu'une question de nationalité, que le judaïsme survivait à l'état juif et même au Temple. Il se borna à diriger vers Jupiter Capitolin le tribut du didrachme que les fils d'Israël payaient autrefois à Jahvé et à son sanctuaire. Clients involontaires du grand dieu romain, les juifs n'eurent pas à se plaindre de lui, ou plutôt de l'état qui se réclamait de son patronage. On leur laissa la liberté et même les privilèges dont ils avaient joui antérieurement. Ainsi le judaïsme continua d'être une religion autorisée (*religio licita*). Le christianisme, au contraire, devint très vite une religion proscrite (*religio illicita*), et il le devint dès que l'on se fut bien rendu compte de la différence qui le séparait du judaïsme.

On n'y arriva pas tout de suite. Les gouverneurs romains, gens positifs, n'entraient pas volontiers dans les querelles de secte. Ils eurent quelque peine, ne s'y appliquant guère, à distinguer les chrétiens d'avec les juifs et à comprendre pourquoi les premiers étaient si mal vus des autres. Les perplexités de Pilate se retrouvèrent chez le proconsul d'Achaïe Gallion, quand saint Paul eut maille à partir avec les juifs de Corinthe, de même que chez les procurateurs Félix et Festus, quand il fut poursuivi devant eux par le grand-prêtre de Jérusalem. Dès avant ces événements, la police de Rome ayant constaté que les juifs se disputaient outre mesure à propos d'un certain Chrestus, avait mis les parties d'accord en expulsant tout le monde.

Une telle incertitude ne pouvait durer. Les juifs ne pouvaient admettre qu'une secte abhorrée profitât de leurs privilèges, ni surtout qu'elle les compromît par les excès de sa propagande. Ils ne purent manquer de renseigner les autorités. Dès le temps de Trajan la profession du christianisme était interdite. Pline[1],

---

1. *Plin. Ep.*, X, 96.

gouverneur de Bithynie en 112, n'avait jamais, avant d'être revêtu de ces fonctions, assisté à des procès de christianisme (*cognitiones de christianis*) ; mais il savait qu'on en faisait et qu'ils aboutissaient à des pénalités graves. Il a dû y avoir un moment où l'autorité supérieure, en ce genre de choses, a défini que le fait d'être chrétien était un fait punissable. Quel est au juste ce moment ? Cela est bien difficile à savoir. Avant Trajan on compte communément deux persécutions, celle de Néron et celle de Domitien. Mais les faits que l'on rapporte à ces persécutions, les supplices des chrétiens de Rome, faussement chargés de l'incendie de l'année 64, et la mort d'un certain nombre de personnes de rang élevé que Domitien fit disparaître sous prétexte d'athéisme, sont des faits un peu particuliers, qui s'expliqueraient aisément en dehors de toute prohibition officielle du christianisme. Ils pourraient donc être antérieurs à la loi prohibitive et il n'y a pas grand chose à en tirer dans la question présente.

L'épître de saint Pierre adresse aux fidèles la recommandation suivante : « Que personne d'entre vous ne
» souffre (πασχέτω) comme meurtrier ou comme voleur,
» ou comme malfaiteur, ou comme se mêlant de ce
» qui ne le regarde pas (ἀλλοτριεπίσκοπος) ; mais [s'il
» souffre] comme chrétien, qu'il n'en ait point de
» honte »[1]. Les souffrances que vise ici l'apôtre sont les châtiments que l'on peut encourir de la part des

1. *I Petr.*, IV, 15.

autorités préposées à la répression des voleurs, des assassins, etc., c'est-à-dire de la part des tribunaux réguliers. Il est naturel de croire que ces paroles n'ont pas été écrites avant que les tribunaux n'aient commencé à instrumenter expressément contre les chrétiens. Si la date de l'épître pouvait être établie avec précision et certitude, elle fournirait, dans la question présente, une indication de grande valeur.

Les autorités supérieures de l'empire eurent, dans la période qui nous occupe, plus d'une occasion de se renseigner sur la situation des communautés chrétiennes par rapport au judaïsme et aux lois en vigueur. Il est difficile que le procès de saint Paul, par exemple, n'ait point attiré leur attention sur de tels sujets. On peut en dire autant de l'incendie de Rome et de la persécution soulevée alors contre ceux que « le vulgaire appelait chrétiens ».

D'après un renseignement qui nous est parvenu, il est vrai, sous une forme un peu tardive [1], Titus aurait fait la différence des deux religions, et, s'il se décida à brûler le Temple de Jérusalem, c'était dans l'espoir de les extirper l'une et l'autre. Domitien s'attacha à augmenter le rendement de l'impôt du didrachme. Il

---

1. C'est un passage de Sulpice Sévère, *Chron.*, II, 30, que l'on croit avoir été copié dans la partie perdue des *Histoires* de Tacite. Au conseil de guerre qui eut lieu la veille de la prise de Jérusalem, Titus fut d'avis de détruire le Temple, *quo plenius Iudaeorum et Christianorum religio tolleretur* ; *quippe has religiones, licet contrarias sibi, isdem tamen ab auctoribus profectas : Christianos ex Iudaeis extitisse : radice sublata stirpem facile perituram*. Josèphe prête à Titus de tout autres dispositions.

l'exigea, non seulement des juifs inscrits comme tels, mais de ceux qui dissimulaient leur origine, et de ceux qui sans être juifs de race, vivaient à la juive et s'abstenaient de se faire inscrire. Cette opération, menée avec une extrême sévérité, entraîna nécessairement des recherches rigoureuses sur la situation confessionnelle des juifs et des chrétiens. En dehors de ces faits connus, on peut être sûr qu'il s'en produisit nombre d'autres, qui purent appeler l'attention du législateur et le décider à prendre un parti.

Une fois proscrite, la profession du christianisme pouvait donner lieu à un procès engagé par un accusateur privé devant le tribunal compétent ; elle pouvait aussi être signalée à l'attention du personnel policier et mettre en mouvement les magistrats, à Rome le préfet, en province les gouverneurs et leurs subalternes. Comme l'affaire était capitale, c'est presque toujours[1] aux gouverneurs qu'elle aboutissait ; c'est eux, en tout cas, qui apparaissent invariablement dans les récits relatifs aux martyrs.

On a cherché souvent, à la suite de Tertullien, à quelle catégorie criminelle se ramenait le fait d'être chrétien. C'est là, je crois, une affaire de mots. La terminologie juridique des Romains ne contenait aucune désignation correspondant à l'apostasie de la religion nationale. L'expression *crimen laesae Ro-*

1. Certaines villes avaient conservé la juridiction criminelle complète. Leurs magistrats auront sans doute fait plus d'un martyr ; mais, sur ce point, les renseignements font défaut.

manae religionis, qui se rencontre une fois sous la plume de Tertullien, caractériserait bien ce dont il s'agit, mais elle n'était pas en usage. Le *crimen laesae maiestatis*, était, au contraire, bien défini par les lois. Au temps où nous sommes et dans les conditions où le problème se posait, il n'y avait pas loin de l'un à l'autre. Un accusateur qui aurait voulu procéder dans toutes les formes aurait peut-être pu intenter à un chrétien une action de lèse-majesté. Je ne sais si le cas s'est jamais présenté [1].

Dans la pratique, les chrétiens étaient dénoncés, recherchés, jugés, condamnés, comme chrétiens. L'opinion publique pouvait les charger de toute espèce d'horreurs ; jamais on ne les voit condamner pour magie, infanticide, inceste, sacrilège, lèse-majesté. Tertullien, qui, comme tous les apologistes, s'est fort étendu sur ces calomnies et leur absurdité, déclare expressément qu'elles n'entraient pour rien dans les motifs des sentences rendues : « Vos sentences ne vi-
» sent autre chose que l'aveu du chrétien ; aucun
» crime n'est mentionné ; le seul crime c'est le nom »[2].

Il cite la formule de ces sentences : « Enfin, qu'est-ce

---

[1]. Le seul fait connu qui pourrait se rapporter à cette forme de procédure, c'est celui dont parle Justin dans sa seconde Apologie, c. 2. Une femme de Rome fut accusée de christianisme par son mari. Celui-ci « déposa contre elle une accusation, disant qu'elle était chrétienne » : κατηγορίαν πεποίηται λέγων αὐτὴν χριστιανὴν εἶναι. Était-ce vraiment une accusation devant une *quaestio* criminelle, ou tout simplement une dénonciation à la police ?

[2]. « Sententiae vestrae nihil nisi christianum confessum notant ; nullum criminis nomen extat, nisi nominis crimen est ; haec etenim est revera ratio totius odii adversus nos » (*Ad nationes*, I, 3).

« que vous lisez sur vos tablettes ? Un *tel chrétien*. — « Pourquoi n'ajoutez-vous pas : *et homicide* ? [1] ».

Pline ignorait, dit-il, si l'on devait poursuivre le chrétien comme tel ou pour les crimes que ce nom supposait, *nomen ipsum si flagitiis careat, an flagitia cohaerentia nomini*. Dans sa réponse, Trajan ne vise pas expressément ce doute ; mais il laisse voir clairement que le nom seul était poursuivi et c'est ce qui résulte aussi de tous les documents, apologies, récits de martyre, etc. Du reste, cette réponse impériale contient deux traits bien propres à montrer que le crime de christianisme n'était pas un crime comme les autres. Le magistrat, dit l'empereur, ne doit pas rechercher les chrétiens, mais se borner à les punir (évidemment de la peine capitale), s'ils sont dénoncés et convaincus : *Conquirendi non sunt ; si deferantur et arguantur, puniendi sunt*. De plus s'ils déclarent ne plus être chrétiens et le prouvent en sacrifiant aux dieux, il faut pardonner à leur repentir : *ita tamen ut qui negaverit se christianum esse idque re ipsa manifestum fecerit, id est supplicando diis nostris, quamvis suspectus in praeteritum veniam ex paenitentia impetret*. Si les chrétiens avaient été ce que la calomnie les accusait d'être, on ne voit pas pourquoi les crimes commis par eux n'auraient pas été discutés et châtiés. Les juges criminels n'ont pas à statuer sur les dispo-

---

1. « Denique quid de tabella recitatis ? Illum christianum. Cur non **et** homicidam? » (*Apol.*, 2). Le juge était obligé de *lire* la sentence ; de là la mention des tablettes.

sitions des coupables au moment de l'audience, mais sur la réalité des méfaits qui leur sont imputés. Tout aussi extraordinaire est la recommandation de ne point rechercher : *conquirendi non sunt*. S'il se fût agi de gens coupables et dangereux, le devoir de la police eût été de se mettre à leurs trousses.

Le rescrit de Trajan est un document précieux de la situation fausse où se trouvait le gouvernement par suite du progrès de la propagande chrétienne. Ses principes et ses traditions, on l'a vu plus haut, lui faisaient un devoir de l'arrêter. Néron et Domitien ont été de mauvais empereurs : les violences dont les chrétiens, avec bien d'autres, ont eu à souffrir sous leurs règnes, engagent très nettement leur responsabilité personnelle et se rattachent aux plus mauvais traits de leur caractère. C'est avec raison que les polémistes chrétiens signalent ces monstres comme ouvrant le cortège des persécuteurs. Mais il n'en est pas moins vrai que la répression de la propagande chrétienne, répression qui paraît avoir été décidée dans les conseils impériaux de ce temps-là, s'inspirait et des principes traditionnels et des nécessités de l'Etat[1].

Reste pourtant à savoir si l'on n'avait pas manqué de mesure en édictant la peine de mort pour le seul fait d'être chrétien. De telles lois sont aisées à porter ; mais comment les appliquer ? Pline s'effraie du grand

---

1. La répression de l'hérésie par l'Etat, chose si longtemps et si universellement admise, se fondait sur les mêmes principes que les persécutions de l'empire romain contre le christianisme naissant.

nombre des personnes impliquées ; il y a des chrétiens de tout âge, de toute condition ; on en trouve dans les villes, les bourgs, les campagnes. Les temples sont déserts, les fêtes abandonnées, les sacrifices négligés, au point que les victimes ne trouvent plus d'acheteurs. Et ce qui est plus grave encore que le nombre des chrétiens, c'est leur innocence. Le gouverneur l'a vérifiée lui-même, par divers moyens, y compris, bien entendu, la question, à laquelle il a soumis deux diaconesses. Leurs assemblées, leurs repas de corps, sont tout ce qu'il y a de plus correct ; les engagements qu'ils prennent entre eux ne visent nullement des crimes à commettre, mais précisément le contraire ; ils jurent de ne se rendre jamais coupables de vol, de brigandage, d'adultère, de manquement à la foi jurée, et ainsi de suite.

Dans ces conditions, comment un sage empereur n'eût-il pas été embarrassé ? On ne pouvait pourtant pas dépeupler, par la main du bourreau, l'Italie et les provinces, ni sévir avec tant de rigueur contre des gens dont les fonctionnaires eux-mêmes signalaient la vertu. De là des correctifs dans la pratique, de la réserve dans les recherches, le pardon accordé aux apostats.

Après Trajan d'autres empereurs se montrèrent au moins aussi portés que lui à modérer les conséquences de la loi. Hadrien écrivit en ce sens à divers gouverneurs de provinces, en particulier au proconsul d'Asie C. Minucius Fundanus[1] ; nous avons encore ce der-

---

1. Eus., IV, 9. Eusèbe avait trouvé cette pièce, en latin, à la suite de la première apologie de saint Justin. Il la traduisit en grec. C'est

nier document. L'apologiste Méliton[1] pouvait citer ces lettres à Marc-Aurèle, en même temps que d'autres, adressées par Antonin aux villes de Larisse, de Thessalonique, d'Athènes, et à l'assemblée (κοινόν) d'Achaïe[2].

De tous ces documents, pour autant que nous les connaissons, se dégage une préoccupation, non de bienveillance, mais de mesure. Il ne faut pas croire qu'il en soit résulté, pour les chrétiens, une enviable tranquillité. Leurs écrits, sous ces bons empereurs, nous les montrent vivant avec la perspective du martyre et se familiarisant avec elle. Quelques faits précis et bien attestés s'encadrent tout naturellement dans ces lignes. Les martyrs dont, par un heureux hasard, nous connaissons le nom ou l'histoire, n'ont nullement l'apparence d'être des exceptions. C'est que la question ne se posait pas seulement entre le gouvernement et les chrétiens. Il y avait aussi les passions locales, les éclats d'opinion, les émeutes, les pressions exercées sur l'esprit soit des magistrats municipaux, soit même des gouverneurs de province. C'est contre ces influences que réagissait, de temps à autre, le bon sens de

---

ce texte qu'on lit maintenant dans les manuscrits de Justin. On a supposé sans fondement que Rufin, au lieu de retraduire ce document en latin, serait allé en demander le texte original aux manuscrits de saint Justin. Ce serait bien étonnant de la part d'un tel auteur.
1. Eusèbe, *H. E.*, IV, 26.
2. Les rescrits d'Antonin le Pieux à l'assemblée d'Asie et de Marc-Aurèle au sénat romain (affaire de la Légion fulminante) à propos des chrétiens, sont apocryphes. On les imprime ordinairement à la suite des apologies de saint Justin. La première en imposa à Eusèbe, qui la reproduisit (sous le nom de Marc-Aurèle), *H. E.*, IV, 13.

l'empereur. Mais il ne réagissait pas toujours, et, même dans les cas où il intervenait, ce n'était pas sans tenir compte de ce qui demeurait la légalité, de cette légalité qu'avait appuyée dès l'origine et qu'appuyait encore la raison d'Etat.

En somme, si les empereurs du second siècle ne se laissèrent pas entraîner à des mesures d'extermination, il s'en faut de beaucoup qu'ils aient assuré aux chrétiens un régime de sécurité. S'ils s'abstinrent de prendre l'attitude résolue des Dèce et des Dioclétien, c'est sans doute par suite de l'indifférence dédaigneuse où les trouvaient ces conflits de sectes et de doctrines, peut-être parce qu'ils se fiaient outre mesure à la résistance des autres sectes ou de l'esprit philosophique. Au IIIe siècle, alors que ces ressources eurent manifesté leur insuffisance et que le danger chrétien se fut montré plus pressant, on renforça l'action gouvernementale, mais par intervalles seulement, sans esprit de suite. Il était trop tard ; l'Eglise échappa et ce fut l'empire qui fut vaincu.

CHAPITRE IX

La fin du judéo-christianisme.

Mort de Jacques, frère du Seigneur. — L'insurrection de l'an 66 : émigration de l'église de Jérusalem. — La révolte de Bar-Kochéba : Ælia Capitolina. — Les évêques judéo-chrétiens. — L'évangile selon les Hébreux. — Rapports avec les autres chrétiens. — Hégésippe. — Les Ebionites. — Les Elkasaïtes.

Pendant qu'à Rome, devant le tribunal impérial, se débattait l'affaire de saint Paul, l'église judaïsante de Jérusalem traversait, elle aussi, une crise des plus graves. Le procurateur Festus étant venu à mourir, il fallut du temps pour que son successeur Albinus parvînt en Palestine. De là un intervalle de confusion et d'anarchie. Le grand-prêtre, à ce moment, était Hanan II, fils du Hanan (Anne) de la Passion, et parent de l'Ananie dont il est question dans l'histoire de saint Paul[1]. Comme eux il exécrait les « Nazaréens ». Profitant avec empressement des circonstances favorables, il s'attaqua à leur chef local, Jacques, frère du Seigneur. Ce personnage paraît avoir été universellement vénéré à Jérusalem, non seulement des chrétiens, mais des juifs eux-mêmes. On parla longtemps de ses austérités, de ses longues prières dans le Temple. Le populaire l'appelait le Juste, le rempart du

---

1. *Act.*, XXIII, XXIV.

peuple (Obliam). Cela ne le défendit pas contre les rancunes du haut sacerdoce. Hanan réunit le sanhédrin, fit comparaître Jacques et quelques autres et obtint contre eux une sentence de mort. Jacques et ses compagnons furent lapidés près du temple. On l'enterra au même endroit ; cent ans plus tard on y voyait encore sa stèle funéraire[1].

Hanan paya son audace. Des protestations furent adressées au procurateur, qui arrivait d'Alexandrie, et au roi Agrippa II lequel destitua aussitôt le grand-prêtre.

On était à l'année 62. Quatre ans après, sous le procurateur Gessius Florus, successeur d'Albinus, la révolution, qui couvait depuis longtemps, éclata à Jérusalem. A l'automne de 66, la garnison romaine fut massacrée et l'insurrection s'étendit aussitôt à la Judée et aux pays voisins. Une tentative de Cestius Gallus, légat de Syrie, pour reprendre la ville sainte, demeura infructueuse. L'année suivante, Vespasien, chargé par Néron de réprimer le mouvement, fit rentrer la Galilée dans l'obéissance. Mais la mort de l'empereur (68) et les troubles qui la suivirent arrêtèrent le progrès de la répression. Pendant ce temps Jérusalem était en proie aux factions et subissait le régime de la terreur. Le grand-prêtre Ananie et tous les chefs de l'aristocratie sacerdotale furent massacrés par l'émeute ; des fanatiques et des brigands se

---

1. Voir dans Eusèbe, *H. E.*, II, 23, les récits de Josèphe et d'Hégésippe sur ces événements. Cf. Josèphe, *Ant.*, XX, 9, 1.

disputèrent la possession du Temple et des forteresses ; partout l'anarchie, l'incendie et le massacre. Ce n'était plus la cité sainte, c'était le vestibule de l'enfer.

Les chrétiens, à qui leurs chefs communiquèrent un avertissement céleste[1], se décidèrent à la quitter. Ils se transportèrent à Pella, en Décapole, dans le royaume d'Agrippa II. Pella était une ville hellénique, païenne ; on s'en arrangea cependant. Longtemps après, d'autres groupes judéo-chrétiens sont signalés[2] par Jules Africain (v. 230) à Kokhaba, dans le pays transjordanéen, et à Nazareth en Galilée. Au IVe siècle il y en avait un à Bérée (Alep) dans le nord de la Syrie[3]. On ne peut dire à quel moment ils essaimèrent soit de la communauté de Jérusalem, soit de celle de Pella[4].

La dispersion se maintint après la guerre. Il ne pouvait être question de revenir à Jérusalem, rasée jusqu'au sol, si bien qu'à peine pouvait-on s'apercevoir qu'elle avait été habitée. Pendant soixante ans il n'y eût là que le camp de la dixième légion (*leg. X Fretensis*). L'empereur Hadrien décida de fonder sur cet emplacement une ville nouvelle, une ville païenne, bien entendu, avec un temple qui devait s'élever

1. Κατά τινα χρησμὸν τοῖς αὐτόθι δοκίμοις δι' ἀποκαλύψεως ἐκδοθέντα, Eusèbe, *H. E.*, III, 5.
2. Eusèbe, *H. E.*, I, 7, 14.
3. Epiph., *Haer.*, XXIX, 7.
4. La Didascalie des Apôtres, composition du IIIe siècle plus ou moins avancé, semble provenir d'un milieu sur lequel les communautés juives et judéo-chrétiennes pouvaient avoir encore quelque influence. Cf. Harnack, *Chronologie*, t. II, p. 495.

dans l'enceinte de l'ancien sanctuaire. Cette profanation, analogue à celle d'Antiochus Epiphane, souleva les restes d'Israël. Le chef de l'insurrection, Simon-bar-Kochéba, soutenu par le célèbre rabbin Aquiba, se présenta aux juifs comme le Messie toujours attendu. La légion de Jérusalem fut chassée de son camp ; pendant quelque temps les juifs occupèrent les ruines de leur ville sainte. Mais Jérusalem n'avait plus d'importance militaire ; c'est dans une localité voisine, à Béther, que les insurgés durent être forcés. On y arriva, après trois ans (132-135) d'une guerre sanglante, d'où la Palestine sortit ruinée et dépeuplée.

Les judéo-chrétiens ne pouvaient reconnaître Bar-Kochéba comme le Messie d'Israël ; ils refusèrent de s'associer à la révolte. Mal leur en prit, car les insurgés les poursuivirent avec l'acharnement que l'on peut supposer en de telles circonstances[1]. La victoire des Romains rendit la paix à leurs communautés, qui continuèrent leur existence obscure. Les plans d'Hadrien furent mis en exécution. La colonie d'Ælia Capitolina s'éleva sur l'emplacement de Jérusalem, avec ses édifices profanes, son théâtre, ses sanctuaires païens. Sur la colline du Temple, Jupiter eut son Capitole et l'empereur sa statue. On n'oublia pas les lieux saints des chrétiens : un temple de Vénus fut installé sur le Calvaire. Le séjour de la nouvelle ville fut interdit aux juifs, sous peine de mort. Dans ces condi-

1. *Justin, Apol.*, I, 31.

tions les chrétiens judaïsants ne pouvaient que s'en tenir éloignés. C'est ce qu'ils firent. Dans le monde judéo-chrétien, l'autorité paraît être restée très longtemps entre les mains des parents du Sauveur : Jacques était « frère du Seigneur » ; Siméon, qui lui succéda comme chef de l'église de Jérusalem et qui vécut jusqu'au temps de Trajan, était aussi parent du Christ. Deux fils d'un autre « frère du Seigneur », Judas, furent signalés à la police de Domitien ; on leur fit faire le voyage de Rome et l'empereur les interrogea lui-même. Il se convainquit que des gens aussi chétifs ne pouvaient être dangereux et que le royaume des cieux n'était pas une menace pour l'empire romain. Les deux fils de David furent renvoyés dans leur pays, où ils « présidèrent aux églises »[1]. L'évêque Siméon ne s'en tira pas à si bon compte. Nous savons par Hégésippe qu'il fut martyrisé sous Trajan, Atticus étant (v. 107) gouverneur de Palestine[2]. Au temps de Jules Africain, en plein troisième siècle, il y avait encore des *Desposyni* (gens du Seigneur), que les cercles judéo-chrétiens tenaient en haute estime[3]. Eusèbe[4] nous a conservé une liste des anciens évêques de Jérusalem qu'il dit s'être succédé jusqu'à la révolte des juifs sous Hadrien (132). Les deux premiers sont Jacques et Siméon, avec lesquels on arrive à l'an 107 :

1. Hégésippe, cité par Eusèbe, *H. E.*, III, 20.
2. Eusèbe, *H. E.*, III, 32. La date de l'an 107 est celle de sa Chronique.
3. Eusèbe, *H. E.*, I, 7.
4. *H. E.*, IV, 5.

il resterait treize évêques à répartir en vingt-cinq ans ; c'est beaucoup. Si l'on accepte la liste et la limite telles que les donne Eusèbe, il sera naturel d'y voir des évêques, non seulement de Pella, mais de quelques autres colonies de la communauté primitive de Jérusalem.

Un document plus intéressant, sur ces vieux chrétiens, serait, si nous l'avions plus complet, l'évangile dont ils se servaient. C'était, bien entendu, un évangile hébreu, c'est-à-dire araméen. Il fut, d'assez bonne heure, traduit en grec. C'est alors qu'il reçut la dénomination d'évangile selon les Hébreux, καθ' Ἑβραίους. Saint Jérôme[1] en parle souvent ; il en connut le texte sémitique, qu'il identifie quelquefois avec l'original hébreu de saint Matthieu[2]. Ceci suppose qu'il y avait entre le saint Matthieu canonique et l'évangile « des Hébreux » une ressemblance assez marquée. Les différences, cependant, à en juger par les fragments conservés, étaient de quelque importance. Cet évangile ne paraît pas être moins ancien que nos Synoptiques, dont il ne dépend en aucune façon : il aura été rédigé dans le sein de la communauté de Pella[3].

C'est de Pella qu'était originaire Ariston, l'auteur

1. Saint Epiphane (*Haer.*, XXIX, 9) en connaît l'existence, mais il en parle comme quelqu'un qui ne l'avait pas vu.
2. Saint Epiphane en fait autant. Depuis Papias il était question d'un Matthieu hébreu, que personne n'avait vu et qu'il était naturel d'identifier avec un texte comme celui des Nazaréens.
3. Zahn, *Kanonsgesechichte*, t. II, p. 642 et suiv. ; Harnack, *Chronologie*, t. I, p. 631 et suiv. Cf. Hilgenfeld, *N. T. extra canonem*, fasc. IV, p. 15 ; et le mémoire de Handmann, dans les *Texte und Unt rs.*, 1888.

du dialogue de Papiscus et de Jason, ouvrage de propagande, où l'on voyait (car il est perdu) un juif discuter avec un judéo-chrétien et se rendre à ses raisons. Cet écrit parut peu après la révolte de Bar-Kochéba ; il fournit sur ce sujet quelques renseignements à Eusèbe[1].

Cette église de Pella, même en y rattachant ses colonies de Palestine et de Syrie, ne saurait être considérée comme représentant tout le judéo-christiame. La Diaspora comptait, un peu partout, et surtout dans les grands centres, comme Alexandrie, des juifs convertis au christianisme, mais qui ne se croyaient pas dispensés de la Loi. Ils profitaient, pour être chrétiens, de la grande tolérance doctrinale[2] qui régnait au sein du judaïsme, mais ils demeuraient juifs. Avec les autres chrétiens, dont certes ils admettaient l'existence, leurs rapports devaient être à peu près ceux que Pierre et Barnabé avaient autorisés à Antioche, au grand scandale de Paul. Justin[3] connaît des chrétiens de ce type ; il pense qu'ils seront sauvés, pourvu qu'ils ne forcent pas les fidèles venus d'ailleurs à suivre leur genre de vie. Il sait pourtant que son sentiment n'est pas celui de tout le monde et

---

1. *H. E.*, IV, 6. Les textes sur Ariston de Pella sont réunis dans Harnack, *Altchr. Litteratur*, t. I, p. 92.
2. On en a une idée quand on se rappelle que l'on pouvait penser comme Philon ou comme Aquiba, croire à la résurrection des morts ou à l'anéantissement définitif, attendre le Messie ou bafouer cette espérance, philosopher comme l'Ecclésiaste ou comme la Sagesse de Salomon, etc.
3. Dial., 47.

que certains n'acceptent pas la communion des judéo-chrétiens.

Justin ne parle que des individus : il ne nous renseigne pas sur la situation des communautés, ni sur leurs rapports avec les représentants de la grande Eglise. Hégésippe, au déclin du IIe siècle, est un peu plus précis. Il nous montre « l'Eglise », c'est-à-dire « l'église de Jérusalem », d'abord fidèle à la tradition, puis travaillée par diverses hérésies, dont un certain Théboutis, par dépit de n'être pas devenu évêque, donna le premier spécimen. Selon lui ces hérésies se rattachaient aux diverses sectes juives, Esséniens, Galiléens, Hémérobaptistes, Masbothéens, Samaritains, Sadducéens, Pharisiens. Cette énumération contient des termes assez dissemblables, mais l'idée générale est juste et les faits la confirment. Comme le judaïsme dont elle était issue, l'église judéo-chrétienne donnait à la pratique de la Loi une importance hors ligne et ne se défendait pas assez contre les spéculations doctrinales.

Hégésippe était judéo-chrétien ; c'est l'impression d'Eusèbe, qui l'a lu tout entier, et cela paraît bien résulter aussi de l'usage qu'il faisait de l'évangile des Hébreux, de son langage semé de mots hébraïques, enfin de sa familiarité avec l'histoire de l'église de Jérusalem.

Celle-ci est évidemment pour lui une église orthodoxe et vénérable. Cependant il ne se trouvait pas dépaysé en des milieux comme ceux de

Corinthe et de Rome. Il s'enquérait des successions épiscopales et de la façon dont elles conservaient la tradition primitive. Selon lui, tout s'y passait comme l'avaient enseigné la Loi, les Prophètes et le Seigneur.

Les sentiments optimistes de Justin et d'Hégésippe n'eurent point d'influence sur la tradition. L'opinion défavorable aux judéo-chrétiens prit le dessus avec saint Irénée et Origène[1]. Pour ces auteurs, le judéo-christianisme est une secte, la secte des Ebionites ou Ebionéens, Ἐβιωναῖοι. Ce terme, d'où l'on ne tarda pas à déduire le nom d'un fondateur imaginaire, Ebion, signifie Pauvres. Les judéo-chrétiens de Syrie avaient été, dès l'origine, désignés par le nom de Nazaréens[2], qui figure déjà[3] dans les Actes ; ce nom dérivait évidemment de celui du Seigneur, Jésus de Nazareth. Il est possible qu'ils se soient appelés ou qu'on les ait appelés *Ebionim*, sans aucune intention de dénigrement. L'Evangile ne dit-il pas : « Bienheureux les pauvres ! »[4]. Plus tard, les controversistes de la grande Eglise, fiers de leur christologie transcendante, rattachèrent à ce mot l'idée de pauvreté doc-

---

1. Irénée, *Adv. haer.*, I, 26 ; III, 11, 15, 21 ; IV, 33 ; V, 1. ; Origène, *Adv. Celsum*, II, 1 ; V, 61, 65 ; *In Matth.*, XVI. 12. ; Tertullien, *Praescr.*, 33. Le *Syntagma* d'Hippolyte (représenté par *Praescr.*, 48, et Philastre, 37), les *Philosophumena* (VII, 34), dépendent d'Irénée et n'ajoutent rien d'intéressant.
2. C'est le terme employé par saint Epiphane notamment dans le chapitre (XXIX) de son *Panarium* qu'il consacre à cette secte L'appellation d'*Ebionéens*, s'applique chez lui à un système hérétique spécial dont il sera bientôt question. Pour désigner les judéo-chrétiens, saint Jérôme emploie couramment le terme de Nazaréens ; mais on voit que, pour lui, Ebionites et Nazaréens c'est tout un.
3. *Act.*, XXVI, 5.
4. *Luc.*, VI, 20 ; *Matth.*, V, 3.

trinale et en firent un sobriquet. Origène a bien vu, ce qui a échappé à saint Irénée, qu'il ne s'agit pas ici d'une hérésie proprement dite, comme celles de Cérinthe ou de Carpocrate, mais de la survivance, à l'état arriéré, du judéo-christianisme des premiers temps. Dans la description de saint Irénée, les Ebionéens se caractérisent par leur fidélité aux observances mosaïques[1], circoncision et autres ; ils ont une grande vénération pour Jérusalem et se tournent vers elle pour faire leurs prières ; ils professent que le monde a été créé par Dieu lui-même, ce qui les distingue des gnostiques de toute catégorie. Ils s'attachent surtout à la Loi ; pour les Prophètes ils ont des explications subtiles[2]. Voilà pour leur judaïsme. Quant à leur christianisme, on remarque qu'ils ne se servent que d'un évangile, celui de saint Matthieu[3], qu'ils rejettent les épîtres de saint Paul, cet apôtre étant pour eux un apostat, et qu'ils considèrent le Sauveur comme le fils de Joseph. Sur ce point, cependant, il y avait des opinions diverses : Origène atteste que la naissance miraculeuse était admise par les uns, rejetée par les autres.

Ainsi le confinement dans la Loi avait amené les judéo-chrétiens à se séparer insensiblement de la grande Eglise. En dépit de certaines attitudes indi-

---

1. Dans la description des *Philosophumena* il est dit que si Jésus a reçu ce nom et celui de Christ de Dieu, c'est à cause de sa fidélité à la Loi.
2. Quae autem sunt prophetica, curiosius exponere nituntur.
3. Confusion avec l'évangile des Hébreux.

viduelles et de certaines opinions bienveillantes, cette séparation était déjà manifeste au déclin du IIe siècle.

Elle se traduisait même par des polémiques. Vers la fin du IIe siècle, un certain Symmaque, ébionéen, connu pour avoir exécuté une version grecque de l'Ancien Testament, écrivit pour défendre contre les autres chrétiens l'attitude spéciale de ses coreligionnaires [1].

Ceux-ci étaient répandus un peu partout dans les grandes juiveries. La version grecque de leur évangile fut connue en Egypte de très bonne heure, dès le temps de Trajan ; le nom d' « Evangile selon les Hébreux », qu'on lui donna, fut sans doute imaginé pour le distinguer d'un autre évangile reçu dans le pays, l' « Evangile selon les Egyptiens », en usage dans la communauté chrétienne d'Alexandrie.

Beaucoup plus loin, dans les populations du sud de l'Arabie, où le judaïsme avait fait déjà et ne cessa de faire de nombreuses recrues, la prédication évangélique s'était fait entendre sous sa forme judéo-chré-

---

1. Eusèbe, *H. E.*, VI, 16, 17, par lequel nous savons qu'Origène tenait ces livres d'une dame appelée Juliana (de Césarée en Cappadoce, cf. Pallade, *H. Laus.*, 147) qui les avait reçus en héritage de Symmaque lui-même. Divers auteurs latins du IVe et du Ve siècle connaissent des Symmachiens comme formant une secte judéo-chrétienne (Victorinus rhet., *In Gal.*, I, 19 ; II, 26 ; Philastrius, haer. 62 ; Ambrosiast., *In Gal.*, prologue ; saint Augustin, *Contra Faustum*, XIX, 4, 17 ; *Contra Cresconium*, I, 31). Au temps de saint Augustin elle ne comptait plus qu'un très petit nombre d'adeptes. Saint Epiphane, *De mens. et pond.*, 18-19, fait de Symmaque un samaritain converti au judaïsme. Ce renseignement est isolé. Cf. Harnack, *Chron.*, II, p. 164.

tienne. Pantène, qui visita ce pays vers le temps de Marc-Aurèle, y trouva l'évangile hébreu [1], que l'on disait avoir été rapporté par l'apôtre Barthélemy, premier missionnaire de ces contrées lointaines.

Cependant, même avec cette diaspora, l'église judaïsante resta toujours peu nombreuse. Elle eut sans doute à souffrir, sous Trajan et sous Hadrien, des calamités qui s'abattirent alors sur la nation juive. Au temps d'Origène elle faisait petite figure. Le grand exégète écarte [2] l'idée que les 144.000 élus d'Israël, dans l'Apocalypse, puissent représenter des judéo-chrétiens : ce chiffre lui semble trop élevé. Comme Origène écrit après deux siècles d'Evangile, son comput doit s'étendre à cinq ou six générations. On voit qu'il n'a pas l'idée de grandes multitudes.

Il y avait encore des Nazaréens au IVe siècle. Eusèbe, saint Epiphane, saint Jérôme, celui-ci surtout les ont connus. C'est le plus souvent à propos de leur évangile qu'il est question d'eux. Quand on parle de leur doctrine, l'appréciation n'est pas favorable [3]. Çà et là on distingue chez eux quelques traces de

---

1. Eusèbe, qui nous rapporte le fait (*H. E.*, V, 10), identifie, selon l'usage, cet évangile hébreu avec l'original de saint Matthieu.
2. *In Joh.*, I, 1.
3. « Quid dicam de Hebionitis qui christianos se simulant ? Usque hodie per totas Orientis synagogas inter Judaeos haeresis est quae dicitur Minaeorum et a Pharisaeis nunc usque damnatur, quos vulgo Nazaraeos nuncupant, qui credunt in Christum filium Dei natum de virgine Maria et eum dicunt esse qui sub Pontio Pilato passus est et resurrexit, in quem et nos credimus. Sed dum volunt et Judaei esse et Christiani, nec Judaei sunt nec Christiani ». Saint Jérôme, Ep. ad August., 89. — Saint Epiphane les classe sans hésiter parmi les hérétiques (*Haer.*, XXIX).

l'influence exercée par la grande Eglise ou même de rapprochement avec elle. La fusion s'opéra sans doute, mais par démarches individuelles. Aucune des communautés judéo-chrétiennes n'entra comme telle dans les cadres des patriarcats orientaux.

Ainsi finit le judéo-christianisme, obscurément et misérablement. L'Eglise, à mesure qu'elle s'était développée dans le monde gréco-romain, avait laissé son berceau derrière elle. Elle avait dû s'émanciper du judéo-christianisme, tout comme du judaïsme lui-même. A son dernier voyage à Jérusalem, saint Paul avait eu à subir et les brutalités des juifs et la malveillance des judaïsants ; c'est auprès des Romains qu'il avait trouvé refuge et protection relative. Cette situation est symbolique.

Mais ce n'est pas seulement au judaïsme légaliste que saint Paul avait eu affaire. Il avait aussi rencontré sur son chemin un judaïsme raffiné, qui superposait aux observances mosaïques des rites particuliers et des pratiques d'ascétisme, en même temps qu'il complétait la simple foi d'Israël par de hautes spéculations religieuses ou philosophiques. Les Esséniens, sur le sol de la Palestine, Philon et les gens de son type dans la Dispersion, représentent des formes diverses de cette tendance à perfectionner la tradition. Elle ne manqua pas de se faire sentir dans les primitives communautés chrétiennes. C'est à ce judaïsme sublime que se rattachaient les docteurs que saint Paul combattit dans ses lettres aux Asiatiques et ceux que saint Ignace connut plus tard. Il s'exprime, en particulier, dans la doctrine de Cérinthe. Au second siècle, il semble que ce mouvement se soit un peu apaisé ; à tout le moins cesse-t-il d'être perceptible dans le tapage des sectes gnostiques. Une centaine d'années après Cérinthe et saint Ignace, il est de nouveau question d'une propagande judéo-chrétienne de ce type [1]. Au temps du pape Calliste (217-222) un certain Alcibiade, venu d'Apamée en Syrie, la représentait à Rome. Il était porteur d'un livre mystérieux, communiqué, dans le pays fabuleux des Sères, à un homme juste appelé Elkasaï, l'an 3 de Trajan (100) [2]. Elkasaï l'avait reçu d'un ange haut de trente lieues, appelé le Fils de Dieu ; près de lui figurait un être femelle, de même dimension, le Saint-Esprit [3]. La révélation n'est qu'une prédication de pénitence, ou plutôt de purification par le baptême incessamment renouvelé. L'initié se plongeait dans l'eau en invoquant les sept témoins, c'est-à-dire le Ciel, l'Eau, les Esprits saints, les Anges de la prière, l'Huile, le Sel, la Terre. Cette cérémonie, outre qu'elle purifiait du péché, guérissait aussi de la

1. *Philosoph.*, IX, 13 ; cf. Origène (Eus., *H. E.*, VI, 38) et Epiphane, *Haer.*, XXX.
2. Il n'est pas impossible qu'un tel livre ait existé et même qu'il ait été écrit au temps de Trajan. Le fond de celui-ci était une prédication de pénitence ; on ne voit pas pourquoi les Elkasaïtes d'Alcibiade, s'ils l'avaient fabriqué eux-mêmes, seraient allés chercher si loin un message de pénitence. En ce genre de choses la promulgation est suivie de près par l'effet. Que l'on se rappelle la prédication d'Hermas, à peu près contemporaine de celle d'Elkasaï. Cf. Harnack, *Chronologie*, II, p. 167, 537.
3. Le mot Esprit, dans les langues sémitiques, est du féminin.

rage et autres maladies. Il y avait des formules composées de mots syriaques que l'on prononçait à rebours. Cette secte ne paraît pas avoir eu beaucoup de succès en dehors de son pays d'origine, où elle se diversifia sans doute, car saint Epiphane en connaît plusieurs variétés, qu'il décrit sous les noms d'Osséens, d'Ebionéens, de Sampséens. De son temps tout cela était confiné dans les pays situés à l'est de la Mer Morte et du Jourdain. De la famille d'Elkasaï il restait encore deux femmes, Marthous et Marthana, que leurs coreligionnaires tenaient en grande vénération.

Ces sectaires observaient les rites juifs, mais, sur le canon des Ecritures, ils avaient des idées spéciales. Les Prophètes étaient répudiés. De la Loi on écartait tout ce qui a trait aux sacrifices. L'apôtre Paul était honni et ses lettres rejetées. Le Nouveau Testament s'ouvrait par un évangile dont saint Epiphane nous a conservé quelques fragments. Ce texte se présentait comme rédigé, au nom des Douze apôtres, par saint Matthieu [1]. Il y avait aussi des histoires sur les apôtres, contenues dans des livres spéciaux, comme les « Kérygmes de Pierre », d'où dérivent les Clémenti-

---

1. Il faut bien se garder de confondre avec cette production assez tardive, soit l'évangile des Hébreux dont il a été question ci-dessus, soit surtout le très ancien recueil de *Logia* dont parle Papias et qui paraît être une des sources de notre évangile canonique de saint Matthieu. Le nom de cet apôtre a été particulièrement exploité par les fabricateurs d'apocryphes. Clément d'Alexandrie (*Paedag.*, II, 1) se représente saint Matthieu comme un végétarien de profession. Je ne sais où il a pris cela, mais cette circonstance était bien faite pour le recommander aux Elkasaïtes.

nes[1], et les « Ascensions de Jacques », citées par saint Epiphane. Dans ces divers écrits l'ascétisme est fortement inculqué, surtout l'alimentation végétarienne et l'horreur du vin. Même pour l'Eucharistie, le vin était remplacé par de l'eau. La christologie ressemblait à celle des Ebionites et de Cérinthe : Jésus, fils de Joseph et de Marie[2], est élevé à l'état divin au moment de son baptême, par son union avec l'éon Christ. Celui-ci était identifié par les uns avec le Saint-Esprit, par d'autres avec Adam, par d'autres enfin avec un ange supérieur, créé avant toutes les autres créatures, qui se serait déjà incarné en Adam et en divers autres personnages de l'Ancien Testament. On ne nous dit pas quel était le rapport de ce Christ avec l'ange appelé Fils de Dieu.

1. Les nouvelles études sur les Clémentines (Waitz, *Die Pseudoklementinen*, dans les *Texte und Unt.*, t. XXV, fasc. 4 ; cf. Harnack, *Chronologie*, II, p. 518 et suiv.) établissent ainsi qu'il suit la généalogie de ces écrits. D'abord un livre intitulé *Kérygmes de Pierre*, composé vers la fin du IIe siècle ou le commencement du IIIe ; la lettre de Pierre à Jacques avec la protestation y annexée (Migne, *P. G.*, t. II, p. 25) en formait la préface. C'était un livre judéo-chrétien, antipaulinien, dans des idées analogues à celles d'Alcibiade. Vers le même temps un livre Catholique, antignostique, racontait les conflits de saint Pierre avec Simon, considéré comme représentant général de toutes les hérésies. Ces deux livres furent combinés, assez avant dans le IIIe siècle, en un roman orthodoxe où apparaît le personnage de Clément Romain (Περίοδοι Πέτρου) ; une lettre de celui-ci à saint Jacques (*Ibid.*, p. 32) en formait la préface. De ce roman clémentin dérivent isolément les deux rédactions connues sous le nom de Récognitions et d'Homélies ; de celles-ci nous avons le texte grec, des Récognitions une version latine, œuvre de Rufin, et une version syriaque incomplète. Ces deux rédactions sont orthodoxes aussi, mais seulement au point de vue des anciennes controverses, car l'esprit de l'école lucianiste ou arienne s'y révèle en maint endroit.

2. Quelques-uns cependant, tout comme chez les Ebionites, admettaient la naissance miraculeuse.

Ces doctrines et ces pratiques n'ont, en somme, rien de bien nouveau. Ce sont les vieilles « fables judaïques » du temps de saint Paul, que l'on essaie de rajeunir en s'autorisant d'une révélation nouvelle et en s'aidant de productions littéraires composées à cette fin.

CHAPITRE X

Les livres chrétiens.

Epîtres de saint Paul. — Les Evangiles. — Disciples émigrés en Asie : Philippe, Aristion, Jean. — Tradition sur l'apôtre Jean. — Les écrits johanniques. — La tradition orale et les évangiles Synoptiques. — Autres livres canoniques.- Ecrits divers, Didaché, épître de Barnabé, livres attribués à saint Pierre. — Clément, Hermas et autres « Pères apostoliques ».

A partir du moment où s'arrête le récit des *Actes* jusque vers le milieu du deuxième siècle, les documents de l'histoire chrétienne sont trop rares et trop difficiles à classer, ou même à interpréter, pour qu'il soit possible d'en tirer une histoire suivie. Les traits principaux ont été indiqués plus haut : succès croissant de la propagande évangélique ; accaparement par elle des conquêtes faites ou préparées par la propagande juive ; affermissement du caractère universaliste de la prédication nouvelle ; séparation corrélative des groupes chrétiens d'avec les communautés israélites ; premières apparitions de ces hardiesses d'opinion qui présagent les hérésies de l'avenir ; résistance de la tradition, qui s'appuie partout sur la hiérarchie locale, renforcée et précisée dans ses attributions ; dangers extérieurs venant du défaut d'assiette légale.

Telles sont les généralités de la situation ; elles dérivent tout naturellement des conditions dans lesquelles le christianisme se répandit et s'établit. Un autre fait, d'ordre général et de très grande conséquence, doit être maintenant examiné : c'est l'apparition d'une littérature chrétienne.

Il a été déjà question des lettres de saint Paul, qui sont, dans l'ensemble, les plus anciens documents écrits du christianisme. Si l'on met à part les *Pastorales*, qui, telles au moins que nous les avons, sont de date un peu postérieure, elles se placent toutes entre 53 et 62. Bien qu'elles eussent été d'abord écrites pour des groupes chrétiens assez éloignés les uns des autres, il s'en fit de bonne heure un recueil. Clément et Polycarpe paraissent l'avoir eu entre les mains.

Plus complexe est l'histoire des Evangiles, plus obscure aussi. Je vais m'efforcer de résumer le peu que l'on en peut savoir.

Les disciples de la première heure, on l'a vu plus haut, n'étaient pas tous demeurés à Jérusalem. Bien longtemps avant le siège, une certaine dispersion s'était produite, soit par suite de persécutions locales, soit pour les besoins de la propagande. Les apôtres étaient tous partis, et avec eux beaucoup d'autres personnages importants, comme ce Silas qui suivit saint Paul dans sa seconde mission. La guerre de Judée dut accélérer cet exode et transporter en pays lointain plus d'un témoin des origines. Les émigrants étaient naturellement ceux dont les idées étaient le plus large, des gens qui n'avaient pas peur de vivre loin de la Palestine, au milieu des païens. L'Asie en accueillit quelques-uns. De ce nombre était Philippe l'évangéliste, l'un des Sept de Jérusalem. A son dernier voyage (58) saint Paul l'avait trouvé à Césarée, où il était établi, et avait reçu l'hospitalité chez lui. Philippe avait alors quatre filles, vierges et prophétesses [1]. Cette famille se transporta en Phrygie, à Hiérapolis, ville fameuse, comme son nom l'indiquerait tout seul, par ses sanctuaires païens. Papias, évêque d'Hiérapolis dans la première moitié du second siècle, avait connu les prophétesses et recueilli leurs récits [2]. Polycrate, évêque d'Ephèse, vers la fin du même siècle, rapporte que deux d'entre elles, demeurées vierges et mortes à un âge avancé, étaient enterrées à Hiérapolis avec leur père ; une autre reposait à Ephèse [3]. On voit par ce qu'il en dit que Philippe d'Hiérapolis était déjà confondu, dans le pays d'Asie, avec l'apôtre du même nom, l'un des Douze. Cette confusion s'accrédita. Outre Phlippe et ses filles, la tradition a retenu les noms d'un certain Aristion, auquel un manuscrit récemment signalé attribue la finale deutérocanonique [4] de l'évangile de

1. *Actes* XXI, 8,9.
2. Eusèbe, *H. E.*, III, 39.
3. Clément d'Alexandrie (*Strom.*, III, vi, 53 ; cf. Eusèbe, *H. E.*, III, 30) dit que l'*apôtre* Philippe avait des filles et qu'il les maria. Il est possible que ceci se rapporte à Philippe l'évangéliste, auquel cas il y aurait lieu de réduire à deux les mariages dont parle Clément.
4. *Marc.*, XVI, 9-20.

saint Marc, et d'un Jean appelé par antiphrase « l'Ancien » (πρεσβύτερος). Tous deux avaient été « disciples du Seigneur ». Ils vécurent très vieux, de sorte que Papias parvint encore, de leur vivant, à recueillir certains de leurs discours.

Au dessus de ces souvenirs un peu effacés plane l'image de l'apôtre Jean, fils de Zébédée, à qui la tradition attribue l'Apocalypse, le quatrième évangile et trois lettres du recueil des Epîtres catholiques. La question de savoir si c'est vraiment lui qui est l'auteur de tous ces écrits est en ce moment fort débattue ; on conteste même qu'il ait jamais fait séjour en Asie. Sans prétendre entrer dans tous les détails de ces problèmes, il est indispensable d'en indiquer ici les données principales.

L'Apocalypse est sûrement l'œuvre d'un prophète Jean, qui s'y présente comme en possession d'une très grande autorité sur les églises d'Asie et de Phrygie. Son livre fut écrit dans la petite île de Patmos, où l'auteur avait été rélégué pour la foi. Il se qualifie de diverses façons, sans prendre jamais le titre d'apôtre. Au contraire, la façon dont il parle des « douze apôtres de l'Agneau »[1] donnerait l'impression qu'il se distingue de leur groupe révéré. Cependant le plus ancien auteur qui parle de l'Apocalypse, saint Justin, l'attribue[2] sans hésiter à Jean l'apôtre ; il en est de même des écrivains postérieurs, sauf quelques exceptions

1. XXI, 14.
2. *Dial.*, 81.

qui semblent inspirées par des préoccupations doctrinales plutôt que par la conscience d'une tradition contraire. Saint Justin séjourna longtemps à Ephèse, vers 135, une quarantaine d'années environ après la date que l'on assigne communément à l'Apocalypse.

Si la tradition dont il est le plus ancien représentant est acceptée, le séjour de saint Jean en Asie ne fait plus doute ; mais il resterait encore à savoir si l'Evangile peut lui être attribué, et c'est ce que peu de critiques, dans l'état présent du débat, semblent disposés à faire.

Ce n'est pas seulement le silence de l'Apocalypse que l'on oppose à la tradition. C'est aussi celui de Papias, qui parle de saint Jean comme d'un apôtre quelconque et ne semble nullement savoir qu'il ait eu des rapports spéciaux avec le pays d'Asie. C'est enfin celui de saint Ignace, encore plus significatif, car Ignace, non seulement ne dit pas un mot de saint Jean dans ses lettres aux églises d'Asie, mais, quand il veut relever aux yeux des Ephésiens leurs relations apostoliques, il mentionne expressément et exclusivement saint Paul. Polycarpe, dans sa lettre aux Philippiens, n'est pas moins silencieux.

A Rome, la tradition apostolique est autrement documentée. Elle a pour elle la *I^a Petri* et la lettre de saint Clément, deux documents du premier siècle. Ignace, qui ne songe pas à alléguer l'apôtre Jean aux chrétiens d'Ephèse, rappelle vivement à ceux de Rome leurs rapports spéciaux avec Pierre et Paul.

Cependant, l'Apocalypse mise à part, je ne crois pas qu'il y ait lieu de trop insister sur le silence d'Ignace et de Polycarpe. On peut s'étonner que leurs lettres ne disent rien de l'apôtre Jean. Mais parlent-elles davantage de l'Apocalypse et de son auteur ? Or celui-ci, qu'on le regarde ou non comme identique au fils de Zébédée, fut, en tout cas, une autorité religieuse de premier ordre pour les églises d'Asie. On s'attendrait à trouver quelque allusion à sa personne, à ses visions, à ses lettres, dans les exhortations qu'Ignace adressa, peu d'années après sa mort, aux fidèles d'Ephèse, de Smyrne et autres villes asiatiques. Et pourtant il n'en dit rien.

Mais il y a plus. En plein quatrième siècle, alors que le séjour en Asie de saint Jean l'apôtre était chose universellement reçue, le biographe de saint Polycarpe trouve moyen de raconter l'origine des églises de ce pays, depuis saint Paul jusqu'à saint Polycarpe, et de décrire longuement l'installation du célèbre évêque de Smyrne, sans nommer une seule fois l'apôtre Jean. Et cela dans un livre dont le héros avait été depuis longtemps présenté par saint Irénée et par Eusèbe comme un disciple du fils de Zébédée. N'est-ce pas un silence bien étonnant ? En conclura-t-on qu'au quatrième siècle les gens de Smyrne ignoraient encore que saint Jean fût venu en Asie ?

Il n'y a donc pas tant à fonder sur le silence d'Ignace et de Polycarpe. Celui de Papias n'est pas plus concluant[1], car nous n'avons de cet auteur qu'un petit nombre de phrases, et nul ne pourrait affirmer qu'il ait eu, sur l'auteur de l'Apocalypse, des idées différentes de celles de son contemporain Justin.

Reste le silence de l'Apocalypse elle-même. Mais est-on vraiment bien venu à argumenter rigoureusement des qualités que prend ou ne prend pas l'auteur d'un livre si extraordinaire ? Ce n'est point comme apôtre qu'il entend parler, comme témoin de l'histoire évangélique et messager de la bonne nouvelle ; c'est comme organe du Christ glorifié, vivant au ciel, gouvernant de là ses fidèles et leur rappelant son prochain retour. Qu'avait-il besoin, peut-on dire, de prendre une qualification sans rapport avec le ministère qu'il exerçait par la publication de ses visions ?

Il semble donc qu'entre les interprétations possibles de ces divers silences, on en puisse trouver qui ne contredisent pas une tradition très anciennement attestée. Dès lors le mieux est encore de se tenir à celle-ci, sans dissimuler pourtant qu'il y en a de plus documentées.

Les personnes qui en font le sacrifice sont conduites à considérer Jean l'Ancien, celui de Papias, comme l'auteur de l'Apocalypse. Il est assez naturel de lui attribuer les deux petites épîtres de saint Jean, dont

1. Georges le Moine (Hamartolos) avait marqué, dans une première rédaction de sa chronique, au règne de Nerva, que Papias, au IIe livre de ses *Logia*, rapportait que l'apôtre Jean avait été mis à mort par les Juifs (cf. *Marc*, X, 39). Ce passage ne fut pas maintenu par Georges dans l'édition définitive de sa chronique ; v. l'édition de Boor, coll. Teubner, t. II, p. 447.

l'auteur se désigne uniquement par la qualité d'ancien, et même d'ancien par excellence, ὁ πρεσβύτερος, ce qui correspond tout-à-fait à la description de Papias.

Quant à l'Evangile et à la première épître de saint Jean, deux écrits très étroitement apparentés, ils n'ont en eux-mêmes aucune attache asiatique. L'apôtre Jean n'aurait jamais mis les pieds en Asie qu'il pourrait tout aussi bien en être l'auteur. Mais je ne veux pas entrer ici dans les questions soulevées à ce propos. Il me suffira de rappeler que la *trace* de l'évangile a pu être remontée jusqu'aux écrits de Justin, de Papias, de Polycarpe et d'Ignace, et que Papias et Polycarpe ont connu aussi la première des épîtres johanniques. Aussi peut-on dire que tout cet ensemble d'écrits, apocalypse, évangile, lettres, était connu en Asie dès les premières années du deuxième siècle. Cependant ces anciens témoignages sont encore muets sur l'auteur. La tradition, à ce point de vue, ne commence qu'avec Tatien et saint Irénée. Il faut dire qu'elle est, dès lors, très nette et très décidée.

Ce n'est pas à dire qu'il n'y ait pas eu d'opposition. L'évangile de saint Jean a dû être défendu[1], comme son apocalypse, contre des objections et par des raisonnements que les conflits actuels n'ont pas essentiel-

---

1. L'opposition des « Aloges », au commencement du mouvement montaniste, est surtout à signaler. Il est singulier que ces adversaires de la nouvelle prophétie, qui se tenaient pour le reste sur la même ligne que l'église orthodoxe, aient eu l'idée de contester l'authenticité des livres johanniques. L'origine de ceux-ci ne devait pas être aussi claire, en certains cercles au moins, que celle des épîtres de saint Paul. Sur les Aloges, v. le ch. XV de cet ouvrage.

lement renouvelés. On discutera encore longtemps sur son peu de ressemblance avec les autres évangiles, sur la possibilité où se serait trouvé un familier du Christ de se représenter ainsi son maître, de lui faire tenir tels ou tels discours, sur l'invraisemblance du développement philosophique que suppose, chez un pêcheur palestinien, l'accointance avec l'idée philonienne du Logos.

Mais le Logos est aussi dans l'Apocalypse, c'est-à-dire dans le livre le moins alexandrin qui se puisse imaginer. Le développement devant lequel on hésite quand il s'agit de l'apôtre Jean, on est bien obligé de l'admettre si l'on attribue l'Apocalypse à Jean l'Ancien, sorti du même milieu que lui. Quant à ce qui est possible ou impossible en fait d'histoire évangélique, il est bon de se rappeler que les évangiles synoptiques ont aussi leurs divergences, qui ne sont pas toujours aisées à réduire. Il nous est, du reste, très difficile de tracer *a priori* les règles d'un genre aussi spécial. Il est sûr que, pour le public de ces premiers temps, la concordance des récits et l'exactitude du détail n'avaient pas la même importance que pour nous. Nous n'avons pas le droit d'ajouter nos convenances modernes à celles dont les auteurs sacrés avaient à tenir compte [1].

---

1. D'autres évangiles que les canoniques ont été rédigés pour les chrétiens de ces temps reculés et se sont fait accepter, au moins en certains cercles. On est fondé à s'en servir quand on veut définir ce qu'il était possible ou impossible de proposer à ce public. L'auteur de l'évangile de Pierre suppose existants nos quatre canoniques. Or il est invraisemblable à quel point il s'est peu soucié de se mettre d'accord avec ses prédécesseurs. La légende de Judas (v. ci-dessous), inconciliable avec les évangiles canoniques, n'en est pas moins admise par Papias. Je parlerai plus loin du rapport entre les Actes apocryphes de saint Paul et les Actes des Apôtres.

Quoi qu'il en soit de ce débat, et même si l'on consentait à accepter certaines conclusions qui sont encore à établir, il subsisterait toujours un fait important, c'est qu'un Jean, « disciple du Seigneur », émigré de Palestine, vécut longtemps en Asie, et que les églises de ce pays le considéraient comme une autorité de premier ordre. On acceptait sa direction, même ses remontrances [1] ; on révérait son grand âge, ses vertus, sa qualité de témoin des origines. Sa vie se prolongea tellement que l'on commençait à dire qu'il ne mourrait pas. Il mourut pourtant, mais son souvenir demeura très vivace. Ceux qui l'avaient connu s'en faisaient honneur et se plaisaient à répéter ses propos. Saint Irénée parle, d'après Papias, de *presbyteri* qui avaient vécu avec Jean, disciple du Seigneur ; il recueille leurs dires avec beaucoup de respect. Polycarpe, que l'évêque de Lyon avait connu dans son enfance, était du nombre de ces *presbyteri*. Le tombeau de Jean, à Ephèse, était connu et respecté. La légende, bien entendu, ne tarda pas à orner un tel souvenir. Dès la fin du IIe siècle, l'évêque d'Ephèse Polycrate qualifie Jean de prêtre, portant la lame d'or, c'est-à-dire qu'il voit en lui un grand-prêtre juif. Clément d'Alexandrie nous a conservé la belle histoire du vieil apôtre courant à la recherche d'un enfant prodigue ; Tertullien sait déjà qu'il fut plongé à Rome dans une chaudière d'huile bouillante ; sa

---

[1] Il y avait cependant des oppositions isolées, comme on le voit par *III Joan.*

vie, ses miracles et sa mort, ou plutôt sa mystérieuse dormition, furent célébrés dans un des plus anciens romans apostoliques [1].

Les vieux docteurs d'Asie dont Papias et Irénée nous ont conservé les propos sont les derniers représentants de la tradition orale. C'est évidemment sur celle-ci que l'on avait vécu d'abord, alors que le Nouveau Testament n'était pas encore formé, que les évangiles, en particulier, ou n'étaient pas écrits, ou ne jouissaient que d'une notoriété limitée. Une telle situation n'était pas sans danger, car on sait avec quelle facilité s'altèrent les traditions quand l'écriture n'est pas venue les préciser. Le dépôt confié à la mémoire des gens est exposé à souffrir de leur imagination et aussi des entraînements de leur éloquence. On racontait autour de Papias que le Seigneur avait vécu jusqu'à la vieillesse (*aetas senior*)[2], que Judas, au lieu de se pendre, comme il est dit dans l'Evangile, avait vu son corps enfler dans de telles proportions qu'il ne pou-

---

[1]. Je n'admettrais pas facilement que ces souvenirs asiatiques, quelle que soit leur autorité, puissent être répartis entre deux Jean l'un disciple, l'autre apôtre, qui tous les deux auraient vécu en Asie. Papias distingue bien les deux Jean, mais il ne les met pas tous les deux en rapport avec son pays. Le Jean d'Asie est un apôtre ou un simple disciple : il faut choisir. Si l'on s'écarte de l'opinion traditionnelle, il faut admettre que Jean le disciple aura été confondu avec le fils de Zébédée, comme Philippe le diacre a été confondu avec Philippe l'apôtre. L'histoire des deux tombeaux, mise en avant, comme un on dit, par Denys d'Alexandrie (Eus., VII, 25), n'est pas confirmée par la tradition monumentale d'Ephèse ; à Ephèse on n'a jamais parlé que d'un seul sanctuaire et d'un seul Jean.

[2]. Irénée, II, 22, 5. Cf. *Patres Apost.*, éd. Gebhart et Harnack, fasc. 2, p. 112. Ceci pourrait bien avoir été déduit de l'évangile de Jean, VIII, 57.

vait plus passer, même dans les rues carrossables ; ses yeux disparaissaient sous le gonflement des paupières... ; il mourait enfin, exhalant une telle odeur que la localité où il résidait dut être abandonnée par ses habitants et qu'elle sentait encore mauvais au temps du narrateur [1]. L'Apocalypse annonçait un règne de mille ans, pour les saints, avant la résurrection générale. Cette donnée fut cultivée avec quelque ampleur. Dans le royaume de mille ans on devait voir des vignes de dix mille branches ; de chaque branche sortiraient dix mille rameaux, dont chacun porterait dix mille grappes, de dix mille grains chacune ; et de chaque grain on pourrait tirer vingt-cinq métrètes de vin. Pour le blé les choses seraient à l'avenant [2]. Et ces prédictions étaient données comme des propos tenus par le Christ en personne. Judas, incrédule avant d'être traître, se permettait des objections et demandait comment Dieu pourrait produire une telle végétation. — « Ceux-là le sauront, répondait le Seigneur, qui entreront dans le royaume ».

Il était temps que l'on acceptât les évangiles écrits et que l'on s'en tînt à leurs récits. Sur la rédaction et la première apparition de ces textes vénérables ainsi que sur l'accueil qui leur fut fait d'abord, nous ne

1. Fragment recueilli par Apollinaire (d'Hiérapolis ?), *PP. App.*, *l. c.*, p. 94.
2. Irénée, V, 33, 3 ; *PP. App.*, *l. c.*, p. 87. Ces propos expliquent le dédain des docteurs grecs du IIIe et du IVe siècle pour le millenium. Au temps de Papias on était plus familier avec de telles prédictions. On en trouve dans les livres apocryphes d'Hénoch et de Baruch, ainsi que dans le Talmud.

sommes que très imparfaitement renseignés. En dehors du fait général, à savoir que les évangiles ont été donnés à l'Eglise par les apôtres ou leurs disciples immédiats, les résultats auxquels parvient la critique la plus informée, la plus pénétrante, la plus hardie même, ont toujours quelque chose de vague et de conjectural, qui ne comporte qu'un assentiment défiant et provisoire. Dans la question qui nous occupe, le plus ancien témoignage extrinsèque dont on puisse faire état est un propos de Jean l'Ancien, rapporté par Papias [1], sur les évangiles de Marc et de Matthieu :
» Marc, interprète de Pierre, écrivit avec soin, mais
» sans ordre, ses souvenirs sur les discours et les ac-
» tions du Christ. Il n'avait pas lui-même entendu le
» Seigneur, ni ne l'avait accompagné ; c'est à Pierre
» qu'il s'était attaché. Celui-ci racontait selon les
» besoins de son enseignement, sans vouloir suivre
» l'ordre des discours du Seigneur. Aussi Marc ne
» mérite aucun reproche pour avoir écrit selon qu'il
» se souvenait. Il n'avait qu'un soin : ne rien omettre
» de ce qu'il avait entendu et ne rapporter rien que
» de véritable ». D'après la même source, à ce qu'il semble, Papias disait : « Mathieu rédigea en hébreu « les *Logia* (discours) [2] ; chacun les interprétait » comme il pouvait ». Il est regrettable que nous ne sachions rien de ce que Jean l'Ancien disait du troisième évangile. Ses appréciations apologétiques sur

1. Eusèbe, *H. E.*, III, 39.
2. Evidemment encadrés dans un texte narratif.

Marc semblent supposer des objections soulevées par quelqu'un contre cet évangile. Jean les écarte, mais il a l'idée que Marc ne représente pas la perfection, et qu'un récit dû à la plume, non plus d'un auditeur des apôtres, mais d'un témoin direct, un récit complet et surtout disposé dans un ordre plus rigoureux, pourrait avoir quelque avantage sur le deuxième évangile. Cet idéal ne pouvait guère lui être offert par saint Matthieu, chez lequel l'ordre des faits est sensiblement le même que chez saint Marc et dont le texte grec ne lui apparaissait pas comme bien fixé. Luc est exclu, comme n'ayant pas plus que Marc la qualité de disciple immédiat. Reste Jean. N'y aurait-il pas ici une recommandation indirecte du quatrième évangile ?

Ces considérations cadrent assez avec une idée qui se fait jour deux ou trois générations plus tard, et d'après laquelle le quatrième évangéliste aurait plus ou moins approuvé l'œuvre des trois autres, tout en cherchant, pour son compte, à les compléter par une exposition conçue d'une manière différente.

En remontant au delà des entretiens de Jean l'Ancien nous entrons dans la région des conjectures.

La prédication chrétienne ne se conçoit pas sans un exposé quelconque de la vie du fondateur. Dès les premiers jours les apôtres ont dû raconter leur maître, le rappeler à ceux qui l'avaient connu, l'apprendre à ceux qui ne l'avaient jamais vu. De cet évangile oral, nécessairement divers, ont dû dériver de bonne heure des rédactions diverses, elles aussi, et incomplètes, qui, se combinant entre elles et se transmettant par des intermédiaires plus ou moins nombreux, ont abouti aux trois textes que nous appelons Synoptiques, et à quelques autres que l'Eglise n'a pas adoptés, mais qui sont aussi très anciens. Ici je veux surtout parler de l'évangile des Hébreux, et de l'évangile des Egyptiens. Le premier, écrit en araméen, fut adopté par l'église judéo-chrétienne de Palestine, puis, traduit en grec (καθ' Ἑβραίους), il se répandit dans ses succursales, surtout en Egypte. Dans ce pays il se trouva en concurrence avec un autre texte, employé par les chrétiens non judaïsants, l'évangile des Egyptiens (κατ' Αἰγυπτίους). Telles sont du moins les conjectures les plus probables qui aient été produites sur l'origine et la destination de ces deux textes.

Il est possible que nos évangiles synoptiques aient été, tout à l'origine, d'usage local, comme ceux des Hébreux et des Egyptiens. Mais les noms dont ils se réclamaient étaient de nature à les recommander partout. Luc et Marc peuvent avoir été lus d'abord à Rome ou à Corinthe, Matthieu quelque autre part : tous ils sortirent bientôt de leur milieu d'origine. On a vu qu'ils ne tardèrent pas à être connus en Asie, pays où le quatrième évangile paraît avoir été écrit. Une fois rassemblés, les textes évangéliques donnèrent lieu à des confrontations. Ecrits avec un souci très relatif de l'exactitude dans le détail et de la précision chronologique, inspirés immédiatement par des préoccupations qui n'étaient pas toujours identiques, ils offraient des diversités sur lesquelles l'attention ne pouvait manquer de s'arrêter. De là des tentatives pour les compléter ou les corriger les uns par les autres, ou même pour fondre leurs récits en une sorte d'harmonie narrative. Les manuscrits qui nous sont parvenus et aussi les citations des anciens auteurs gardent trace de ces combinaisons, dont quelques-unes remontent à une très haute antiquité. D'autres, sans être attestées de cette façon, s'imposent par leur vraisemblance. Ici, cependant, il est dangereux d'être précis. Le mieux est de ne pas trop sonder des ténèbres où les yeux s'usent sans résultat bien appréciable.

Du reste, ce qui importe à l'histoire du développement chrétien, ce n'est pas ce qu'on pourrait appeler la préhistoire des évangiles, c'est la suite de leur influence sur la vie religieuse de l'Eglise.

Aux mêmes temps lointains qui virent naître les évangiles et à la génération postérieure remontent un certain nombre d'écrits qui, se réclamant soit des apôtres proprement dits, soit d'autres personnages considérables, parvinrent à une très haute considération. Plusieurs ont la forme de lettres ; tous sont des livres d'instruction ou d'exhortation religieuse. Peut-être quelques-uns ont-ils eu d'abord la forme d'homélies, prononcées dans une assemblée chrétienne. On les lisait après ou avec les saintes Ecritures, dans les réunions de culte. Quand on songea à constituer une bible chrétienne, un Nouveau Testament, plusieurs de ces écrits y trouvèrent place. C'est ainsi que l'épître aux Hébreux, anonyme d'abord, puis attribuée par les uns à Barnabé, par d'autres à saint Paul, finit par être ajoutée, en supplément, au recueil paulinien. Un autre recueil se forma, celui des Epîtres catholiques, c'est-à-dire adressées à l'ensemble de l'Eglise ; il demeura assez longtemps ouvert ; on y admettait, suivant les lieux, un plus ou moins grand nombre d'épîtres. A la longue le chiffre de sept finit par prévaloir. Ces sept lettres sont les trois épîtres johanniques dont il a été question plus haut, les deux de saint Pierre, celle de saint Jude, enfin celle de saint Jacques.

Mais en dehors de ces compositions dans lesquelles l'Eglise reconnut l'inspiration divine et qu'elle jugea dignes de prendre place parmi ses écritures canoniques d'autres productions encore nous témoignent des sentiments de nos ancêtres dans la foi. Les apôtres, à mesure qu'ils diminuaient de nombre et surtout quand ils eurent tous disparu, prirent dans le sentiment des fidèles une importance de plus en plus grande. Il semble qu'eux seuls eussent qualité pour parler à l'Eglise. Même après leur mort ils continuèrent à instruire, à édifier. Un petit livre très ancien, du temps de Trajan à tout le moins, la Doctrine (Διδαχή) des Apôtres, censé écrit par eux, rassemble, sous une forme succincte, les prescriptions de la morale générale avec des conseils sur l'organisation des communautés et la célébration du culte. C'est le prototype vénérable de tous les recueils de Constitutions ou de Canons apostoliques par lesquels s'ouvre le droit ecclésiastique d'Orient et d'Occident. Sous le nom de Barnabé circula longtemps une instruction d'abord anonyme, qui, dans sa partie morale, est fort apparentée à la Doctrine. La Doctrine et l'épître de Barnabé paraissent bien dériver l'une et l'autre d'un texte antérieur, dans lequel les règles de la morale étaient exprimées par la description des Deux voies, celle du Bien et celle du Mal. Mais le Pseudo-Barnabé ne s'occupe pas exclusivement de la morale ; il a une doctrine ou plutôt une polémique, l'antijudaïsme. Elle l'entraîne à de véritables excès. Selon lui l'Ancien Testament n'a point été écrit pour Israël, lequel, trompé par Satan, n'y a jamais rien compris, mais uniquement pour les chrétiens. Cette thèse extraordinaire est prouvée par l'Ecriture elle-même, soumise ici à un allégorisme des plus intempérants.

Saint Pierre, en dehors de ses deux épîtres canoniques, patronnait encore d'autres écrits : la Prédication (Κήρυγμα) de Pierre, l'Apocalypse de Pierre, l'Evangile de Pierre. On n'en a conservé que des fragments. Le premier de ces livres est le plus ancien. Ce qui en reste donne l'idée d'exhortations dans le sens du christianisme moyen, en dehors de toute préoccupation de gauche ou de droite ; à peine quelques traits caractéristiques, propres à confirmer ce que nous savons d'ailleurs de la haute antiquité du document. L'Apocalypse, exploitant la donnée de la descente du Christ aux enfers, décrit, pour l'instruction des vivants, les supplices que l'autre monde réserve aux coupables. Quant à l'Evangile, évidemment postérieur aux quatre textes canoniques et cependant très ancien (110-130 environ), il présente des particularités hardies. L'histoire évangélique commençait dans les cercles d'où il provient, à se vaporiser sous l'influence du docétisme. On la racontait, en suivant plus ou moins les cadres traditionnels, mais en les remplissant de récits altérés par l'imagination ou même par certaines préoccupations théologiques.

Les livres décrits jusqu'ici ont tous été considérés, au moins en certaines églises, comme des livres sacrés ; ils furent admis aux honneurs de la lecture publique dans les assemblées chrétiennes.

Il en fut de même de l'épître adressée vers l'année 97 par l'église de Rome à celle de Corinthe, et qui fut rédigée par l'évêque Clément. Une autre pièce, une homélie et non pas une lettre, une homélie prononcée on ne sait où, à Rome, à Corinthe, ou même ailleurs, fut jointe à la précédente dans les manuscrits, et profita du patronage que le nom de Clément donnait à celle-ci. On eut ainsi deux épîtres de saint Clément. Clément passait, non sans raison, pour avoir été un disciple des apôtres, un homme apostolique. Le prestige des apôtres s'étendait jusqu'à lui. Un autre écrit romain, le Pasteur d'Hermas, parvint, lui aussi, aux honneurs de la lecture publique dans beaucoup d'églises. Celui-là se donnait clairement comme inspiré. Il n'est pas jusqu'au roman de saint Paul (*Acta Pauli*), composé assez tard dans le IIe siècle, qui n'ait été rangé çà et là parmi les livres sacrés.

D'autres écrits, tout aussi anciens, et même plus que les derniers nommés, n'atteignirent point aux mêmes honneurs. Je veux parler surtout des sept lettres de saint Ignace et de celle de saint Polycarpe, qui remontent au temps de Trajan et à des personnages hautement vénérés. On peut en dire autant du livre perdu de Papias d'Hiérapolis, « Explications des discours du Seigneur ».

Quelles qu'aient été leur publicité et leur autorité, tous ces livres ont ceci de commun qu'ils ont été écrits pour l'Eglise, et qu'elle y a reconnu l'inspiration dont elle procède elle-même. Ce sont des livres ésotériques, des livres d'intérieur, propres à affermir la foi et à entretenir le sentiment chrétien. Il n'est pas étonnant que, leur caractère étant le même, on ne se soit pas préoccupé tout d'abord d'établir entre eux ces démarcations précises d'où sortirent plus tard les divers canons du Nouveau-Testament, et enfin le canon actuellement reçu dans l'ensemble de la chrétienté. Le christianisme posséda de très bonne heure, dès le déclin du premier siècle, un certain nombre de livres bien à lui, qu'il n'avait point hérités de la Synagogue, où sa tradition spéciale se trouvait exprimée, avec ses titres principaux et ses données fondamentales, où se révélaient déjà les lignes essentielles de son développement doctrinal et de ses institutions. C'est là un fait de la plus haute importance, et, quoi qu'il en soit de certaines controverses de détail, un fait au dessus de toute contestation.

CHAPITRE XI

La gnose et le marcionisme.

Les premières hérésies et les spéculations juives. — L'hostilité envers le dieu d'Israel : Simon le Magicien et ses congénères. — Saturnil d'Antioche. — La gnose syrienne. — Les écoles gnostiques d'Alexandrie : Valentin, Basilide, Carpocrate. — L'essence de la gnose. — L'exégèse gnostique. — Le Démiurge et l'Ancien Testament. — L'Evangile et la tradition. — Confréries gnostiques. — Propagande à Rome. — Marcion. — Ses principes, son enseignement, ses églises. — Résistance du christianisme orthodoxe. — Littérature hérétique. — Polémique orthodoxe.

L'hérésie, nous l'avons vu, est contemporaine de l'Evangile. Le champ du Père de famille est à peine ensemencé, que l'ivraie s'y révèle à côté du bon grain. De là, chez les directeurs des communautés primitives, une préoccupation incessante qui s'exprime dans leurs écrits, lettres de saint Paul aux Asiatiques, Pastorales, Apocalypse, épîtres de saint Pierre, de saint Jude, de saint Ignace. Autant que ces documents permettent d'apprécier les doctrines combattues, on voit qu'elles se ramènent à quelques points.

1° La nature et la loi, mosaïque ou naturelle[1], sont l'œuvre d'esprits inférieurs au Dieu-Père, Dieu suprême et véritable ;

---

1. Il est assez étrange que personne n'ait eu l'idée de se glisser entre la nature et la morale et de les rapporter à deux principes différents. Cela tient à l'éducation biblique. Avec la Bible il n'y a pas moyen de distinguer entre le Créateur et le Législateur.

2° C'est en Jésus-Christ que ce Dieu suprême s'est manifesté ;

3° Le vrai chrétien peut et doit s'affranchir des puissances créatrices et législatrices pour se rapprocher du Dieu-Père.

Ces doctrines ne doivent pas être considérées comme une simple déformation de l'enseignement apostolique. Il y entre sûrement des éléments chrétiens ; mais si l'on fait abstraction de la place assignée à Jésus-Christ et à son rôle, le reste se tient tout seul et s'explique aisément par l'évolution de la pensée juive sous l'excitation de la curiosité philosophique des Grecs. Il suffit, pour s'en rendre compte, de se rappeler les points essentiels de la doctrine de Philon[1] : Dieu, être infini, au dessus, non seulement de toute imperfection, mais de toute perfection ou même de toute qualification. En dehors de lui et ne procédant pas de lui, la matière, sur laquelle il agit par l'intermédiaire de puissances multiples, dont le Verbe est la principale. Ces puissances, et le Verbe lui-même, sont présentées, tantôt comme immanentes à Dieu, tantôt comme des hypostases distinctes ; elles correspondent soit aux idées de Platon, soit aux causes efficaces des Stoïciens, soit encore aux anges de la Bible ou aux démons (δαίμονες) des Grecs. Par elles le monde a été organisé avec l'élément matériel préexistant. Certaines d'entre elles se trouvent emprison-

---

1. Exposé clair et succinct dans Schürer, *Geschichte des jüdischen Volkes*, II, p. 867.

nées dans des corps humains[1], et c'est de l'incohérence entre leur nature divine et leur enveloppe sensible que naît le conflit moral entre le devoir et le vouloir. Triompher des influences que le corps exerce sur l'esprit, tel est le but de la vie morale. Le principal moyen est l'ascèse ; la science est utile aussi et l'activité bien réglée, avec le secours de Dieu. Ainsi l'âme se rapproche de Dieu ; dans l'autre vie elle le rejoindra ; même en ce monde, il peut lui être donné de le posséder momentanément par l'extase.

Ainsi, Dieu est loin du monde et ne l'atteint que par des intermédiaires procédant de lui ; certains éléments divins vivent dans l'humanité, comme emprisonnés dans la matière, dont ils cherchent à se dégager. C'est le fond même du gnosticisme. Il n'y a qu'à introduire la personne de Jésus et son action rédemptrice, tendant à ramener vers Dieu les parcelles divines égarées ici-bas : avec cette addition on obtient exactement les doctrines combattues par les plus anciens écrivains chrétiens. Cependant, pour arriver à la gnose proprement dite, il reste encore un pas à faire : l'antagonisme entre Dieu et la matière doit être transporté dans le personnel divin lui-même ; le créateur doit être présenté comme l'ennemi, plus ou moins déclaré, du Dieu suprême, et, dans l'œuvre du salut, comme l'adversaire de la rédemption.

Pour en arriver là, il fallait rompre ouvertement avec la tradition religieuse d'Israël. Ni Philon, si res-

---

1. Corps animés ; Philon est trichotomiste.

pectueux de sa religion, ni les docteurs de la Loi dont les apôtres combattaient les « fables judaïques », ne pouvaient avoir l'idée de ranger parmi les esprits mauvais le Dieu d'Abraham, d'Isaac et de Jacob.

1° *Simon et la gnose vulgaire.*

Mais on peut concevoir un milieu où l'éducation biblique fût assez répandue pour servir de support à la spéculation théologique, sans que cependant on y fût embarrassé de scrupules à l'égard du dieu de Jérusalem. Ce milieu n'est pas idéal ; il a réellement existé : c'est le monde des Samaritains. Aussi bien la tradition des Pères de l'Eglise, quand ils exposent l'histoire des hérésies, concorde-t-elle à fixer leur point de départ à Samarie et à indiquer Simon de Gitton[1], dit le Magicien, comme leur premier auteur. Ceci, bien entendu, doit être accepté avec quelque réserve. Ni Ebion, ni Cérinthe ne peuvent être considérés comme des descendants spirituels de Simon.

C'est donc à Samarie, la vieille rivale de Jérusalem, que la gnose proprement dite fait sa première apparition dans l'histoire chrétienne. Simon dogmatisait déjà en ce pays, qui était le sien, quand Philippe[2] y vint porter l'Evangile : « Il exerçait la magie et détournait le peuple « de Samarie, prétendant être quel-« qu'un de grand ; petits et grands, tous s'attachaient « à lui, disant : « Celui-ci est la Puissance de Dieu, la

---

1. Gitton était un bourg de la circonscription de Samarie.
2. *Act.*, VIII.

« Grande Puissance ». Son attitude était comme un décalque samaritain de celle de Jésus en Galilée et en Judée. Suivant la tradition des *Actes,* il se rallia au christianisme prêché par Philippe, puis par les apôtres Pierre et Jean, et reçut le baptême. Emerveillé des effets de l'inspiration chez les néophytes, il s'efforça d'obtenir que les apôtres lui conférassent, à prix d'argent, le pouvoir de faire de tels miracles. Cette prétention fut écartée. Toutefois, à Samarie, où il était sur son terrain, il lui fut donné de prévaloir contre l'Esprit-Saint. Saint Justin, qui était du même pays, rapporte[1] que, de son temps, presque tous les Samaritains honoraient Simon comme un dieu, comme le dieu suprême, supérieur à toutes les puissances[2]. En même temps que lui on adorait sa Pensée (Ἔννοια), incarnée comme lui, en une femme appelée Hélène. Saint Irénée donne plus de détails sur la doctrine simonienne. « Il y a dit-il, une Puissance suprême, *sublimissima Virtus*, laquelle a un correspondant féminin, sa Pensée (ἔννοια). Sortie de son Père, la Pensée créa les anges, qui, à leur tour, créèrent le monde. Mais comme ils ne voulaient pas paraître ce qu'ils étaient, c'est-à-dire des créatures d'Ennoia, ils la retinrent, la maîtrisèrent, l'enfermèrent dans un corps féminin, puis la firent transmigrer de femme en femme. Elle passa notamment dans le corps d'Hélène, épouse de Ménélas ; enfin elle devint prostituée à

1. *Apol.*, I, 26, 56 ; *Dial.* 120.
2. Θεὸν ὑπεράνω πάσης ἀρχῆς καὶ ἐξουσίας καὶ δυνάμεως καὶ δυνάμεως.

Tyr. La Puissance suprême s'est manifestée aux Juifs comme Fils, en Jésus ; à Samarie comme Père, en Simon ; dans les autres pays, comme Saint-Esprit ». L'intervention de Dieu dans le monde est expliquée, d'abord par la nécessité de délivrer Ennoia, puis par la mauvaise administration des anges. Les prophètes ont été inspirés par eux : il n'y a pas à s'en occuper. Ceux qui croient en Simon, peuvent, en pratiquant la magie, triompher des esprits maîtres du monde. Quant aux actions, elles sont indifférentes ; c'est la faveur de Dieu qui sauve ; la Loi, œuvre des anges, n'est qu'un instrument de servitude. Irénée rapporte encore que Simon et Hélène étaient, dans la secte, l'objet d'honneurs divins, qu'on leur élevait des statues où ils étaient figurés en Jupiter et en Minerve.

En ce qui regarde la christologie, Simon enseignait que la Puissance suprême, pour n'être pas reconnue pendant son voyage en ce monde, avait pris successivement les apparences de différentes classes d'ange, puis la forme humaine en Jésus. Ainsi, parmi les hommes il avait paru être homme, sans l'être en réalité ; il s'était donné en Judée le semblant de la souffrance, sans souffrir véritablement.

Dans cet exposé il peut se faire que certains traits correspondent à un développement de la doctrine après la première fondation de la secte. Mais l'ensemble se rattache bien à ce que dit Justin et à ce que nous lisons dans les *Actes*. Cette préoccupation de la Bible, alors même qu'on en méconnaît l'autorité, ce mélange d'idées dualistes et de rites helléniques, cette pratique de la magie, tout cela convient bien au milieu de Samarie, terre bénie du syncrétisme religieux. La gnose, qui s'épanouira plus complètement ailleurs, laisse déjà voir ici ses données caractéristiques : le Dieu abstrait, le monde œuvre d'êtres célestes inférieurs, la divinité partiellement déchue dans l'humanité, la rédemption qui l'en dégage. Il n'est pas jusqu'aux couples (syzygies) du système valentinien dont on ne trouve ici, dans la suprême Puissance et la première Pensée (Simon, Hélène), comme une première esquisse.

Un trait notable c'est que l'initiateur de ce mouvement religieux se présente comme une incarnation divine. Ceci est évidemment imité de l'Evangile.

De la secte de Simon, les anciens auteurs rapprochent celle d'un autre samaritain, Ménandre de Capparétée ; il est aussi question d'un Dosithée, peut-être antérieur à Simon lui-même et au christianisme, et d'un Cleobius[1]. Ménandre enseignait à Antioche. Tous ces chefs de secte paraissent avoir fait comme Simon et s'être attribué une origine divine. Leurs successeurs furent plus modestes.

Un des premiers qui nous soient signalés est Saturnil d'Antioche, qui fit parler de lui vers le temps de Trajan[2]. Il enseignait un Dieu-Père, que nul ne peut

1. Hégésippe, dans Eusèbe, *H. E.*, IV, 22 ; Irénée, *l. c.* ; Pseudo-Tert. de *Praescr.*, 46.
2. Nommé par Justin, *Dial.* 35, et Hégésippe, *l. c.* Ce qu'on en sait est représenté par Irénée, I, 24, que copient les autres hérésiologues. Dans tous ces textes il figure entre le groupe de Simon et les grands gnostiques du temps d'Hadrien.

nommer ni connaître, créateur des anges, archanges, puissances, etc. Le monde sensible est l'œuvre de sept anges. Ils créèrent l'homme d'après une image brillante venue du Dieu suprême, qui leur apparut en un moment fugitif ; mais leur œuvre fut d'abord imparfaite. L'homme primitif rampait à terre sans pouvoir se lever. Dieu en eut pitié, parce qu'il y reconnaissait quelque image de lui-même : il lui envoya une étincelle de vie qui acheva de le constituer. A la mort, cette étincelle se dégage et va rejoindre son principe divin.

Le dieu des Juifs est un des anges créateurs. C'est d'après ceux-ci que les prophètes ont parlé, quelques-uns même d'après Satan, leur ennemi. Ces anges créateurs sont en révolte contre Dieu ; c'est pour le vaincre, pour vaincre surtout le dieu des Juifs, que le Sauveur est venu. Le Sauveur émane du Dieu suprême[1] ; il est sans naissance, incorporel. Outre la victoire sur le dieu des Juifs et ses collègues, il a eu, en vue le salut des hommes, ou plutôt de ceux qui, dans leur étincelle de vie, ont un élément divin et sont susceptibles d'être sauvés[2].

Le mariage et la procréation des enfants étaient considérés dans la secte comme des œuvres de Satan. La plupart des Saturniliens s'abstenaient de manger

1. Ceci est nécessité par le système, mais le document n'en dit rien.
2. Il y a ici quelque incohérence dans le résumé de saint Irénée. Il semble d'abord que tous les hommes aient une étincelle de vie, un élément divin ; on voit ensuite cet avantage se restreindre à une catégorie de privilégiés.

des choses ayant eu vie, et cette abstinence leur valait, paraît-il, un grand succès.

Ici encore, en dépit de l'hostilité contre le judaïsme, nous avons la donnée biblique des anges. Mais il n'y a point de syzygies célestes ; le fondateur de la secte ne prétend pas à la divinité ; enfin la morale est ascétique. Autant de traits qui distinguent la gnose de Saturnil de celle de Simon. Son docétisme très marqué, son Sauveur qui n'a de l'humanité qu'une pure apparence, correspond bien aux préoccupations que nous avons signalées chez saint Ignace, d'Antioche lui aussi et, comme Saturnil, contemporain de Trajan.

Ces hérésies primitives ne paraissent pas avoir eu beaucoup de succès en dehors de leur cercle originaire. Saint Justin, par qui nous savons que les Samaritains du temps d'Antonin le Pieux étaient presque tous disciples de Simon, dit que cette secte n'avait ailleurs que très peu d'adhérents[1]. Sur la foi d'une inscription mal comprise[2] il se figurait que Simon avait été, à Rome, honoré d'une statue par les autorités de l'Etat. Mais il est peu probable que le Magicien ait instrumenté si loin de son pays. Tout ce qu'on raconte de son séjour à Rome et du conflit qu'il y aurait eu avec saint Pierre, est désormais classé dans le domaine de la légende. Ménandre avait promis à ses disciples qu'ils ne mour-

---

1. Un siècle après Justin, Origène (*Cels.*, I, 57) assure qu'il ne devait plus y avoir trente Simoniens dans le monde entier.
2. Confusion célèbre du vieux dieu sabin *Semo Sancus, Deus Fidius*, avec *Simo sanctus Deus*.

raient point. Il y en avait encore quelques-uns au temps de saint Justin.

En Syrie le succès spécial de Simon est loin de représenter toute la fortune de la gnose. C'est en ce pays que se produisit, soit par développement, soit par imitation, cette extraordinaire pullulation de sectes que saint Irénée rattache étroitement au simonisme et qu'il compare à des champignons. Il les appelle d'un nom commun, celui de Gnostiques, et en décrit quelques variétés[1]. C'est à cette catégorie de sectes que l'on donne assez souvent la dénomination de sectes *ophilitiques* (ὄφις, serpent), qui ne semble convenir qu'à certaines d'entre elles, où le serpent biblique avait un rôle spécial. Les noms des éons célestes, les combinaisons établies entre les fantaisies métaphysiques et l'histoire biblique varient plus ou moins d'un système à l'autre. Mais il y a toujours au sommet des choses un être ineffable et une pensée suprême (Ennoia, Barbelo, etc.), d'où procèdent les ogdoades et les hebdomades ; toujours aussi un éon (Prounicos, Sophia, etc.) à qui il arrive une infortune, à la suite de laquelle certaines étincelles divines tombent dans les régions inférieures. A cette catastrophe divine se rattache la production du Démiurge, appelé souvent Ialdabaoth. Le Démiurge ignore absolument le monde divin supérieur à lui ; il se croit le seul et véritable

---

1. *Haer.*, I, 29-31. Ni Justin ni Hégésippe ne font une catégorie spéciale de ces hérétiques ; je pense qu'ils les rangent sous l'appellation générale de Simoniens.

Dieu, et l'affirme volontiers dans la Bible, inspirée par lui. Mais les étincelles divines doivent être dégagées du monde inférieur. A cet effet l'éon Christ, l'un des premiers du plérôme, vient s'unir momentanément à l'homme Jésus et inaugurer en lui l'œuvre du salut.

2° *Valentin, Basilide, Carpocrate*

Après sa première effervescence en pays syrien, la gnose de Samarie ne tarda pas à trouver le chemin de l'Egypte. De ses diverses sectes quelques-unes prirent racine en ce pays et s'y conservèrent au moins jusqu'au quatrième siècle. Celse connaissait cette variété de « gnostiques » ; il avait même lu leurs ouvrages[1]. Dans son enfance, Origène passa quelque temps chez un docteur d'Antioche, appelé Paul, très en vue parmi les hérétiques d'Alexandrie[2]. C'est dans les manuscrits et les papyrus coptes que nous commençons à retrouver des fragments de leur littérature. Mais leur plus grande fortune fut acquise indirectement par les gnoses beaucoup plus célèbres auxquelles sont attachés les noms des alexandrins Basilide, Valentin et Carpocrate.

C'est au temps de l'empereur Hadrien (117-138) que les anciens auteurs rapportent l'apparition de ces hérésies[3]. Le système de Valentin, décrit en détail et

---
1. Origène, *Contra Celsum*, V, 61, 62 ; V, 24-28.
2. Eus., *H. E.*, VI, 2.
3. Dans sa Chronique, Eusèbe est plus précis. Il dit, à l'année 134 : *Basilides haeresiarcha his temporibus apparuit.* On ne voit pas bien à quel événement spécial se rapporte cette date.

réfuté par saint Irénée, est le mieux connu des trois et c'est lui sans doute qui se répandit le plus. Je vais en indiquer les lignes principales.

Au sommet des choses invisibles et ineffables se trouve l'être premier, le Père, l'Abîme inengendré, avec sa compagne Sigé (Silence). Le moment venu où il lui plaît de produire, il féconde Sigé, qui lui donne un être semblable à lui, l'Intellect (Νοῦς)[1], et en même temps un terme femelle qui est à l'Intellect ce que Sigé est à l'Abîme. Cette compagne de l'Intellect est la Vérité. L'Abîme et Sigé, l'Intellect et la Vérité, forment les quatre premiers éons, la première Tétrade. De l'Intellect et de la Vérité naissent le Verbe et la Vie, de ceux-ci l'Homme et l'Eglise. Ainsi se complète l'Ogdoade, réunion des huit éons supérieurs.

Mais la génération des éons ne s'arrête pas là. Les deux derniers couples donnent naissance l'un à cinq, l'autre à six autres paires, ce qui fait en tout trente éons, quinze mâles et quinze femelles, répartis en trois groupes, l'Ogdoade, la Décade et la Dodécade. Ces trois groupes constituent le Plérôme, la société parfaite des êtres ineffables.

Jusqu'ici nous sommes encore dans les abstractions, pour passer de là au monde sensible, il va falloir une transition, et cette transition est un dérangement de l'harmonie des éons, un désordre, une sorte de péché originel.

1. Dans cette affaire, où le sexe des abstractions est de si grande importance, la traduction offre des difficultés spéciales, car il arrive souvent que les termes changent de genre en passant d'une langue à l'autre.

Au dernier rang de la Dodécade et du Plérôme tout entier se trouve le couple formé par le Volontaire et la Sagesse (Θελητὸς καὶ Σοφία)[1]. La Sagesse est prise tout à coup du désir ce connaître le Père mystérieux, l'Abîme. Mais ce principe de toutes choses n'est intelligible que pour son Fils premier-né, l'Intellect. Le désir de la Sagesse est donc un désir déréglé, une passion. Cette passion inassouvie est la perte de l'être qui l'a conçue. La Sagesse se dissout et va se dissiper dans l'infini, lorsqu'elle rencontre le Terme de toutes choses, l'ὅρος, sorte de limite disposée par le Père autour du Plérôme. Arrêtée par lui, elle revient à elle-même et reprend son existence première. Mais sous l'empire de cette passion elle a conçu ; et comme l'éon mâle son compagnon n'est pour rien dans sa conception, celle-ci est irrégulière : le fruit qui en résulte est un être imparfait par essence. Cet être, appelé dans la langue valentinienne Hachamoth ou Concupiscence de la Sagesse, est rejeté hors du Plérôme.

Pour que dans celui-ci on ne voie plus reparaître le désordre que la Sagesse un moment déréglée y a introduit, la seconde paire d'éons, Intellect et Vérité, produit une seizième paire, le Christ et le Saint-Esprit[2] ce dernier jouant, dans la syzygie, le rôle d'être fe-

1. Σοφία, en grec, signifie plutôt habileté que sagesse. Pour celle-ci le mot propre serait plutôt σωφροσύνη, qui rend assez bien l'idée de sagesse morale. Un homme σοφός est un homme de ressources plutôt qu'un honnête homme, Ulysse plutôt qu'Aristide.
2. Ici, comme dans le nom *Hachamoth*, nous rencontrons l'orientalisme. Esprit, dans les langues sémitiques, est un mot féminin.

melle. Ces deux nouveaux éons enseignent aux autres à respecter les limites de leur nature et à ne pas chercher à comprendre l'incompréhensible[1]. Les éons se pénètrent de cette instruction, et ainsi l'unité du Plérôme se trouve raffermie et son harmonie perfectionnée. C'est alors que, dans un élan de reconnaissance pour le Père suprême, tous ensemble, unissant leurs puissances et leurs perfections, ils produisent le trente-troisième éon, Jésus, le Sauveur.

Cependant Hachamoth, la Concupiscence de la Sagesse, restait en dehors du divin Plérôme. Celui-ci lui envoie successivement deux visiteurs. L'un, le Christ, donne à cette espèce de matière aristotélicienne une sorte de forme substantielle, avec un embryon de conscience. Elle prend le sentiment de son infériorité et subit une série de passions, la tristesse, la crainte, le désespoir, l'ignorance. Le second visiteur, l'éon Jésus, sépare d'elle ces passions. De cette seconde opération naissent la substance inanimée ($ὑλική$) et la substance animée ($ψυχική$), formées la première des passions d'Hachamoth, la seconde de son retour à un état plus parfait, après l'élimination des passions. Dans cet état amélioré elle est susceptible de concevoir. La seule vue des anges qui escortent le Sauveur suffit à la rendre féconde : elle enfante ainsi la troisième substance, qui est la substance spirituelle ($πνευματική$).

1. Sage leçon, que les gnostiques modernes devraient bien accepter de leurs lointains ancêtres.

Jusqu'ici, nous ne sommes encore que dans les préliminaires du monde inférieur, du Kénôme, qui s'oppose au Plérôme. Le monde concret est encore à faire ; seulement les trois substances, matérielle, psychique, pneumatique, dont il va se composer, sont déjà arrivées à l'être. Le Créateur va enfin paraître. Il ne sera pas créateur au sens propre du mot, puisque les éléments de son œuvre existent avant lui. Lui-même, Hachamoth ne peut le tirer de la substance spirituelle (pneumatique) sur laquelle elle n'exerce aucun empire ; elle le tire de la substance animée (psychique). Ainsi produit, le Créateur ou Démiurge donne à son tour la forme à tout ce qu'il y a d'êtres animés (psychiques) ou matériels (hyliques). Il est le père des premiers, le créateur des autres, le roi des deux catégories. Entre les êtres ainsi produits il faut distinguer les sept cieux, qui sont aussi sept anges, mais non sept esprits purs ($\pi\nu\epsilon\acute{\upsilon}\mu\alpha\tau\alpha$). Le Démiurge opère à l'aveugle ; sans le savoir il s'emploie à reproduire le Plérôme dans la sphère inférieure où il se meut. Hachamoth, dans le Kénôme, correspond à l'Abîme, le Démiurge à l'Intellect premier-né, les anges ou cieux aux autres éons. Ignorant tout de ce qui est au dessus de lui, le Démiurge se croit seul auteur et seul maître de l'univers. C'est lui qui a dit dans les Prophètes : « Je suis Dieu, il n'y en a pas d'autre que moi ». C'est lui qui a fait l'homme, mais seulement l'homme matériel et l'homme animal (psychique). Un certain nombre d'hommes sont supérieurs aux autres : ceux-là sont les pneumatiques ou spirituels. Ils ne dérivent pas entièrement du Démiurge : la substance spirituelle enfantée par Hachamoth s'est infiltrée en eux ; par cet élément supérieur ils constituent l'élite du genre humain [1].

Voici maintenant l'économie du salut. Des trois catégories d'hommes, les uns, les matériels, sont incapables de salut. Ils périront nécessairement avec la matière dont ils sont formés. Les spirituels (pneumatiques) n'ont aucun besoin qu'on les sauve ; ils sont élus par nature. Entre les deux, les psychiques sont susceptibles de salut, mais incapables d'y parvenir sans secours d'en haut. C'est pour eux que se fait la Rédemption. Le Rédempteur est formé de quatre éléments. Le premier, sans être matériel, a l'apparence de la matière ; cette apparence suffit, la matière n'étant pas à sauver. Le second est psychique, le troisième pneumatique, le quatrième divin : c'est Jésus, le dernier éon. Ainsi ces trois derniers éléments procèdent du Démiurge, d'Hachamoth et du Plérôme. Cependant l'éon Jésus n'est descendu dans le Rédempteur que lors de son baptême ; au moment de sa comparution devant Pilate, il est remonté au Plérôme, emmenant avec lui l'élément pneumatique et laissant souffrir l'élément psychique, revêtu de son apparence matérielle.

1. Il y a, si l'on peut ainsi parler, trois lieux : le Plérôme, séjour des éons, l'Ogdoade, séjour d'Hachamoth-Sophia, l'Hebdomade, séjour du Démiurge ; trois chefs : l'Abîme, Hachamoth, le Démiurge ; trois sortes d'êtres : les abstractions divines (éons), les abstractions inférieures (matière, âme, esprit), le monde concret.

Quand la puissance créatrice du Démiurge sera épuisée, l'humanité prendra fin. Hachamoth, enfin transformée en un éon céleste, obtiendra une place dans le Plérôme et deviendra l'épouse de Jésus-Sauveur. Avec elles entreront les hommes spirituels (pneumatiques) ; ils épouseront les anges qui forment le cortège du Sauveur. Le Démiurge prendra la place d'Hachamoth et montera ainsi d'un degré dans l'échelle des êtres. Il sera suivi par ceux des hommes psychiques qui auront atteint leur fin ; les autres, en même temps que les matériels, périront dans un embrasement général, qui détruira toute la matière.

En langage vulgaire, ces trois catégories d'hommes correspondent aux Valentiniens, aux chrétiens ordinaires et aux non-chrétiens. Les premiers et les derniers sont prédestinés irrévocablement, les uns à la vie éternelle, les autres à l'anéantissement. Un Valentinien n'a qu'à se laisser vivre ; ses actes, quels qu'ils soient, n'atteignent pas la nature spirituelle de son être : l'esprit est indépendant de la chair et n'est point responsable d'elle. On voit d'ici les conséquences morales.

Valentin est un hérétique assez conciliant. Il accorde sans doute à ses adeptes beaucoup de facilités en ce monde et il leur réserve, dans l'autre, les avantages de l'apothéose. Mais il admet que les gens grande Eglise, les chrétiens du commun, puissent atteindre, moyennant la pratique de la vertu, à une assez confortable félicité. Le Démiurge lui-même, l'auteur responsable de la création, tant critiquée dans les autres sectes, se voit ménager une destinée fort honorable.

La gnose valentinienne est, d'un bout à l'autre, une gnose nuptiale. Depuis les plus abstraites origines des êtres jusqu'à leurs fins dernières, ce ne sont que syzygies, mariages et générations. En ceci, comme en ses conséquences morales, elle rappelle plutôt le système simonien que celui de Saturnil. Basilide [1], au contraire, se rapproche de Saturnil en ce qu'il symbolise autrement que par des rapports de sexe la longue évolution de l'abstrait au concret. Ses éons, comme les anges de Saturnil, sont célibataires. Mais la complication n'est pas moins grande que chez Valentin.

Du Père inengendré procède Nous, de Nous Logos, de Logos Phronesis, de Phronesis Sophia et Dynamis, qui produisent d'autres êtres appelés Vertus, Puissances, Anges. Ainsi se peuple le premier ciel. Il n'y a pas moins de 365 cieux ; celui que nous voyons est le dernier. Il est habité par les anges créateurs, dont le chef est le dieu des Juifs. Celui-ci éleva la prétention d'asservir tous les peuples à la nation qu'il favorisait. De là conflit entre lui et ses collègues. Pour rétablir

---

1. Dans cette description du système de Basilide je m'en rapporte à saint Irénée (I, 28), suivi par saint Hippolyte dans son *Syntagma* (Pseudo-Tert., Epiph., *Haer.*, 24 ; Philastr., 32). Les *Philosophumena* donnent une toute autre idée du système, mais d'après les documents dont l'origine est devenue suspecte. Clément d'Alexandrie nous a conservé quelques traits intéressants, mais seulement pour la partie morale.

la paix et délivrer l'homme de la tyrannie des démiurges, le Père suprême envoie ici-bas Nous, qui prend en Jésus une apparence d'humanité. Au moment de la Passion, le Rédempteur change de forme avec Simon le Cyrénéen, lequel est crucifié à sa place. Aussi n'y a-t-il pas lieu d'honorer le crucifié, ni surtout de se laisser martyriser pour son nom. Le salut consiste dans la connaissance du véritable état des choses, suivant l'enseignement basilidien.

L'Ancien Testament est répudié, comme inspiré par les créateurs. La magie, qui permet de maîtriser ces êtres néfastes, était très en honneur chez les Basilidiens. Ils avaient des mots mystérieux ; le plus connu est celui d'*Abraxas* ou *Abrasax*, dont les lettres additionnées suivant leur valeur numérique (en grec) donnent le nombre 365, celui des mondes supérieurs. La morale est tout aussi déterministe que dans le système de Valentin. La foi est affaire de nature, non de volonté. Les passions ont une sorte de substantialité. On les appelait des appendices ; ce sont des natures animales attachées à l'être raisonnable, qui se trouve ainsi pourvu d'instincts hétéroclites, ceux du loup, du singe, du lion, du bouc, et ainsi de suite[1]. Sans être atteinte en elle-même par les fautes où l'entraînent ses passions, l'âme spirituelle en subit néanmoins les conséquences : tout péché doit être expié, et l'est

---

1. Rapprocher ce trait des passions d'Hachamoth dans le système valentinien.

en effet par la souffrance, en cette vie ou en une autre, car la métempsychose est admise.

Dans la pratique, il semble qu'à l'origine les Basilidiens aient accepté les règles de la morale commune. Clément d'Alexandrie [1] atteste que Basilide et son fils Isidore admettaient le mariage et repoussaient l'immoralité ; mais les Basilidiens de son temps n'étaient guère fidèles, en ceci, aux préceptes du maître. A la fin du second siècle, la secte avait une réputation d'immoralité bien établie.

Comme celle de Valentin, c'était surtout une école.

C'est aussi le cas de la gnose carpocratienne [2]. Carpocrate était un alexandrin, comme Valentin et Basilide. Sa femme, appelée Alexandrie, était de l'île de Céphallénie ; il en eut un fils, Epiphane, enfant prodige, qui mourut à dix-sept ans, auteur d'un livre « sur la Justice ». Epiphane devint dieu à Céphallénie, comme Simon à Samarie. Les insulaires lui élevèrent dans la ville de Samé un temple et un musée, où l'on célébrait en son honneur des sacrifices et des fêtes littéraires.

Carpocrate était un philosophe platonicien plus ou moins frotté de christianisme gnostique. Il admettait un dieu unique, duquel émane toute une hiérarchie

---

1. *Strom.*, III, 1 et suiv.
2. Irénée, I, 52 ; les autres dérivent de lui, sauf Clément d'Alexandrie, *Strom.*, III, 2, qui a conservé des fragments importants du Περὶ δικαιοσύνης d'Epiphane.

d'anges. Le monde sensible est leur œuvre [1]. Les âmes humaines ont d'abord circulé dans l'entourage du Dieu-Père ; puis, tombées dans la matière, elles doivent en être délivrées pour revenir à leur origine. Jésus, fils de Joseph, né dans les mêmes conditions que les autres hommes et engagé comme eux dans la métempsycose, a pu, par réminiscence de ce qu'il avait connu dans son existence première et avec le secours d'en haut, triompher des maîtres du monde et remonter auprès du Père. Tous peuvent, comme lui, à son exemple et par les mêmes moyens, arriver à mépriser les créateurs et à leur échapper. Ils peuvent y réussir aussi bien et mieux que lui. Le programme de cette libération comporte le passage en tous les états de vie et l'accomplissement de tous les actes.

S'il n'est pas rempli dans la vie présente, ce qui est le cas général, il y a lieu à des transmigrations successives jusqu'à ce que le compte y soit. Les actes, d'ailleurs, sont indifférents de leur nature ; l'opinion seule les classe en bons et en mauvais. La « justice » enseignée par Epiphane est essentiellement l'égalité dans la répartition des biens. Ceux-ci, y compris les femmes, sont à tout le monde, exactement comme la lumière du jour.

On reconnaît à plusieurs de ces traits, l'influence de Platon. Le mythe du Phèdre est greffé sur l'Evangile.

---

[1]. Dans l'exposé de saint Irénée il n'est pas dit que ces anges se soient mis en révolte contre le Dieu-Père ; mais ce trait semble exigé et saint Epiphane l'affirme.

La magie était en très grand honneur chez les Carpocratiens. Leur culte avait des formes helléniques bien caractérisées. On a déjà vu comment ils honoraient leurs fondateurs. Ils avaient aussi des images peintes ou sculptées de Jésus-Christ, soi-disant reproduites d'un portrait exécuté par ordre de Pilate ; ils les couronnaient de fleurs, avec celles de Pythagore, Platon, Aristote et autres sages.

Saint Irénée ne veut pas croire que ces sectaires poussent leur morale à ses dernières conséquences et qu'ils aillent jusqu'à se livrer à toutes les abominations qu'elle autoriserait. Mais il constate la perversion de leurs mœurs et le scandale qu'elle cause. Il reproche aux Carpocratiens de diffamer le christianisme, et leur demande comment ils peuvent se réclamer de Jésus, qui dans son Evangile, enseigne une toute autre morale.

Les Carpocratiens avaient réponse à cela. Ils prétendaient que Jésus avait eu des enseignements secrets, que les disciples n'avaient confiés qu'à des personnes sûres.

3º. — *L'enseignement gnostique*

Inutile d'aller plus loin dans la description des systèmes gnostiques. On reconnaît aisément sous leur divertisé quelques idées communes et fondamentales.

1º Le Dieu créateur et législateur de l'Ancien Testament n'est pas le vrai Dieu. Au dessus de lui, à une hauteur infinie, il y a le Dieu-Père, principe suprême de tous les êtres.

2º Le Dieu de l'Ancien Testament ignore le vrai Dieu, et le monde l'a ignoré avec lui avant l'apparition de Jésus-Christ, lequel, lui, procède du Dieu véritable.

3º Entre le vrai Dieu et la création s'interpose une série fort compliquée d'êtres divins d'origine ; dans cette série, il se produit à un point ou à l'autre un désordre qui en trouble l'harmonie. Le monde sensible, y compris souvent son créateur, procède de cette faute originelle.

4º Il y a dans l'humanité des parties susceptibles de rédemption, comme dérivant, d'une façon ou de l'autre, du monde céleste supérieur au Démiurge. Jésus-Christ est venu en ce monde pour les en dégager.

5º L'incarnation ne pouvant aboutir à une sérieuse union entre la divinité et la matière maudite, l'histoire évangélique s'explique par une union morale et transitoire entre un éon divin et la personne concrète de Jésus, ou encore par l'évolution d'une simple apparence d'humanité.

6º Il n'y a donc eu ni passion ni résurrection réelle du Christ ; l'avenir des prédestinés ne comporte aucune résurrection des corps.

7º Le divin égaré dans l'humanité, c'est-à-dire l'âme prédestinée, n'est pas solidaire de la chair qui l'opprime. Il faut s'efforcer d'annihiler la chair par l'ascèse (tendance rigoriste) ou tout au moins ne pas croire que l'esprit soit responsable de ses faiblesses (tendance libertiniste).

De telles idées ne pouvaient évidemment se réclamer de l'Ancien Testament. Celui-ci, du reste, était répudié

universellement comme inspiré par le Créateur. La grande Eglise tenait ferme à la Bible d'Israël et trouvait le moyen de concilier Jahvé avec le Père céleste. Les gnostiques n'y parvenaient pas. On peut voir, par la lettre de Ptolémée à Flora [1], comment l'exégèse était pratiquée dans les cercles valentiniens. La loi mosaïque y est ramenée, en partant de certains textes évangéliques, à trois autorités différentes : Moïse, les Anciens d'Israël et Dieu. Dans ce qui est de Dieu, il faut distinguer entre les bons préceptes, ceux du Décalogue ou de la morale naturelle, que le Sauveur n'est pas venu abolir, mais accomplir ; les préceptes mauvais, comme celui du talion, abrogés par le Sauveur ; enfin ceux qui n'ont qu'une valeur d'ombre, de figure, comme les lois cérémonielles. Mais il est clair que cette loi divine, ainsi composée de bons et de mauvais préceptes, ne peut être attribuée à l'être infiniment parfait, pas plus, du reste, qu'à l'ennemi de tout bien. Elle est donc l'œuvre d'un dieu intermédiaire, du Créateur. Flora, dit le docteur en terminant, ne doit pas se troubler d'entendre dire que le mauvais esprit et l'esprit moyen (le Créateur) proviennent de l'Etre souverainement parfait. « Vous l'apprendrez,
« Dieu aidant, en recevant la tradition apostolique
« que nous aussi nous avons reçue par succession,
« avec l'usage de juger de toutes les doctrines d'après
« l'enseignement du Sauveur ».

1. Epiph., *Haer.*, XXXIII, 3-7. Rééditée et commentée par Harnack dans les *Sitzungsberichte* de l'Académie de Berlin, 1902, p. 507-541.

Cette attitude exégétique est, en somme, facile à comprendre. Pour les penseurs religieux du IIe siècle, tout comme pour nous, la critique de la nature de la loi est une perpétuelle tentation. L'homme a le droit de se plaindre de la brutalité des forces naturelles, et de s'en plaindre non seulement pour lui, mais pour tous les êtres vivants ; en d'autres termes il est naturellement porté, de son point de vue très circonscrit, à déclarer que le monde est mal fait. De même la loi, établie pour des cas généraux, néglige et ne peut que négliger mille circonstances particulières, ce qui, bien souvent la fait paraître absurde et injuste. Au-dessus de ce monde et de ses misères, le cœur de l'homme pressent une infinie bonté, qui se manifeste dans l'amour et non dans la simple justice. Supposez un Grec cultivé dans cet état d'esprit et mettez-le en rapport avec la Bible. L'Ancien Testament lui offrira le dieu terrible qui crée sans doute, mais qui tout aussitôt punit sur la race humaine tout entière la faute de son premier couple ; qui se repent de l'avoir laissée se propager et la détruit, sauf une famille, avec la plupart des animaux, innocents assurément des fautes que l'on reproche aux hommes ; qui s'allie avec une peuplade d'aventuriers, la protège contre les autres nations, la lance en des expéditions de conquête et de pillage, réclame sa part du butin et préside au massacre des vaincus ; qui la dote d'une législation où, à côté de prescriptions équitables, il y en a de bizarres et d'impraticables. Les juifs éclairés, et les chrétiens avec eux, expliquaient ces traits fâcheux par d'ingénieuses allégories. Nous ne pouvons en faire autant ; mais nous nous tirons tout de même en contestant l'objectivité de ces tares divines et en considérant leur apparition de plus en plus atténuée dans la suite des textes sacrés comme l'expression du dégrossissement progessif de l'idée de Dieu chez les hommes d'autrefois. Mais cette explication n'était pas à la portée des anciens. Les penseurs gnostiques s'abstinrent de demander à l'allégorisme ce qu'en tiraient les orthodoxes. Comme ils avaient besoin de quelqu'un pour endosser la responsabilité de la nature et de la loi, ils en chargèrent le Dieu d'Israël. L'Evangile, au contraire, où résonnait, à leur estimation, un timbre tout différent, leur parut une révélation de la bonté suprême et de la perfection absolue.

Cette distribution des rôles pouvait paraître ingénieuse ; mais elle ne faisait au fond que reculer la difficulté. Le Démiurge expliquait la Nature et la Loi. Mais comment l'expliquer lui-même ? Marcion, on le verra, ne chercha guère à résoudre cette énigme. Les autres n'y parvinrent qu'en intercalant entre le Dieu suprême et le Démiurge toute une série d'éons dans lesquels la perfection allait en s'atténuant à mesure qu'ils s'éloignaient du premier être, si bien qu'un désordre pouvait se produire et se produisait en effet chez eux : solution arbitraire et incomplète, qui ne pouvait manquer de susciter les critiques les plus vives.

On voit pourquoi, dans ces systèmes, l'Evangile de Jésus était le grand et, à vrai dire, le seul argument.

On le percevait par des textes écrits, au nombre desquels figurèrent de bonne heure nos quatre évangiles canoniques[1], et aussi par des traditions spéciales, soit écrites, soit orales. Ces traditions prétendaient reproduire, non pas l'histoire évangélique connue de tous, mais les entretiens secrets, le plus souvent postérieurs à la Résurrection, dans lesquels le Sauveur expliquait à ses apôtres, à Marie Madeleine et autres femmes de son entourage, les plus profonds mystères de la gnose. De là les évangiles de Thomas, de Philippe, de Judas, les petites et grandes Questions de Marie, l'évangile de la Perfection, etc. D'autres livres se réclamaient des anciens justes, d'Elie, de Moïse, d'Abraham, d'Adam, d'Eve, de Seth surtout, qui, dans certains cercles, avait un rôle très important. Il y avait aussi, dans les sectes comme dans la grande Eglise, des prophètes inspirés, dont les paroles étaient recueillies et formaient une autre catégorie de livres sacrés ; ainsi les prophètes Martiades et Marsanos chez les « Archontiques ».

Chez les Basilidiens, on s'appuyait sur la tradition d'un certain Glaucias, soi-disant interprète de saint Pierre. Il y avait aussi un évangile de Basilide, pour lequel saint Matthieu et saint Luc avaient été mis à contribution, et des prophètes, Barkabbas et Barkoph, dont les livres furent commentés par Isidore, fils de Basilide. Le chef de la secte avait lui-même écrit vingt-

---

1. Les Gnostiques ne citent jamais les Actes, ni, bien entendu, l'Apocalypse.

quatre livres d'« Exégétiques » sur son évangile. Valentin, lui aussi, se réclamait d'un disciple des apôtres, Théodas, qui aurait eu saint Paul pour maître, et sa secte possédait un « évangile de la Vérité ».

Telles étaient les autorités. L'enseignement se répandait de proche en proche et aboutissait à la formation de petits groupes d'initiés, qui, en général, s'efforçaient d'abord de combiner leurs doctrines secrètes avec la vie religieuse ordinaire des communautés chrétiennes. Mais ils étaient vite reconnus et formaient alors des associations autonomes, où ils avaient toute liberté pour développer leurs systèmes, graduer leurs initiations et célébrer leurs rites mystérieux. Le culte extérieur avait toujours pour eux beaucoup d'importance. Parler aux sens, exciter l'imagination, c'était un de leurs plus grands moyens. Ils ne se refusaient pas l'emploi de termes exotiques, de mots hébreux répétés ou prononcés à rebours et de tout l'appareil des sortilèges. Avec cela ils agissaient sur les esprits faibles ou inquiets, avides de science occulte, d'initiations, de mystères, sur la clientèle de l'orphisme et des cultes orientaux.

Les trois écoles de Valentin, de Basilide et de Carpocrate paraissent, les deux premières surtout, avoir eu un grand succès dans leur pays d'origine. Clément d'Alexandrie parle très souvent de Basilide et de Valentin ; il avait beaucoup étudié leurs livres. En dehors de l'Egypte, la secte basilidienne n'eut pas autant de vogue que celle de Valentin. Celui-ci se transporta de bonne heure à Rome, où il fit un long séjour[1], sous les évêques Hygin, Pie et Anicet. D'après ce qu'en dit Tertullien, il y vécut parmi les fidèles, jusqu'au moment où sa curiosité dangereuse et sa propagande le firent exclure, d'abord provisoirement, puis définitivement ,de la communauté chrétienne[2].

Cet événement n'empêcha pas la secte de Valentin de se répandre un peu partout. Au temps de Tertullien le « collège » des Valentiniens était la plus en vogue de toutes les associations hérétiques. La doctrine du maître s'y maintenait, mais avec quelques bigarrures, qui donnèrent lieu à diverses écoles. Les maîtres les plus célèbres, Héracléon, Ptolémée, Marc, Théodote, nous sont connus par saint Irénée et Clément d'Alexandrie.

Carpocrate, lui aussi, ou du moins son hérésie,

1. Iren., III, 4, 2 : Οὐαλεντῖνος μὲν γὰρ ἦλθεν εἰς Ῥώμην ἐπὶ Ὑγίνου, ἤκμασε δε ἐπὶ Πίου καὶ παρέμεινεν ἕως Ἀνικήτου. Tertullien (*Praescr.* 30), semble dire que Marcion et Valentin furent quelque temps, à Rome, orthodoxes et membres de l'Eglise, *in catholicae primo doctrinam credidisse apud ecclesiam Romanensem sub episcopatu Eleutheri benedicti*. Le nom d'Eleuthère est mis ici à la place d'un autre. Il est, du reste, bien difficile de concilier ce renseignement avec celui de saint Epiphane, qui présente Valentin comme né en Egypte (il précise l'endroit), élevé à Alexandrie dans la sagesse des Grecs, puis occupé à répandre son système, en Egypte d'abord, puis à Rome, enfin en Chypre, où il se serait tout-à-fait séparé de l'Eglise (*Haer.*, XXXI, 2, 7).

2. Ailleurs (*Adv. Valent.*, 4) Tertullien attribue la perversion de Valentin au dépit d'avoir échoué dans une candidature à l'épiscopat : un confesseur lui aurait été préféré. On a vu dans ce confesseur le martyr romain Télesphore et, par suite, rattaché l'histoire à Rome. Mais Irénée, par lequel nous savons que Télesphore ἐνδόξως ἐμαρτύρησεν, ne donne pas la moindre idée qu'il ait échappé à la mort et se soit ainsi trouvé en situation de bénéficier de la *praerogativa martyrii*. Du reste il n'est nullement sûr que cet épisode de la vie de Valentin doive être placé à Rome plutôt qu'à Alexandrie.

aborda le théâtre romain. Sous le pape Anicet (v. 155) une femme de cette secte, appelée Marcellina, vint à Rome et recruta beaucoup d'adhérents.

4° — *Marcion*

Pendant que les charlatans de Syrie propageaient la gnose orientale, avec sa magie, ses éons aux noms étranges et son clinquant sémitique ; pendant que de raffinés docteurs habillaient ces drôleries en style philosophique et les ajustaient au goût alexandrin ; pendant que les uns et les autres n'aboutissaient qu'à fonder des loges d'initiés, de haut ou de bas étage, il se trouva un homme qui entreprit de dégager de tout ce fatras quelques idées simples, en rapport avec les préoccupations du commun des âmes, de fonder là-dessus une religion, religion chrétienne mais nouvelle, antijuive et dualiste et de lui donner comme expression non plus une confrérie secrète, mais une église. Cet homme, c'est Marcion.

Marcion était de la ville de Sinope, port renommé sur le Pont-Euxin. Son père était évêque ; lui-même s'était enrichi dans la navigation. Il vint à Rome[1],

1. D'après un récit qui doit remonter à saint Hippolyte (Pseudo-Tert., 51 ; Epiph., *Haer.*, XLII, 1) la raison de cet exode aurait été que Marcion, ayant séduit une jeune fille, avait été excommunié dans son pays. Ni saint Irénée, ni Tertullien, peut tendres cependant pour Marcion, ne connaissent cette historiette. Un renseignement encore moins sûr, tiré d'un prologue anonyme au quatrième évangile, le fait passer par Ephèse, où il arrive du Pont avec une recommandation des fidèles de ce pays, mais est bientôt démasqué et repoussé par saint Jean (Wordsworth, *N. T. latine, sec. ed. s. Hieron.*, t. I, fasc. 4 (1895), p. 490 ; cf. Philastrius, 45).

vers l'année 140, et, dans les premiers temps, se mêla aux fidèles de l'Eglise. Il fit même don à la communauté d'une assez grosse somme, 200 sesterces (environ 40.000 fr.) .

Cette largesse était peut-être destinée à lui concilier l'opinion, que son langage commençait à inquiéter. Le fait est que les chefs de l'Eglise lui demandèrent des explications sur sa foi ; il les leur donna sous forme de lettre. Ce document fut souvent invoqué plus tard par les polémistes orthodoxes.

Marcion était un disciple de saint Paul. L'antithèse signalée par l'apôtre entre la Foi et la Loi, la Grâce et la Justice, l'Ancien Testament et la Nouvelle Alliance était pour lui le fond de la religion. Paul s'était résigné, avec tristesse, à se séparer de ses frères en Israël. Chez Marcion cette séparation s'est transformée en un antagonisme radical. Il y a, suivant lui, incompatibilité absolue entre la révélation de Jésus-Christ et la tradition biblique. Il faut choisir entre l'amour infini la bonté suprême, dont Jésus a été le messager et la dure justice qui se réclame du dieu d'Israël Il ne faut pas, disait-il aux prêtres romains, verser le vin nouveau dans les vieilles outres, ni coudre un morceau neuf sur un vêtement trop usé. D'antithèse en antithèse, le fond de sa pensée se révélait plus clairement. Le dieu des Juifs, de la Création et de la Loi, ne peut être indentique au Père des miséricordes, et dès lors il doit être conçu comme inférieur à lui.

Ainsi Marcion arrivait au dualisme, tout comme les

Gnostiques, mais en partant de principes très différents. Il ne s'embarrassait ni de métaphysique ni de cosmologie ; il ne cherchait pas à combler par une végétation d'éons la distance entre l'infini et le fini, ni à découvrir par quelle catastrophe arrivée dans la sphère de l'idéal s'expliquait le désordre du monde sensible.

Le Rédempteur, à ses yeux, est une apparition du Dieu véritable et bon. Il sauve les hommes par la révélation de Celui dont il procède et par l'œuvre de la Croix. Cependant, comme il ne peut rien devoir au Créateur, il n'a eu qu'une apparence d'humanité. En l'an 15 de Tibère, il se rendit visible dans la synagogue de Capharnaüm. Jésus n'a eu ni naissance, ni croissance, pas même en apparence ; l'apparence ne commence qu'à la prédication et se poursuit dans le reste de l'histoire évangélique, y compris la Passion.

Les hommes ne seront pas tous sauvés, mais seulement une partie d'entre eux. Leur devoir est de vivre dans la plus stricte ascèse, tant pour le boire et le manger que pour les rapports sexuels ; le mariage est proscrit. Le baptême ne peut être accordé aux gens mariés que s'ils se séparent.

Ces idées fondamentales de Marcion ne sont pas toutes cohérentes. On ne voit pas bien comment il expliquait l'origine de son dieu juste, ni comment le sacrifice de la Croix pouvait avoir pour lui tant de valeur, alors qu'il ne s'opérait que sur un fantôme. Marcion ne se croyait pas obligé de tout expliquer, ni surtout d'offrir un système à la curiosité des raisonneurs. Son âme religieuse s'arrangeait très bien du mystère. Mais il est plus facile de médire de la théologie que de s'en passer. Marcion eut personnellement des contacts avec les gnostiques et ses idées s'en ressentirent. La tradition le met en rapport, à Rome même, avec un syrien, Cerdon (Κέρδων), qui s'y trouvait dès avant lui. Il n'est pas aisé de démêler, dans les renseignements qui nous sont venus sur ce personnage, en quelle mesure il peut avoir influé sur Marcion, ni à quel moment son école se fondit dans la secte du grand novateur. C'est peut-être lui qui décida Marcion à maudire non seulement la Loi mais la Création elle-même et, conséquemment, à volatiliser l'histoire évangélique en un docétisme absolu.

Quoiqu'il en soit, et à quelque date que se placent ses rapports avec Cerdon, Marcion finit par se convaincre que l'Eglise romaine ne le suivrait pas dans son paulinisme extravagant. La rupture eut lieu en 144.[1] On rendit à Marcion la somme qu'il avait versée à la caisse sociale, mais on garda sa profession de foi. Une communauté marcionite s'organisa aussitôt à Rome et ne tarda pas à prospérer. Ce fut l'origine d'un vaste mouvement, qui, par une propagande active, se répandit en très peu de temps dans la chrétienté tout entière.

L'enseignement de Marcion ne se réclamait ni de

1. Date conservée dans la secte (Tert., *Adv. Marc.*, I, 19 ; cf. Harnack, *Chronologie*, t. 1, p. 306).

traditions secrètes, ni d'inspirations prophétiques. Il ne cherchait nullement à s'arranger avec l'Ancien Testament .Son exégèse était littéraliste, sans allégorisme aucun. De là résultait la répudiation complète de l'ancienne Bible. De la nouvelle, ou plutôt de l'ensemble des écrits apostoliques, saint Paul seul était conservé, avec le troisième évangile. Encore le recueil des lettres de saint Paul ne comprenait-il pas les Pastorales, et, dans les dix lettres admises, comme dans le texte de saint Luc, y avait-il des coupures. Les apôtres galiléens étaient censés n'avoir que très imparfaitement compris l'Evangile : ils avaient eu le tort de considérer Jésus comme l'envoyé du Créateur. Aussi le Seigneur avait-il suscité saint Paul pour rectifier leur enseignement. Même dans les lettres de Paul il y avait des endroits favorables au Créateur ; ce ne pouvait être que des des interpolations.

A ce Nouveau Testament ainsi réduit s'ajouta bientôt le livre des Antithèses, œuvre du fondateur de la secte. Ce n'était qu'un recueil d'oppositions entre l'Ancien Testament et l'Evangile, entre le Dieu bon et le Créateur. Ces livres sacrés étaient communs à toutes les églises marcionites, comme la vénération pour Marcion et la pratique de sa morale rigoriste.

5° — *L'Église et la Gnose*

L'accueil fait à toutes ces doctrines par les communautés chrétiennes ne pouvait guère être favorable. La solidarité des deux Testaments, la réalité de l'histoire évangélique, l'autorité de la morale commune, étaient choses trop solidement ancrées dans la tradition et dans l'éducation religieuse pour qu'il fût aisé de les ébranler. On ne voit pas qu'aucune église, dans son ensemble, se soit laissé séduire. Ce n'est pas que les chefs de secte ne s'y essayassent. A Rome surtout, point particulièrement important, divers efforts furent tentés, dit-on, par Valentin, Cerdon et Marcion, pour s'emparer de la direction de l'Eglise. Vers la fin du IIe siècle on rencontre encore un gnostique, Florinus, parmi les prêtres romains en exercice[1]. L'attitude d'Hermas est très intéressante. Il insiste énergiquement sur la divinité du Créateur. C'est le premier commandement du Pasteur : « Avant tout, » crois que Dieu est un, qu'il a tout créé et organisé, » tout fait passer du néant à l'être et qu'il contient » tout. ». Tout aussi rigoureusement il proclame la solidarité de l'âme dans les œuvres de la chair : « Prends » bien garde de laisser entrer dans ton cœur la pensée » que cette chair peut être corrompue et de l'aban- » donner à quelque souillure. Si tu souilles ta chair, tu » souilles en même temps l'Esprit-Saint. Si tu souilles » l'Esprit-Saint, tu ne vivras pas »[2]. Avec ces deux recommandations, Hermas met son monde en garde contre le danger théologique et contre le danger moral, le dualisme et le libertinisme. En d'autres endroits

1. Irénée, dans Eusèbe, V, 15, 20. Ses opinions connues, Florinus, naturellement, fut destitué.
2. Cette idée est développée d'une manière encore plus expressive dans la II[a] Clementis.

il esquisse des portraits d'hérétiques, tant des prédicateurs d'hérésie que de leurs auditeurs.

« Voilà, dit-il ceux qui sèment des doctrines étran-
» gères, qui détournent de la voie les serviteurs de
» Dieu, surtout les pécheurs, ne les laissant pas se con-
» vertir et leur inculquant leur enseignement insensé.
» Il y a pourtant lieu d'espérer qu'ils se convertiront,
» eux aussi. Tu vois que déjà beaucoup d'entre eux
» sont revenus depuis que tu leur as communiqué mes
» préceptes ; d'autres encore se convertiront ». Après
les maîtres, les disciples : « Ce sont des fidèles ;
» ils ont la foi, mais sont difficiles à instruire, auda-
» cieux, se complaisant en eux-mêmes, cherchant à
» tout savoir et ne connaissant rien du tout. Leur
» audace a fait que l'intelligence s'est obscurcie en
» eux. Une sotte imprudence les envahit. Ils se tar-
» guent d'une grande pénétration ; ils se transforment
» volontiers et d'eux-mêmes en maîtres de doctrine ;
» mais ils n'ont pas le sens commun ... C'est un grand
» fléau que l'audace et la vaine présomption : plusieurs
» lui doivent leur perte. Il y en a qui, reconnaissant
» leur égarement sont revenus à une foi sincère et se sont
» soumis à ceux qui ont vraiment l'intelligence. Les
» autres peuvent se convertir aussi, car ce ne sont
» pas de méchantes gens, mais plutôt des imbéciles »[1].

Ceci a été écrit au moment où Valentin et autres docteurs de renom propageaient leurs doctrines dans la société chrétienne de Rome. Hermas, s'il s'agit d'eux,

1. Sim. V, 7 : IX, 22.

s'est montré bien optimiste. Mais, qu'il ait eu en vue les rêveries subtiles de Valentin, ou, ce qui est bien possible, des gnoses plus vulgaires importées de Syrie et d'Asie, il faut avouer que la théologie sublime des Gnostiques avec ses plérômes, ses ogdoades, ses archontes et tout son personnel d'éons célestes ne paraît pas lui avoir fait beaucoup d'impression, et qu'il n'y voit même pas un danger bien sérieux. La simplicité de l'esprit et la droiture du cœur lui semblent être ici des défenses invincibles.

Il avait raison, pour le commun du monde. Mais comme on l'a dit plus haut, les rêveries philosophiques avaient pourtant leur clientèle, et la pénitence prêchée par Hermas était moins commode que la justification gnostique. Aussi ne faut-il pas s'étonner que le langage des chefs ecclésiastiques trahisse, en général, plus d'appréhension et plus d'indignation que celui du brave prophète.. Celui-ci, du reste, ne paraît pas avoir connu Marcion ; au moins peut-on dire qu'il n'a pas connu la grande propagande de l'église marcionite, concurrence autrement redoutable que les écoles des aventuriers de Syrie et des docteurs alexandrins.

Saint Polycarpe et saint Justin nous donnent ici des impressions moins optimistes. Le vieil évêque de Smyrne, dont la vie se prolongea très longtemps, avait connu Marcion avant que celui-ci ne fît le voyage de Rome. Il le rencontra après sa rupture avec l'Eglise et Marcion lui ayant demandé s'il le reconnaissait : « Je reconnais, dit-il, le premier-né de

Satan »[1]. Justin ne se borna pas à comprendre Marcion parmi les hérétiques réfutés dans son *Syntagma*[2] contre toutes les hérésies ; il lui consacra un autre *Syntagma*, un traité spécial[3]. Le premier de ces deux ouvrages était déjà publié quand (v. 152) il écrivit sa première apologie, où il revient à deux reprises sur l'hérésiarque, « un certain Marcion, du Pont, qui
» enseigne encore, au moment présent, un autre dieu
» plus grand que le Créateur. Grâce à l'appui des
» démons il a persuadé à nombre de personnes et en
» tout pays (κατὰ πᾶν γένος ἀνθρώπων) de blasphémer
» et de renier Dieu, l'auteur de cet univers... Bien
» des gens l'écoutent comme le seul qui posséde la
» vérité, et se moquent de nous. Pourtant ils n'ont
» aucune preuve de ce qu'ils disent. Comme des a-
» gneaux emportés par le loup, ils se laissent stupi-
» dement dévorer par ces doctrines athées et par les
» démons ». Le ton de ces propos montre combien la blessure était cuisante, et quel avait été, dès ses premiers débuts, le succès de Marcion.

Les Gnostiques ont beaucoup écrit. Cela était naturel, puisqu'ils se donnaient comme les initiateurs de l'élite intellectuelle aux secrets d'une science supérieure. Il n'est pas moins naturel que la défaite de ce parti religieux ait entraîné la disparition de sa littérature. Aussi, jusqu'à ces derniers temps, les

1. Iren., *Haer.*, III, 3.
2. Justin, *Apol.*, I, 26.
3. Iren., *Haer.*, IV, 6.

livres gnostiques n'étaient-ils connus que par ce qu'en rapportent les auteurs orthodoxes. Des indications de titres, des citations éparses, des descriptions de systèmes évidemment tirées des œuvres des sectaires, c'est tout ce qui nous est venu par cette voie[1]. Il y a cependant une exeption à signaler : la lettre citée plus haut, de Ptolémée à Flora, conservée par saint Epiphane, où l'on voit comment l'enseignement gnostique se propageait en argumentant de la tradition biblique et chrétienne.

Depuis quelque temps les manuscrits d'Egypte commencent à nous rendre, en des versions coptes, les livres mêmes des anciens hérétiques. Ceux que l'on a découverts jusqu'ici proviennent, non des écoles alexandrines de Basilide, Valentin et Carpocrate mais des sectes d'origine syrienne, que saint Irénée décrit[2] sous le nom générique de Gnostiques. Il a sûrement eu sous les yeux l'un de ces écrits : le chapitre qu'il consacre aux Gnostiques du type Barbelo (I, 29) n'en est qu'un extrait assez incomplet[3].

---

1. M. Harnack a eu la patience de dresser un catalogue minutieux de tous ces renseignements bibliographiques, *Die Ueberlieferung und der Bestand der altchristlichen Literatur*, p. 144-231.
2. *Haer.*, I, 29, et suiv.
3. Ce livre, qui paraît avoir porté le titre d'Evangile de Marie ou d'Apocryphe de Jean, est contenu dans un ms. de papyrus, conservé actuellement à Berlin. Il y est suivi d'un autre exposé synthétique intitulé « Sagesse de Jésus-Christ », et d'une histoire de saint Pierre, d'inspiration gnostique, où figure pour la première fois l'épisode de sa fille paralytique, guérie par lui, puis rendue à son infirmité (Pétronille). Sur ces pièces, qui seront publiées dans le t. II du recueil de M. Carl Schmidt (v. note suiv.), on peut consulter, en attendant, les *Sitzungsberichte* de l'Académie de Berlin, 1896, p. 839.

D'autres[1], moins anciens, du IIIe siècle plus ou moins avancé, témoignent d'évolutions intéressantes accomplies dans les mêmes sectes. On sait que, dans ce monde étrange, deux tendances morales se révélèrent de bonne heure, l'une plutôt ascétique, l'autre favorable aux plus dégoûtantes aberrations. Les livres retrouvés s'inspirent de la première et combattent fort nettement la seconde.

En face de cette littérature hérétique se développe la polémique des auteurs orthodoxes. Les uns s'attaquaient à une secte en particulier : Valentin et Marcion celui-ci surtout, ont donné lieu à nombre de réfutations. D'autres entreprenaient de dresser le catalogue des sectes et se plaisaient à en étaler les bizarreries, en leur opposant le sobre, universel et traditionnel enseignement de l'Eglise authentique. Ce thème fût

1. Réunis par M. Carl Shmidt dans le recueil patristique de l'Académie de Berlin. Sa publication est intitulée *Koptisch-Gnostische Schriften*. Le second volume contiendra les textes énumérés dans la note précédente ; le premier (1905) reproduit ceux qui figurent dans deux mss., l'*Askewianus*, en parchemin (*Brit. Mus. Add.*, 5114), et le *Brucianus*, en papyrus, conservé à la Bodléienne d'Oxford. L'*Askewianus* contient une compilation à laquelle on a donné improprement le nom de *Pistis Sophia*. Selon M. Harnack, le plus clair de cette farrago serait à identifier avec les « Petites questions de Marie », mentionnées (*Haer.*, XXVI, 8) par saint Epiphane. Cependant les « Grandes questions de Marie », que saint Epiphane cite en même temps et comme provenant du même milieu, appartenaient à la tendance obscène, ce qui n'est pas le cas de la Pistis Sophia. Dans le *Brucianus*, on trouve d'abord un ouvrage en deux livres, où M. Schmidt reconnaît les deux livres de Jeû, allégués dans la Pistis Sophia, puis un morceau d'exposition générale qui se rattache sûrement au système des Séthiens ou Archontiques, décrits par saint Epiphane, *Haer.* XXXIX et XL. Quoiqu'il en soit des identifications proposées, il est sûr que les écrits contenus dans ces deux mss. proviennent d'un même groupe hérétique.

cultivé de très bonne heure. Saint Justin avait déjà écrit contre toutes les hérésies lorsqu'il publia son Apologie[1] Hégésippe traita aussi ce sujet, non dans un livre spécial, mais dans ses « Mémoires ». Tout cela est à peu près perdu. En revanche nous avons l'ouvrage de saint Irénée, livre capital, où, bien qu'il soit dirigé spécialement contre la secte valentinienne, on trouve une description des principales hérésies jusqu'au temps (v. 185) où l'auteur écrivait. Après lui vint Hippolyte, qui dressa deux fois le catalogue des sectes, sous deux formes et à deux moments de sa carrière. Son premier écrit, son « *Syntagma* contre toutes les hérésies », est maintenant perdu : mais il est possible de le reconstituer[2], grâce à la description qu'en donne Photius[3], et aux extraits qui s'en sont conservés[4]. Hippolyte, comme Irénée, du reste, ne s'en tenait pas aux systèmes gnostiques ; sa description s'étendait à d'autres hérésies ; la 32e et dernière était l'hérésie modaliste de Noët. Il descendit un peu plus bas dans son second ouvrage, « Réfutation de toutes les hérésies », plus connu sous le titre de *Philosophumena*.

1. Σύνταγμα κατὰ πασῶν γεγενημένων αἱρέσεων (*Apol.*, I, 26).
2. C'est ce qu'a fait R. A. Lipsius, *Die Quellenkritik des Epiphanios*, Wien, 1865.
3. Cod. 121.
4. Le catalogue d'hérésies imprimé à la suite du *De Prescriptionibus* de Tertullien n'est qu'un résumé du Syntagma d'Hippolyte ; ce petit écrit paraît être des environs de l'an 210. Epiphane (v. 377) et Philastrius (v. 385), le premier surtout, ont aussi très largement exploité le Syntagma. Enfin le chapitre sur Noët, qui forme la fin de l'ouvrage, nous est parvenu isolément.

Dans la littérature des temps postérieurs, il faut faire une place de premier rang au grand traité de saint Epiphane, le *Panarion*, compilation fort critiquable à certains points de vue, mais dont les éléments ont été puisés à des sources de grande valeur, le Syntagma d'Hippolyte, celui de saint Irénée, nombre de livres hérétiques, connus, dépouillés ou cités par l'auteur, sans parler des observations directes qu'il avait faites lui-même sur les sectes survivantes. Les compositions de Philastrius de Brescia, de saint Augustin, de Théodoret, n'ont auprès de celle-ci qu'une valeur secondaire.

CHAPITRE XII.

Propagande et apologie au IIe siècle

L'attrait du christianisme, de ses croyances et de ses espérances. — Le spectacle du martyre et de la fraternité chrétienne. Impopularité des chrétiens. — Animosité des philosophes. — Celse et son « Discours véritable ». — L'apologie du christianisme. — Apologies adressées aux empereurs : Quadratus, Aristide, Justin, Méliton, Apollinaire, Miltiade, Athénagore. — Marc-Aurèle et les chrétiens. — Apologies adressées au public : Tatien.

En dépit des lois répressives, le christianisme ne cessait pas de se répandre. Vers la fin du règne de Marc-Aurèle, c'est-à-dire un siècle et demi environ depuis les premières origines, on le trouve établi dans les provinces les plus éloignées. Il y a des groupes chrétiens en Espagne, en Gaule, en Germanie, en Afrique, en Egypte, jusqu'au delà de l'Euphrate et de la frontière romaine. L'Evangile avait commencé par les communautés juives et leurs prosélytes ; mais il n'avait pas tardé à s'adresser directement aux païens. Cette propagande, rivale de celle des juifs, qu'elle absorba d'ailleurs assez rapidement, se présentait avec les avantages de la religion d'Israël, augmentés encore par une plus grande facilité d'adaptation. Au polythéisme grec, romain , égyptien, elle opposait la doctrine du Dieu unique et souverain ; à l'idolâtrie, le culte en esprit ; aux sacrifices sanglants aux pompes officielles et tapageuses, des exercices religieux fort simples, prières, lectures, homélies, repas communs ; au débordements des mœurs, que n'arrêtaient guère les religions antiques, une morale sévère soutenue par le contrôle de la vie d'association. Les communes préoccupations sur l'origine des choses et sur la destinée des hommes trouvaient satisfaction dans les enseignements déduits de livres sacrés, antiques et vénérables, bien plus autorisés que les fictions des poètes. La doctrine des anges et celle des démons, celle-ci surtout, permettait de résoudre nombre de questions sur l'origine et la puissance des erreurs religieuses. Satan et son personnel expliquaient le mal en général et les maux en particulier, et ceci était une défense contre la propagande concurrente du culte dualiste de Mithra.

Tout cela les juifs l'avaient fait valoir avant les chrétiens. Ceux-ci précisaient les choses en présentant à l'amour ,à la reconnaissance, à l'adoration des hommes leur fondateur Jésus, Fils de Dieu, révélateur et sauveur, apparu dans l'humanité, siégeant actuellement auprès du Dieu-Père pour reparaître bientôt comme juge souverain et roi des élus. Vers lui, vers son histoire, telle que la présentaient les nouveaux livres sacrés, vers son apparition dans l'avenir, but constant de l'espérance, tous les esprits étaient tendus. Mieux que cela : à certains égards Jésus était présent. Il vivait par l'Eucharistie au milieu de ses fidèles et en eux. Et ceux-ci possédaient encore, dans les merveilles des charismes, prophéties, visions, extases guérisons miraculeuses, comme un second contact avec l'invisible divinité. De tout cela résultait, dans les groupes chrétiens et dans les individus, une tension religieuse, un enthousiasme, dont l'influence doit être comptée au nombre des plus puissants moyens de conversion. Les âmes subissaient l'attraction du divin.

Et il fallait que l'attraction fût bien forte, car en ces temps-là le candidat au christianisme était, par le fait même, candidat au martyre. Nul ne pouvait se dissimuler qu'en se faisant chrétien, il se mettait en quelque sorte hors la loi. On encourait des pénalités énormes, généralement la mort, pour peu que la police eût l'œil ouvert ou que l'on eût des voisins malveillants. Mais le martyre lui-même était un attrait pour certaines âmes; pour le grand nombre, assurément, il était un argument très fort. La constance du confesseur, la sérénité avec laquelle il endurait la question et marchait au supplice, l'assurance de son regard fixé sur les perspectives célestes, tout cela était nouveau, frappant et contagieux[1].

Un autre attrait, plus ordinaire peut-être, mais non moins fort, c'était celui de la fraternité, de la douce et profonde charité qui unissait les membres de l'association chrétienne. Entre eux les distinctions de rang, de classes sociales, de races et de patries,

---

1. Marc-Aurèle (*Pensées*, XI, 3) relève cette attitude, mais sans l'approuver. Peut-être est-elle visée aussi dans un mot d'Epictète (Arrien, *Diss.*, IV, vii, 6), si les Galiléens dont il parle en cet endroit sont vraiment des chrétiens.

ne se faisaient guère sentir. L'effort général tendait à les détruire. Que pouvait faire à Jésus que l'on fût patricien ou prolétaire, esclave ou libre, grec ou égyptien ? On était tous frères et l'on s'appelait ainsi ; les réunions prenaient souvent le nom d'agape (amour) ; on s'entr'aidait, simplement, sans fracas ni hauteur. De communauté à communauté c'était une perpétuelle circulation de conseils, de renseignements, de secours matériels. Heureux d'appartenir à l' « église de Dieu » dans leur localité, les fidèles ne l'étaient pas moins de se sentir membres du grand peuple de Dieu, de l'Eglise dans son ensemble, de l'Eglise catholique, et destinés à devenir bientôt les citoyens du royaume de Dieu. Tout cela était autrement chaud, autrement vivant que les confréries païennes, associations funéraires ou religieuses, les seuls groupements que l'on pût avoir l'idée de comparer à ceux des chrétiens. De ceux-ci combien devaient dire : Que leur religion est simple et pure ! Quelle confiance ils ont en leur Dieu et en ses promesses ! Comme ils s'entr'aiment! Comme ils sont heureux entre eux ![1].

Toutefois la masse des gens échappait à l'attrait. Beaucoup apercevaient à peine le christianisme, ou même ne l'apercevaient pas du tout, car il s'en faut qu'il se fût implanté partout. D'autres professaient

1. Sur l'attrait du christianisme naissant, v. Harnack, *Die Mission und Ausbreitung des Christenthums in den ersten drei Jahrhunderten*, 1902, p. 72-209.

pour lui la plus profonde horreur. Outre qu'il s'agissait d'un culte nouveau, ou pour mieux dire, d'une façon de vivre nouvelle, importée d'un pays barbare et propagée d'abord par des représentants d'une race méprisée, il courait sur le christianisme, sur les asemblées chrétiennes en particulier, des bruits aussi horribles que fortement accrédités. Les chrétiens étaient des athées, des impies ; ils n'avaient pas de dieu, ou plutôt ils adoraient un dieu à tête d'âne. Dans leur réunions, quand ils se sentaient bien entre eux, ils se livraient à des débauches infâmes et prenaient part à des festins d'anthropophages. Ces sottises avaient cours partout et il y a lieu de croire qu'elles furent mises en circulation de très bonne heure. Le populaire y croyait, les mondains les répétaient ; elles trouvaient écho même auprès des gens sérieux et sages. Ceux-ci du reste, avaient d'autres griefs. Ils reprochaient aux chrétiens leur désintéressement des affaires publiques, leur segrégation, leur inertie, et comme leur apostasie, non seulement de la religion romaine, mais de la vie ordinaire et des communs devoirs de la société. Il y de tout cela dans les jugements de Tacite et de Suétone. Pour Tacite le christianisme est une superstition exécrable ; les chrétiens sont des gens odieux, criminels, dignes des derniers châtiments. Suétone[1] aussi parle d'une superstition pernicieuse.

Quant aux rhéteurs et aux philosophes, on n'a pas

1. *Nero*, 16.

idée à quel point le christianisme les agaçait. Ils y voyaient une concurrence. La direction des âmes, pour laquelle, en ce temps de sages empereurs, ils croyaient bonnement avoir vocation spéciale, ils la voyaient passer aux mains d'obscurs prédicants, sans titre ni prébendes, sans lettres même. Cette nouvelle doctrine que des inconnus, des gens de rien, insinuaient aux femmes, aux enfants, aux esprits inquiets et timorés, faisait autrement d'adeptes que les plus belles conférences des orateurs officiels. Aussi ne lui épargnaient-ils pas leur malédictions, soit de vive voix, comme[1] le cynique Crescens auquel saint Justin eut affaire, soit par écrit, comme Fronton, le précepteur de Marc-Aurèle, et surtout le philosophe Celse. Fronton croyait aux festins de Thyeste et les reprochait aux chrétiens[2]. Nous ne connaissons que bien imparfaitement ses autres objections. Il n'en est pas de même du livre de Celse, intitulé « Discours véritables » : il peut être reconstitué presque entièrement d'après les citations d'Origène, qui le réfuta longtemps après sa publication[3].

1. Je ne crois pas, bien que cela soit admis assez généralement, que le rhéteur Aristide ait eu en vue les chrétiens dans les objurgations par lesquelles se termine son discours πρὸς Πλάτωνα (*or*. 46). Tout ce qu'il dit là se rapporte bien plutôt aux philosophes plus ou moins cyniques, du type de Crescens, Peregrinus, etc. En un endroit (p. 402, Dindorf) il les assimile τοῖς ἐν τῇ Παλαιστίνῃ δυσσεβέσι, c'est-à-dire aux juifs de Palestine.
2. *Octavius*, 9. 31. Il est fort possible que Cécilien, l'interlocuteur païen du dialogue de Minucius Felix, se soit inspiré largement du discours de Fronton ; mais le détail des festins est le seul qui soit expressément cité de celui-ci.
3. Aubé, *Histoire des persécutions*, II, p. 277.

Dans ce discours Celse s'attache à convertir les chrétiens en leur faisant honte de leur religion. Au moins s'est-il donné la peine d'étudier son sujet. Il ne reproduit pas les calomnies populaires ; il a lu la Bible et beaucoup de livres écrits par les chrétiens. Il connait leurs divisions et fait très bien la différence entre les sectes gnostiques et « la grande Eglise ». Le christianisme est d'abord réfuté en partant du judaïsme, dans une sorte de prosopopée où l'on entend un juif argumenter contre Jésus-Christ. Celse intervient ensuite pour son compte et malmène en bloc les deux religions juive et chrétienne, revendiquant pour les idées religieuses et philosophiques des Grecs une éclatante supériorité, critiquant l'histoire biblique, le fait de la résurrection du Christ, affirmant que les apôtres et leurs successeurs ont encore ajouté aux absurdités primitives. Cependant il n'est pas toujours aveuglément injuste : certaines choses lui agréent, notamment la morale évangélique et la doctrine du Logos. Il finit même par exhorter les chrétiens à se départir de leur isolement religieux et politique, à se rallier à la religion commune, pour le bien de l'Etat, de la patrie romaine, que ces divisions affaiblissent. C'est là, au fond, ce qui le préoccupe. Celse est un homme du monde, un esprit cultivé, mais de tendances pratiques. La philosophie l'intéresse en général, comme tous les gens bien élevés, mais il n'est le champion d'aucune secte en particulier. Il défend la religion établie, non par une conviction bien profonde, mais parce qu'un homme comme il faut doit avoir une religion, bien entendu la religion reçue, celle de l'Etat.

Le « Discours véritable » ,publié vers la fin du règne de Marc-Aurèle, ne parait pas avoir fait beaucoup d'impression sur ceux auxquels il était adressé. Les écrivains chrétiens du IIe siècle n'en parlent jamais. C'est par hasard qu'il tomba, vers 246, entre les mains d'Origène, lequel n'avait jamais entendu parler ni du livre ni de l'auteur.

Celse, pourtant n'est pas un inconnu. C'était un des amis de Lucien, qui lui dédia son livre sur « Le faux prophète ». Lucien, lui aussi, a parlé des chrétiens, mais à sa façon légère, en passant. Ils lui ont fourni plusieurs traits de la célèbre caricature intitulée « La mort de Peregrinus ». Mais on ne peut pas dire qu'il les ait combattus. Il les a plutôt servis par ses plaisanteries sans fin contre les dieux et les religions de son temps. Dans son « Faux prophète », il constate, sans amertume, qu'ils n'étaient pas plus tendres que lui pour les imposteurs religieux.

Les chrétiens, de leur côté, avaient extrêmement à cœur le bon renom de leur religion. Ils ne pouvaient supporter que l'on calomniat leurs réunions. Il est vrai que, contre de telles calomnies, la défense n'est guère possible. La sottise humaine, qui les entretient, est inexpugnable. Ne voyons-nous pas de nos jours renaître à chaque instant et se dresser contre les juifs la stupide accusation du meurtre rituel ? Cependant il fallait protester. D'autre part il devenait naturel, sous de bons empereurs, que l'on cherchât à s'expliquer avec l'autorité, à lui faire comprendre que les fidèles du Christ ne méritaient pas d'être persécutés. Et puisque la haine contre les chrétiens trouvait, sous la plume des rhéteurs et des philosophes, une expression littéraire, ne convenait-il pas que ceux des « frères » à qui Dieu avait départi les talents opportuns en fissent usage pour la défense commune ?

De là les apologies, dont quelques-unes se sont conservées, d'autres ont laissé des traces plus ou moins importantes.

Il faut noter d'abord celles qui furent adressées aux empereurs. On commença dès le temps d'Hadrien (117-138). C'est à ce prince que fut présentée l'apologie de Quadratus. Ce personnage semble bien être identique à un Quadratus qui vivait en Asie vers le même temps, en grand renom de missionnaire et de prophète. Son écrit, qu'on lisait encore au temps d'Eusèbe[1], n'est pas venu jusqu'à nous. Ce qui avait décidé Quadratus à le composer, c'est, dit Eusèbe, que « de méchantes gens cherchaient à tracasser les nôtres ». L'indication est un peu vague, mais elle correspond assez bien à la situation que révèle, pour la province d'Asie, le rescrit à Fundanus. Quadratus

1. *H. E.*, IV, 3 ; cf. sur le prophète Quadratus, III, 37, et V, 17.

parlait dans son apologie de personnes guéries ou ressuscitées par le Sauveur, qui avaient continué à vivre jusqu'à son temps[1].

A l'empereur Antonin (138-161)[2] furent adressées les apologies d'Aristide et de Justin. Le premier était un philosophe d'Athènes. Son plaidoyer n'a été retrouvé que dans ces derniers temps[3]. Il est fort simple. C'est une comparaison entre les idées que se font de la divinité les Barbares, les Grecs, les Juifs et les Chrétiens, comparaison tout à l'avantage de ces derniers, cela va sans dire, avec un éloge de leurs mœurs et de leur charité. On insinue qu'ils sont calomniés, mais sans détail. Il n'y a non plus aucune protestation contre la législation persécutrice. L'auteur se met tout de suite en scène, racontant au prince l'impression que lui a faite le spectacle du monde, les conclusions qu'il en a tirées relativement à la nature de Dieu, au culte qu'on doit lui rendre et à celui qui lui est rendu effectivement

1. Εἰς τοὺς ἡμετέρους χρόνους Passage reproduit par Eusèbe, *l. c.* Cela ne veut pas dire jusqu'au temps d'Hadrien. Papias, qui semble avoir lu l'apologie de Quadratus (*T. u. U.*, t. V, p. 170), en aura déduit l'assertion exorbitante ἕως Ἀδριανοῦ ἐζῶν. Quadratus, qui écrivait entre 117 et 138, a fort bien pu considérer les années 80-100 environ comme appartenant à son temps.
2. Il n'est pas aisé de choisir, pour Aristide, entre ces dates extrêmes ; toutefois il y a plus de vraisemblance en faveur des dix premières années (138-147).
3. *The apology of Aristides* (Rendel Harris et Armitage Robinson), dans les *Texts and Studies* de Cambridge, t. I (1891). Le début a d'abord été retrouvé en arménien ; puis le texte entier dans un manuscrit syriaque du Sinaï ; enfin l'original grec a été reconnu dans une composition publiée depuis longtemps, la légende de Barlaam et Josaphat (Boissonnade, *Anecdota graeca*, t. IV, p. 239-255 = Migne, *P. G.*, t. XCVI, p. 1108-1124 : Ἐγώ, βασιλεῦ, προνοίᾳ Θεοῦ...).

dans les diverses catégories de l'humanité. Ces catégories rappellent celles de la « Prédication de Pierre »[1]. Aristide, du reste, n'omet pas de renvoyer l'empereur, pour plus ample informé, aux « livres des chrétiens ».

Justin est beaucoup mieux connu qu'Aristide. Cependant nous n'avons pas tous ses écrits, même apologétiques. Mais nous avons les apologies ou plutôt l'apologie adressée par lui à l'empereur Antonin le Pieux, vers l'année 152. Comme Aristide, Justin était philosophe, c'est-à-dire qu'il vivait en citoyen du monde, promenant d'une ville à l'autre son manteau court et sa parole indépendante. Originaire de Neapolis[2] en Palestine, dans le pays samaritain, il traversa diverses écoles. Les platoniciens le retinrent quelque temps ; mais il ne trouvait pas chez eux l'entier repos de son âme. Il eut l'occasion d'assister à des scènes de martyre, qui l'émurent profondément et l'amenèrent à réfléchir sur la valeur des convictions d'où pouvait résulter une telle constance. Dans ces dispositions d'esprit, il eut un entretien avec un vieillard mystérieux et sa conversion ne se fit pas attendre. Devenu chrétien, il ne changea rien à son extérieur de philosophe ni à son genre de vie : ils lui fournissaient des facilités pour entretenir le public et lui exposer la doctrine évangélique, dont il se fit tout aussitôt le propagateur et le dé-

1. Ci-dessus, p. 150.
2. Actuellement Nablous, près de l'emplacement de l'antique Sichem.

fenseur. C'est vers l'année 133 qu'il se fit chrétien, sans doute à Ephèse, où il eut peu après (. 135) une conférence avec un savant juif appelé Tryphon. Il vint ensuite à Rome, où il fit un long séjour. Il écrivit beaucoup, et non seulement contre les ennemis du dehors[1], mais aussi contre les écoles hérétiques, alors dans leur plein épanouissement[2].

Son apologie est adressée à l'empereur[3] Antonin-Auguste, aux princes Marc-Aurèle et Lucius Verus, au sénat et au peuple romain : « Pour ceux que le genre humain tout entier hait et persécute, Justin, fils de Priscus, petit-fils de Bacchius, de Flavia Neapolis en Syrie Palestine, l'un d'entre eux, présente cette adresse et requête ». Il proteste aussitôt (4-12), que les chrétiens ne doivent pas être persécutés pour le nom qu'ils portent, mais pour leurs crimes, s'ils en commettent. Il écarte ensuite (13-67) les calomnies dont ils sont l'objet, et, après avoir montré ce qu'ils ne sont pas, il explique ce qu'ils sont en réalité. Ici il expose la morale des chrétiens, décrit leurs assemblées et leurs mystères tant calom-

---

1. Eusèbe (IV, 18) parle de deux écrits «Aux Grecs», Πρὸς Ἕλληνας, dont l'un traitait entre autres de la nature des démons, l'autre portait le titre spécial de « Réfutation », Ἔλεγχος. Dans un troisième, « Sur la monarchie de Dieu », il établissait l'unité divine en se fondant à la fois sur les Ecritures et sur les livres des Grecs. Un autre enfin posait diverses questions sur le sujet de l'âme, indiquait les solutions des philosophes et promettait pour plus tard celles de l'auteur.
2. Un livre contre toutes les hérésies (*Apol.*, I, 26) un autre contre Marcion (Irénée, IV, vi, 2), nous sont connus de nom. Peut-être ne formaient-ils qu'un seul et même ouvrage.
3. Ce titre, mal conservé, a donné lieu à beaucoup de discussions, que l'on rouvera indiquées ou résumées dans la *Chronologie* de Harnack, p. 279 et suiv.

niés, le baptême et l'eucharistie. Pourquoi, se demande-t-il à plusieurs reprises, tant de haine, de calomnies, de persécutions ? C'est, selon lui, la faute aux mauvais démons. C'est par eux qu'il explique, non seulement l'attitude hostile de l'opinion et du gouvernement, mais encore la division introduite parmi les chrétiens eux-mêmes du fait des hérétiques, des Simon, des Ménandre, des Marcion. Dès avant le Christ, les mauvais démons ont persécuté les anciens sages, inspirés par le Verbe de Dieu (λόγος σπερματικός), chrétiens, eux aussi, à certains égards, comme Héraclite et surtout Socrate. Celui-ci, comme le Christ et les chrétiens, a été condamné à mort sous inculpation d'athéisme et d'hostilité envers les dieux officiels[1].

Tout cela est dit sans beaucoup d'ordre, rudement, dans une langue incorrecte. Ainsi parlaient les philosophes du temps. La critique aussi laisse beaucoup à désirer. A propos de la légende des Septante, Justin fait d'Hérode un contemporain de Ptolémée Philadelphe, avec un anachronisme de deux cents ans. Il avait lu dans l'île du Tibre une inscription dédicatoire en l'honneur du dieu Semo Sancus ; de là il déduisit que Simon le Magicien, dont il était fort préoccupé, avait fait séjour à Rome et que l'Etat lui avait accordé des honneurs divins.

1. Justin ne nomme jamais Epictète. Il est difficile qu'il n'en ait point entendu parler, mais il aura pu ignorer les écrits qui nous renseignent sur ce « saint » philosophe. On voudrait savoir si son estime pour les anciens sages se serait étendue jusqu'à celui-là. Des *Pensées* de Marc-Aurèle il est clair qu'il n'a pu avoir connaissance.

A son apologie Justin annexa le rescrit d'Hadrien à Minucius Fundanus[1], dont il avait peut-être eu copie pendant son séjour à Ephèse. Peu de temps après il reprit la plume sous l'impression de trois condamnations sommaires, prononcées par le préfet Urbicus contre des chrétiens. C'est ce qu'on appelle sa seconde apologie[2]. Il y interpelle directement l'opinion romaine, protestant à nouveau contre des rigueurs injustifiables et répondant à diverses objections.

Justin ne se bornait pas à écrire ; il parlait volontiers dans les endroits publics. En butte à la malveillance des philosophes, il ne se gênait pas pour leur répondre, les traitant de goinfres et de menteurs. Un cynique, appelé Crescens[3], qui déblatérait volontiers contre les chrétiens, eut spécialement affaire à lui. Il y eut entre eux deux un débat public dont il fut dressé procès-verbal. Crescens n'eut pas le dessus. Justin, dans sa grande naïveté, aurait voulu faire lire aux empereurs le compte-rendu de ce débat. Mais Crescens avait d'autres armes, et Justin s'aperçut bientôt qu'il cherchait à le faire condamner à mort, ce qui n'était pas bien difficile.

Après l'Apologie, Justin écrivit son Dialogue avec

1. Ci-dessus, p. 113.
2. Eusèbe (IV, 18) parle de deux apologies de Justin, adressées l'une à Antonin, l'autre à Marc-Aurèle. Il aura sans doute pris le supplément à l'Apologie unique pour une apologie distincte. En tout cas ce supplément ne peut être du temps de Marc-Aurèle, car le préfet de Rome, Urbicus, qui s'y trouve mentionné, est un préfet d'Antonin, antérieur à l'année 160.
3. Sur Crescens, v. *Apol.*, II, 3, 11 ; Tatien, *Oratio*, p. 157.

Tryphon[1], dans lequel il reprit, en l'étendant sans doute la discussion qu'il avait eue à Ephèse, vingt ans auparavant, avec son adversaire juif. Cet ouvrage est d'un haut intérêt pour l'histoire des controverses entre chrétiens et juifs et des origines de la théologie chrétienne[2].

Quelques années après, Marc-Aurèle se trouvant seul empereur (169-177), deux apologies lui furent adressées par des évêques d'Asie, Méliton de Sardes et Apollinaire de Hiérapolis. La persécution était alors en recrudescence dans leur province; les fonctionnaires avaient, paraît-il, des ordres nouveaux et rigoureux. De l'apologie de Méliton nous n'avons plus que des fragments conservés par Eusèbe[3] L'évêque y développe cette idée que le christianisme, né sous Auguste, est contemporain de l'empire et de la paix romaine; que seuls les mauvais princes, Néron et Domitien, ennemis du bien public, ont été ses persécuteurs. En somme la nouvelle religion porte bonheur à l'empire, et Méliton n'est pas loin d'insinuer qu'une entente serait possible. C'était beaucoup d'optimisme pour le temps où il évrivait. Mais son idée était destinée à prospérer.

De l'apologie d'Apollinaire nous ne connaissons rien, à moins que le passage de cet auteur où Eusèbe[4]

---

1. On ne sait où fut écrit le Dialogue, peut-être hors de Rome.
2. Pour compléter l'énumération des livres de Justin il faut ajouter son *Psaltes*, mentionné par Eusèbe. On sait que nombre d'apocryphes se réclament du philosophe martyr.
3. *H. E.*, VI, 26, § 6-11.
4. V, 5.

trouva mention de la Légion Fulminante, n'ait fait partie de cet écrit. Une troisième apologie, elle aussi œuvre d'un asiate, Miltiade, paraît être de ces temps-là[1].

Nous avons en revanche le texte entier d'une quatrième composition de ce genre, l'apologie d'Athénagore[2], adressée aux empereurs Marc-Aurèle et Commode (177-180). Athénagore était, comme Aristide, un philosophe athénien. Il développe, en bon style et avec plus d'ordre que Justin, le thème ordinaire des apologies. Les chrétiens ne sont pas ce qu'on croit. Ils rejettent sans doute l'idolâtrie et le polythéisme, mais meilleurs philosophes n'en font-ils pas autant ? Comme la raison l'enseigne, ils proclament que Dieu est un, et leur croyance monothéiste se combine très bien avec la doctrine du Verbe et de l'Esprit-Saint. Les horreurs qu'on leur impute sont d'abominables calomnies ; au contraire, leur morale est très pure, sévère même. Comment des gens qui pensent ainsi, qui vivent ainsi, peuvent-ils être envoyés au supplice ?

C'est qu'en effet, pour les chrétiens, les temps devenaient très durs. Ce n'est pas pour rien que les apologies se multiplient sous Marc-Aurèle. Le sage empereur ne comprit rien au christianisme. Il n'admit pas que de telles sectes valussent la peine d'être étudiées ni que pour elles on fît fléchir la législation de l'empire. Les chrétiens essayèrent vainement de se

1. Eusèbe (V, 17) dit qu'elle était adressée πρὸς τοὺς κοσμικοὺς ἄρχοντας.
2. Eusèbe n'en parle pas.

faire écouter du philosophe ; ils n'eurent affaire qu'à l'homme d'état, d'autant plus dur qu'il était plus consciencieux. Ajoutons que les calamités qui assombrirent ce règne contribuaient beaucoup à déchaîner les haines populaires, irritées depuis longtemps par les constants progrès du christianisme. Méliton parle de décrets nouveaux (καινὰ δόγματα) qui faisaient beaucoup de victimes en Asie ; en Grèce aussi, au témoignage d'Athénagore, la persécution était devenue intolérable. C'est en ce temps-là, dans les dernières années de Marc-Aurèle, que les scènes célèbres de Lyon et de Carthage (martyrs de Scilli) inaugurent pour nous l'histoire du christianisme en Gaule et en Afrique.

Après Marc-Aurèle la tranquillité reparut. Son fils Commode, l'un des plus mauvais empereurs que Rome ait connus, eut au moins le bon esprit de ne pas malmener les chrétiens.

Ce ne fut pas, pour ceux-ci, une raison d'interrompre leurs publications apologétiques. L'opinion, bien plus que le prince, leur était inclémente ; il importait de l'éclairer pour la modifier. Les chrétiens le sentaient Il s'en faut que les apologies adressées aux empereurs Hadrien, Antonin, Marc-Aurèle, représentent toute leur défense. Une littérature entière de traités « Aux Grecs » Πρὸς Ἕλληνας, restée dans les textes ou dans les énumérations bibliographiques. Justin, même en dehors de ses apologies, se distingua en ce genre[1]. Tatien, un de ses disciples, grand voyageur

1. Ci-dessus, p. 205, n. 2.

comme lui, nous a laissé un *Discours aux Grecs*. De l'évêque d'Antioche, Théophile il reste trois livres de même intention, adressés à un certain Autolycus. Le traité d'Athénagore sur la résurection de la chair n'est qu'un appendice de son apologie. Méliton, Miltiade, Apollinaire, s'exercèrent aussi à cette tâche littéraire[1]. D'autres livres, toujours sur le même sujet, nous sont parvenus sans nom d'auteur, ou sous des noms supposés : ainsi l'épître à Diognète et les trois livres « Discours aux Grecs », « Exhortation aux Grecs » (λόγος παραινετικὸς πρὸς Ἕλληνας), « De la Monarchie »[2], qui circulent sous le nom de saint Justin.

De tout cela nous ne signalerons spécialement que l'épître à Diognète, joli morceau de style, dont l'élégance et le ton pacifique n'affaiblissent nullement la chaleur persuasive, et le discours de Tatien, où se révèlent des qualités tout opposées. Au lieu d'appeler son plaidoyer « Discours aux Grecs », Tatien aurait pu l'intituler « Invective contre les Grecs ». C'est une œuvre de mépris et de colère. Tatien, né en dehors de l'empire, en pays de langue syriaque, a traversé les écoles helléniques et s'est frotté de culture occi-

1. Méliton, Περὶ ἀληθείας ; Apollinaire, un ouvrage de même titre, en deux livres ; cinq livres πρὸς Ἕλληνας (son περὶ εὐσεβείας mentionné par Photius doit être la même chose que l'apologie) ; Miltiade, Πρὸς Ἕλληνας en deux livres (Eusèbe, IV, 26, 27 ; V, 17). Tout cela est perdu.
2. Leurs titres concordent assez avec ceux de livres perdus de Justin ; mais il est sûr qu'ils ne sont pas de lui. Le « Discours aux Grecs » est un exposé des motifs qui ont amené l'auteur au christianisme. Un auteur du IIIe siècle, un certain Ambroise, en fit un remaniement assez large, qui nous est parvenu dans une version syriaque (Cureton, *Spicil, syr.*, 1885) ; cf. Harnack dans les *Silzungsb.* de Berlin, 1896, p. 627.

dentale. Mais ce monde, étranger pour lui, ne lui inspire ni respect, ni affection. Bien loin de révérer les anciens sages, comme Justin, et de trouver dans leurs écrits quelque analogie avec ceux des prophètes Tatien bafoue en bloc tout l'héllénisme, cultes et doctrines, poètes et philosophes. C'est le fondateur de l'apologétique virulente, qui, pour convertir les gens, commence par les injurier. Précurseur de Tertullien, il finit comme lui par se brouiller avec l'l'Eglise Mais ceci ne lui arriva que plus tard. Au moment où fut écrit son Discours, Justin vivait encore et il ne semble pas que la diversité de leurs idées les ait amenés à se séparer.

Il est bien difficile de se rendre compte de l'effet obtenu par toute cette littérature des apologistes. On ne voit pas qu'ils aient arrêté l'application des lois répressives. Il est possible qu'ils aient çà et là modifié l'impression des gens lettrés. Mais il ne faudrait pas exagérer leur influence. Au fond, ce qui a permis à l'Eglise de vivre sous des lois persécutrices, de triompher de l'indifférence, du dédain et de la calomnie, ce ne sont ni les raisons ni les discours, c'est la force intérieure, révélée et rayonnant dans la vertu, dans la charité, dans l'ardente foi des chrétiens de l'âge héroïque. C'est cela qui amenait à Jésus-Christ ; c'est par là que les apologistes eux-mêmes avaient été pris ; c'est avec cela que l'on a fait adorer des Romains un juif crucifié et que l'on est parvenu à faire entrer en des têtes grecques des dogmes comme celui de la résurrection.

CHAPITRE XIII.

L'Eglise romaine de Néron à Commode

Les juifs de luxe et les mœurs juives. — Conversions aristocratique. — Les chrétiens de la famille Flavia. — Clément et la lettre à l'église de Corinthe. — Ignace à Rome. — Le Pasteur d'Hermas. — La pénitence. — La christologie d'Hermas. — Les premiers papes. — Les hérétiques à Rome. — Visites de Polycarpe et d'Hégésippe. — Les martyrs. — L'évêque Soter. — Les écoles gnostiques au temps de Marc-Aurèle. — Evolution du marcionisme : Apelle. — La légion fulminante. — Le martyre d'Apollonius.

La chrétienté de Rome se reforma vite après la dure épreuve de l'an 64. Ceux des fidèles qui échappèrent au massacre virent bientôt la chute de Néron, l'odieux persécuteur (68). Deux ans plus tard, Jerusalem, révoltée contre l'empire, succombait après un long siège ; le Temple était livré aux flammes, et l'on voyait bientôt ses dépouilles portées en triomphe dans les rues de Rome, derrière le char des princes vainqueurs, Vespasien et Titus.

La catastrophe d'Israël amena à Rome une énorme quantité de prisonniers juifs. Ce n'était sûrement pas de ces gens fanatisés que l'on pouvait attendre de bonnes dispositions pour la propagande chrétienne. Mais il y avait tout un judaïsme rallié dès avant la fin de la guerre, dont les représentants, riches et influents, se tenaient volontiers dans l'entourage de la maison régnante. Il restait des Hérodes : Bérénice fut longtemps en faveur auprès de Titus. Josèphe vivait dans ce monde de gens distingués ; il y écrivait l'histoire de sa nation, s'efforçant de la rendre acceptable aux vainqueurs. De tout cela résultait une sorte de rayonnement du judaïsme, non, bien entendu, du judaïsme politique, dont le compte définitif venait d'être réglé, mais du judaïsme philosophique et religieux. En dépit de la récente insurrection et de sa répression, dont l'arc de Titus allait perpétuer le souvenir, il n'était pas de mauvais ton de montrer quelques sympathies pour les juifs bien en cour, d'honorer leur religion et même de la pratiquer un peu. Comme au lendemain de sa conquête par Pompée, la Judée vaincue s'imposait encore aux conquérants. Il est vrai que ce ne fut pas pour longtemps. Après la disparition de la dynastie Flavienne, et même dès la mort de Titus, les juifs de luxe, princes ou lettrés baissèrent dans la faveur impériale. Cependant cette vogue passagère des mœurs juives ne put manquer de renforcer l'assaut que depuis longtemps, dans la haute société romaine, le monothéisme religieux d'Orient donnait à la tradition des vieux cultes. Dès le temps où nous sommes — quelques faits connus permettent de s'en rendre compte — la propagande chrétienne se faisait sentir avec succès jusque dans les grandes familles aristocratiques. Il ne s'agissait plus seulement d'étrangers, de petites gens, de serviteurs ou d'employés de la maison impériale : le christianisme entrait, dès ces lointaines origines, chez les Pomponii, chez les Acillii, jusque dans la famille des Flavii, moins illustre, mais régnante. Déjà sous Néron une grande dame, Pomponia Graecina[1], avait attiré l'attention par sa vie sombre et retirée. Elle fut accusée de superstition étrangère; mais son mari A. Plautius, réclama le droit de la juger, en qualité de chef de famille, et la déclara innocente. Elle vécut jusque sous Domitien. Il est bien probable qu'elle s'était faite chrétienne. M'. Acilius Glabrio, consul en 91, et Flavius Clemens, cousin germain de Domitien, consul en 95, étaient aussi, celui-ci sûrement, l'autre très probablement, des membres de l'église romaine. Le plus ancien lieu de sépulture qui ait été à l'usage exclusif et collectif des chrétiens de Rome, le cimetière de Priscille, fut installé dans une villa des Acilii, sur la voie Salaria[2]. Sur la voie Ardéatine, le cimetière de Domitille se développe en des terrains qui appartiennent à Flavie Domitille, femme du consul Clemens[3]. Ainsi ce n'étaient pas seulement des adhésions platoniques; ces illustres recrues du christianisme s'intéressaient aux nécessités pratiques de la communauté et subvenaient à ses besoins.

Ils ne tardèrent pas a lui fournir aussi des martyrs. Domitien, ce tyran sombre et soupçonneux, ne se

1. Tacite, *Ann.*, XIII, 32 ; inscriptions chrétiennes du IIIe siècle mentionnant des *Pomponii Bassi* et même un *Pomponius Graecinus* (De Rossi, *Roma sott.*, t. II, p. 281, 362).
2. De Rossi, *Bull.*, 1889, 1890.
3. *C. I. L.*, t. IV, n. 16246 ; cf. 948 et 8942.

borna pas à persécuter les philosophes et les hommes
politiques chez lesquels pouvaient subsister quelque
regret de la liberté des anciens temps ou quelque
attachement à leur propre dignité. Censeur austère,
gardien vigilant des vieilles traditions de la vie romaine, il finit par s'apercevoir qu'elles étaient com-
promises par l'envahissement des mœurs juives et
chrétiennes. Clemens et sa femme Flavie Domitille
« furent accusés d'athéisme, accusation qui faisait
alors beaucoup de victimes parmi les personnes attachées aux mœurs juives ; pour les uns c'était la mort,
pour d'autres la perte de leurs biens »[1]. Le consul
fut exécuté l'année même de son consulat (95) ;
Flavie Domitille fut exilée dans l'île de Pandataria ;
une autre Flavie Domitille, leur nièce, fut internée
dans l'île Pontia[2]. Cependant deux des fils de Clemens
reçurent de Domitien la qualité d'héritiers présomptifs
Il leur avait donné les noms de Vespasien et de Domitien et les faisait élever par le distingué rhéteur
Quintilien, lorsqu'il fut lui-même assassiné (96). Cet

1. Dion Cassius, LXVII, 14 ; cf. Suétone, *Domitien*, 15.
2. Eusèbe, dans sa Chronique, *ad ann. Abr.*, 2110 (cf. *H. E.*, III, 18), parle d'après un chronographe Bruttius, de cette autre Flavie Domitille, fille d'une sœur du consul qui aurait été exilée dans l'île Pontia. Comme il ne mentionne pas l'exil du consul et de sa femme, on pourrait être porté à craindre que cette Flavie Domitille ne se confonde avec l'autres. Les deux îles, pourtant, sont différentes, et saint-Jérôme, qui avait visité Pontia, y avait vu les chambres habitées par « la plus illustre des femmes », exilée pour la foi sous Domitien. La légende des saints Nérée et Achillée suppose que cette Domitille mourut et fut enterrée à Terracine. Je crois que Tillemont (*Hist. eccle.*, t. II, p. 224), De Rossi (*Bull.*, 1875, p. 72-77) et Achelis (*Texte und Unt.*, t. XI[2], p. 49) ont raison de distinguer deux Flavies Domitilles.

événement mit un terme aux destinées impériales de la maison flavienne. Cependant elle continua d'exister, et quelques-uns de ses membres remplirent encore des fonctions publiques. Le christianisme se maintint dans la descendance du consul martyr. Celui-ci était fils du frère aîné de Vespasien, Flavius Sabinus, qui périt en 66 dans le conflit entre les partisans de son frère et ceux de Vitellius. Préfet de Rome au temps de Néron, il avait dû être témoin, en 64, de l'incendie de la ville et du massacre des chrétiens. Peut-être quelque impression lui en était-elle restée. Dans ses dernières années on remarquait sa douceur, sa modération, son horreur des conflits sanglants, ce qui le faisait taxer de lâcheté par les gens ardents[1].

Les chrétiens de la famille Flavia avaient leur sépulture sur la voie Ardéatine. On y accédait par une entrée monumentale qui a été retrouvée, ainsi qu'une galerie spacieuse ornée de peintures fort anciennes. Là sans doute furent déposés le consul martyr et les plus anciens membres de la famille. Un peu plus loin on a trouvé l'épitaphe grecque d'un Fl. Sabinus et de sa sœur Titiana, puis un fragment d'inscription où pourrait avoir été indiquée une sépulture collective des Flavii : *sepulc*RVM *flavi*ORVM

Ce que nous savons de ces illustres recrues nous vient d'auteurs profanes, commentés par les inscrip-

---

1. « Mitem virum, abhorrere a sanguine et caedibus ; ... in fine vitae alii segnem, multi moderatum et civium sanguinis parcum credidere » (Tacite, *Hist.*, III, 65, 75).
2. De Rossi, *Bull.*, 1865, p. 33-47 ; 1874, p. 17 ; 1875, p. 64.

tions et autres monuments des catacombes[1]. Les renseignements littéraires de source chrétienne font complétement défaut. En ces temps très anciens, la communauté chrétienne de Rome devait compter parmi ses membres plus d'un témoin des origines ; l'autorité de ces compagnons ou disciples des apôtres primitifs y était évidemment aussi grande que l'était en Asie, celle des *presbyteri*. C'était un appui pour la tradition, une protection pour la hiérarchie naissante. On peut conjecturer aussi que certains livres du Nouveau Testament, comme les évangiles de Marc et de Luc, les Actes des Apôtres, la première épître de saint Pierre, l'épître aux Hébreux, sont sortis du milieu romain, avant ou après la prise de Jérusalem, et que la collection des lettres de saint Paul y fut constituée. Mais sur tout cela[2] il ne subsiste aucun témoignage certain.

Avec la lettre de saint Clément nous sortons de l'obscurité. Vers la fin du règne de Domitien, des troubles s'étaient produits dans l'église de Corinthe. Un parti de jeunes s'était formé contre les anciens de la communauté ; on avait écarté plusieurs membres du collège presbytéral, « installés par les apôtres ou après eux par d'autres hommes sages (ἐλλόγιμοι) avec

1. La passion des saints Nérée et Achillée, roman chrétien du V⁰ siècle, s'est emparée du personnage de Flavie Domitille (celle de Pontia). Elle connaît aussi le consul Clément et l'évêque homonyme. Mais il n'y a rien à en tirer pour l'histoire proprement dite.
2. Sauf cependant pour la première épître de saint-Pierre. Cf. ci-dessus, p. 63.

le suffrage de l'église entière ». Ces querelles avaient fait du bruit au dehors et le bon renom des chrétiens en souffrait[1]. L'église de Rome, instruite de ce qui se passait, jugea de son devoir d'intervenir. A ce moment elle venait d'être assaillie par des calamités soudaines et répétées. Dès qu'elle en eut le loisir, elle députa à Corinthe trois envoyés, Claudius Ephebus, Valerius Bito et Fortunatus, qui, depuis leur jeunesse jusqu'à l'âge avancé qu'ils avaient atteint, avaient fait l'édification de l'église romaine. Des chrétiens de si ancienne date avaient sans doute connu les apôtres. Ils devaient témoigner à Corinthe des sentiments et des désirs de Romains. Ceux-ci, du reste, leur avaient confié une lettre écrite au nom de leur église[2]. Nous savons qui l'avait rédigée. C'était l'évêque Clément, celui que les listes épiscopales les plus autorisées placent au troisième rang après les apôtres.

Clément, identifié par Origène[3] avec le personnage de même nom qui travailla avec saint Paul à l'évangélisation de Philippes[4], était en tous cas, lui aussi, d'âge à avoir vu les apôtres et conversé avec eux, comme le rapporte saint Irénée[5]. Il ne peut guère avoir appartenu à la parenté du consul Flavius Clemens. Sans doute il a beaucoup d'estime pour la

1. *I Clem.*, 1, 2, 44, 47.
2. « L'église de Dieu qui habite Rome à l'église de Dieu qui habite Corinthe... »
3. *In Joh.*, I, 29. Identification peu sûre.
4. *Phil.* IV, 3.
5. *Haer.*, III, 3.

« chose » romaine ; il parle de *nos* princes, des soldats soumis à *nos* généraux ; la discipline militaire lui inspire une grande admiration. Mais sa familiarité avec les saintes Ecritures, de l'Ancien Testament et même du Nouveau (épitres de saint Paul, de saint Pierre, de saint Jacques, épître aux Hébreux), donne plutôt l'idée d'une éducation juive. C'était peut-être un affranchi de la famille Flavia. Quoiqu'il en soit, sa lettre est un admirable témoignage de l'esprit sage et positif qui animait, dès ces temps reculés, la piété romaine. Il y décrit d'abord les inconvénients de la discorde (3-6), puis il recommande l'obéissance à la volonté de Dieu (7-12), montre la grandeur des récompenses promises aux âmes simples et justes (13-26), la nécessité de l'ordre dans l'Eglise. Ici, des exemples sont empruntés à la discipline des armées romaines et à la hiérarchie sacerdotale de l'Ancien Testament (37-42). Venant ensuite à l'alliance nouvelle, l'auteur montre que le ministère ecclésiastique vient des apôtres et de Jésus-Christ, que son autorité est légitime et doit être obéie (42-47). Il engage les Corinthiens à se repentir, à rentrer dans l'ordre et la paix, à accepter une correction salutaire ; si la présence de certaines personnes est un obstacle à la paix, qu'elles ne reculent pas devant l'exil. Quant à l'Eglise, elle doit prier pour les séditieux (48-58). Par une transition un peu brusque, l'exemple est aussitôt joint au conseil. Clément formule (59-61) une longue prière, qui n'a qu'un rapport lointain avec les troubles de Corinthe. On peut y voir, non sans doute la formule solennelle de la liturgie romaine à la fin du premier siècle, mais un spécimen de la façon dont les chefs des assemblées chrétiennes développaient le thème de la prière eucharistique.

La lettre se termine par un rappel de l'exhortation donnée et par des salutations. D'un bout à l'autre il y respire un grand sentiment de foi simple et de sage piété. Aucune de ces singularités qui étonnent parfois chez les anciens auteurs. Rien que le christianisme commun, exprimé avec le plus parfait bon sens. On ne remarque même aucune préoccupation à l'égard de dissidences hérétiques. L'église romaine jouit en ce moment de la paix intérieure la plus complète.

Il faut croire que la mission romaine eut le plus grand succès à Corinthe, car la lettre de Clément y fut mise au nombre des livres qui se lisaient, avec les saintes Ecritures, dans les assemblées du dimanche. Telle est la situation qu'elle avait, soixante-dix ans plus tard, au temps de l'évêque Denys[1]. C'est, du reste, par un des plus anciens manuscrits de la Bible grecque que nous l'avons d'abord connue[2]. Peu d'années après qu'elle avait été écrite, saint Polycarpe l'avait sous les yeux et s'en servait comme des lettres apostoliques.

---

1. *Eus.*, IV, 23, § 11.
2. Le ms. A, au *British Museum*, du Ve siècle. Un autre ms., du XIe siècle, a été découvert depuis, ainsi qu'une version syriaque et une version latine. Dans le ms. A il y a une grande lacune vers la fin de la lettre.

Vingt ans environ après les troubles de Corinthe et la lettre de saint Clément, les Romains furent édifiés par la présence et le martyre de saint Ignace d'Antioche. Sur cet événement nous ne sommes renseignés[1] que par une lettre du martyr lui-même, écrite d'Asie aux Romains. Le sujet en est extraordinaire. Le confesseur de la foi, condamné aux bêtes et expédié de Syrie jusqu'à Rome pour subir ce supplice, a lieu de craindre que ses coreligionaires romains ne lui fassent manquer le but de son voyage. Il les exhorte, avec les plus grandes instances, à ne pas s'opposer à son martyre. Il paraît qu'ils pouvaient le sauver, bien qu'on ne voie pas trop comment[2]. »

» Laissez-moi être la proie des bêtes ; par elles j'attein-
» drai Dieu. Je suis le froment de Dieu ; que je sois
» moulu par les dents des bêtes pour devenir le pain
» blanc du Christ. Flattez-les plutôt, pour qu'elles
» soient mon tombeau, qu'elles ne laissent rien de
» mon corps ; ainsi ma sépulture ne sera à charge
» à personne ; …Je ne vous commande pas comme
» Pierre et Paul. Eux étaient apôtres : moi je suis un
» condamné. Ils étaient libres : jusqu'à cette heure
» je suis esclave ; mais si je meurs, je deviens l'af-
» franchi de Jésus-Christ ; en lui je ressusciterai libre ».

1. Il ne manque pas de *passions* de saint-Ignace. Aucune d'elles n'a de valeur historique.
2. Il est bien invraisemblable qu'ils eussent pu obtenir sa grâce ; à la rigueur ils pouvaient le faire échapper. Mais une telle idée ne pouvait guère entrer dans la pensée des chefs, tout au moins, qui, sur le martyre et ses avantages, devaient avoir les mêmes idées qu'Ignace.

Cette lettre si touchante ne témoigne pas seulement de la soif du martyre qui dévorait Ignace ; on y voit aussi quelle considération l'évêque d'Antioche professait pour la grande église de Rome. Elle débute par un salut, long et pompeux, où, plus encore que dans les autres lettres, il accumule les titres d'éloges : » L'église qui préside dans le lieu du pays romain[1], ... » l'église qui préside à l'agape (ou à la charité) ». Ignace conçoit l'église de Rome comme la présidente, des autres églises, évidemment, et de la fraternité chrétienne.

Il en obtint de qu'il voulait, la liberté du martyre. C'est sans doute au Colisée, récemment construit[2], que le « froment de Dieu » fut moulu par les bêtes féroces. Mais elles ne furent pas seules à lui donner la sépulture. Plusieurs de ses fidèles avaient fait le voyage de Rome[3] pour assister à ses derniers moments ; ils recueillirent les débris de son corps et les transportèrent en Syrie[4].

Les Romains aussi eurent un évêque martyr, Télesphore, qui périt sous Hadrien(v. 135) dans des circonstances glorieuses, dit saint Irénée[5] : il ne nous en a pas transmis le détail.

---

1. ἥτις προκάθηται ἐν τόπῳ χωρίου Ῥωμαίων..., προκαθημένη τῆς ἀγάπης.
2. Il fut inauguré en 80.
3. *Rom.*, 9.
4. Le tombeau de saint Ignace se trouvait dans un cimetière hors la porte Daphné. Sous Théodose II (408-450) le temple de la Fortune (Τυχαῖον) d'Antioche fut changé en église et placé sous son vocable. Ses restes y furent solennellement transportés. (Evagr., *H. E.*, I, 16).
5. *Haer.*, III, 3 : ὃς ἐνδόξως ἐμαρτύρησεν.

Les générations contemporaines de Clément, d'Ignace et de Télesphore connurent aussi le prophète Hermas et l'entendirent communiquer à l'église les visions et instructions qu'il réunit plus tard dans le célèbre livre du Pasteur.

Le livre d'Hermas, si extraordinaire d'aspect, nous a conservé un spécimen précieux de ce qu'on pourrait appeler la littérature prophétique, de celle, bien entendu, qui a pu émaner des prophètes du Nouveau Testament. Il fut terminé, sous la forme où il nous a été conservé, pendant que le frère de l'auteur, l'évêque Pie, siégeait sur la chaire de Rome[1], c'est-à-dire vers l'an 140. Mais il avait traversé des rédactions successives. La plus ancienne[2] doit remonter au temps de Trajan et à l'épiscopat de Clément.

Hermas était un chrétien de Rome, affranchi de condition, propriétaire rural, marié et père d'une famille qui ne lui donnait guère de satisfaction. Ses travaux agricoles et ses ennuis domestiques ne l'absorbaient pas au point qu'il n'eut toujours l'esprit tendu vers les espérances chrétiennes et ne fût sans cesse préoccupé tant de son salut que de celui des autres. C'était un esprit simple, de culture fort limitée. Comme

---

1. Canon de Muratori.
2. *Visio* II. J'adopte ici en gros les conclusions de Harnack, *Chronol.*, p. 257 et suiv. Suivant lui la prophétie d'Hermas a passé par les formes suivantes : 1° Vis. II (le fond seulement) ; 2° Vis. I-III ; 3°. Vis. I-IV ; 4° Vis. V, les *Mandata* et les huit premières similitudes ; c'est le *Pasteur* proprement dit ; 5° Groupement des quatre premières visions avec le *Pasteur*, addition de la *Sim.* IX ; 6° Le même groupe, complété par la *Sim*. X.

tous les fidèles de son temps, il s'était assimilé, à un certain degré, l'Ancien Testament et plusieurs écrits du Nouveau. Cependant le seul livre auquel il se réfère expressément est un apocryphe[1]. Excité intérieurement à communiquer au dehors ses vues sur la réforme morale, il leur donna la forme de révélations. Dans la première et la plus ancienne partie de son livre, les Visions, il est en rapport avec une femme qui personnifie l'Eglise. Dans les deux autres parties, les Préceptes (*Mandata*) et les Paraboles (*Similitudines*), le révélateur est une autre personne idéale, le Pasteur, d'où le livre a tiré son titre définitif.

Que le Pasteur parle ou que ce soit l'Eglise, que la pensée s'exprime directement ou qu'elle s'enveloppe de formes symboliques, une seule et même préoccupation reparaît sans cesse. Les fidèles, et l'auteur tout le premier, sont loin d'être ce qu'ils devraient être, ce qu'ils ont promis d'être. Mais il y a un remède, la pénitence. Hermas est chargé d'inculquer à la communauté chrétienne que Dieu pardonnera à ceux qui se repentiront. Il prêche donc la pénitence après le baptême, comme les apôtres l'ont prêchée avec le baptême pour consécration. C'est une seconde pénitence, une seconde facilité accordée par Dieu avant le règlement de comptes définitif.

L'intérêt du livre est beaucoup moins dans cette idée fondamentale que dans les détails de son déve-

1. Eldad et Modad. livre perdu,

loppement. En suivant Hermas dans l'énumération des cas particuliers et dans la description des situations diverses où se trouvent les pécheurs, nous pouvons nous faire une idée de la vie intérieure de l'église romaine[1] dans la première moitié du IIe siècle.

En ce temps-là, au temps de Trajan et d'Hadrien, la sécurité des communautés chrétiennes était fort précaire. En dépit des rescrits indulgents émanés de ces empereurs, les fidèles se voyaient sans cesse tracassés, conduits devant les magistrats, mis en demeure de renoncer à leur religion. S'ils y consentaient, on les relachait aussitôt ; sinon, c'était la mort.

En présence de cette alternative, plusieurs avaient faibli et faiblissaient tous les jours. L'apostasie était déjà un scandale assez commun. Il y avait des degrés dans ce crime. Quelques-uns se bornaient à l'apostasie simple, à laquelle les menait le souci de leurs intérêts temporels. D'autres ajoutaient le blasphème au reniement : ils n'avaient pas honte de maudire publiquement leur Dieu et leurs frères dans la foi. Il s'en trouvait même qui allaient jusqu'à trahir les autres et à les dénoncer. En revanche l'Eglise comptait avec orgueil de nombreux martyrs. Tous n'étaient pas égaux en mérite. Plusieurs avaient tremblé devant les supplices et hésité dans leur confession,

---

[1]. On peut même dire « de l'Eglise en général », car il y a en somme peu de traits particuliers, et la faveur avec laquelle le livre fut accueilli partout suppose qu'il correspondait à l'état commun des choses.

bien qu'au dernier moment ils eussent écouté la voix de leur conscience et versé leur sang pour la foi. Hermas distingue entre eux et des martyrs plus généreux dont le cœur n'avait pas défailli un seul instant. Tous cependant font partie de l'édifice mystique qui représente l'Eglise de Dieu; avant eux il n'y a que les Apôtres. En dehors des martyrs proprement dits, il signale aussi les confesseurs, qui avaient souffert pour la foi, sans qu'on leur eût demandé le témoignage du sang.

L'ensemble de la communauté chrétienne menait une vie suffisamment régulière. Cependant bien des imperfections et même des vices appelaient correction. L'esprit de coterie entraînait des querelles, des médisances, des rancunes. On s'attachait trop aux biens de ce monde. Les relations d'affaires, les obligations de la société, entraînaient pour beaucoup la fréquentation ordinaire des païens, ce qui n'allait pas sans de graves dangers. On oubliait la fraternité évangélique, on se tenait à l'écart des réunions communes, on craignait de se mêler aux petites gens qui, naturellement, formaient le fond des assemblées chrétiennes. La foi en souffrait; on finissait par n'être plus chrétien que de nom. Encore le souvenir du baptême se dissolvait-il peu à peu dans le commerce avec les profanes; la moindre tentation emportait ces convictions affaiblies, et l'on arrivait à les renier pour des motifs assez légers. On changeait de religion, en dehors de toute persécution, par simple attrait pour les ingénieux systèmes de philosophie auxquels on avait trop facilement ouvert l'oreille.

Même dans les rangs des fidèles plus affermis, il se produisait des défaillances morales fort attristantes. La chair était faible. Cependant ces faiblesses momentanées étaient réparables: on pouvait les expier par la pénitence. Un danger plus grave, aux yeux d'Hermas, c'est l'hésitation dans la foi (διψυχία); il revient souvent sur cet état de l'âme où elle semble divisée en deux, partagée entre l'assentiment et la négation.

Le clergé lui-même n'était pas à l'abri de tout reproche. On voyait des diacres trahir les intérêts temporels dont ils avaient le soin, détourner à leur profit l'argent destiné aux veuves et aux orphelins; il se trouvait aussi des prêtres injustes dans les jugements, orgueilleux, négligents, ambitieux.

Le livre d'Hermas est un vaste examen de conscience de l'église romaine. Il ne faut pas trop s'étonner d'y trouver tant de révélations affligeantes : la nature de l'ouvrage veut que le mal y tienne plus de place que le bien, que l'exception soit plus souvent signalée que la règle. Malgré cette circonstance favorable, il est aisé de voir qu'aux yeux d'Hermas le nombre des chrétiens édifiants surpassait celui des pécheurs de toute catégorie. Ainsi, dans la Similitude VIIIe, l'état moral des chrétiens est symbolisé par une baguette de saule que chacun d'eux a reçue de l'ange du Seigneur et qui lui est redemandée, après un certain délai. Les uns la rendent desséchée, fendillée, pourrie, moitié sèche et moitié verte, aux deux tiers verte, et ainsi de suite. Ces différents états de conservation correspondent aux degrés divers de la défaillance morale. Or le plus grand nombre rendent leur baguette aussi verte qu'ils l'ont reçue, ce qui veut dire qu'ils sont demeurés fidèles aux promesses de leur baptême.

De même, si Hermas insiste plus d'une fois sur les discussions entre les prêtres et sur d'autres faiblesses des chefs ecclésiastiques, il en connaît aussi qui sont dignes de tout éloge ; il vante leur charité, leur hospitalité ; il leur assigne une place dans la compagnie des Apôtres, aux premières assises de sa tour mystique.

En somme l'impression qui résulte de ce tableau, c'est que l'Eglise, en ces temps très anciens, n'était pas exclusivement composée de saints, mais qu'elle en contenait un très grand nombre, qu'ils y étaient même en majorité .

Hermas ne parle jamais des juifs, rarement des païens. Son livre est destiné exclusivement aux fidèles : il n'a pas à s'occuper de ce qui se passe en dehors de l'Eglise. On a vu plus haut son attitude à l'égard des hérésies naissantes. Elles ne se présentent pas à lui sous l'aspect de systèmes définis ni surtout de sectes organisées, en concurrence avec la communauté principale. Il ne connaît que quelques discoureurs qui vont et viennent, semant des doctrines étrangères, sans cesse préoccupés de savoir, et, au fond, ne sachant rien du tout. Hermas qui, en toutes choses, s'inquiète surtout du côté moral, leur reproche de détourner les pécheurs de la pénitence. Il se demande aussi ce que deviendront ces docteurs égarés. Il ne désespère pas de leur salut : quelques-uns sont déjà revenus dans la bonne voie et se sont même distingués par leurs vertus ; d'autres reviendront, au moins peut-on l'espérer.

La pénitence que prêche Hermas est un moyen d'expier les fautes commises après le baptême. Certaines personnes enseignaient qu'après le baptême il n'y avait plus de rémission possible. Tel n'est pas son avis. On peut, même après le baptême, obtenir le pardon de ses péchés, même les plus graves ; mais il est entendu que cette seconde conversion doit être sérieuse, que l'on ne saurait passer sa vie en des alternatives indéfinies de fautes et de repentir[1]. Hermas ne mentionne aucune des formes extérieures de la pénitence, telles que nous les trouvons en usage peu de temps après lui. Il ne parle ni de confession, ni d'absolution. Quant aux œuvres d'expiation, il les admet sans doute, mais en insistant beaucoup sur leur inutilité au cas où elles ne seraient pas accompagnées d'une conversion intérieure et sincère.

Il constate l'usage des jeûnes publics, observés par toute la communauté, les stations, comme on

1. *Mand.*, IV, 3 ; *Sim.*, VIII, 6. Encore Hermas n'est-il pas très catégorique contre les récidifs : « Cet homme ne réussira pas, il lui sera difficile de se sauver ». Si parfois il semble exclure de la rémission certains pécheurs coupables d'énormes fautes, on voit que ce sont ces pécheurs eux-mêmes qui s'écartent de la pénitence.

disait, et fait la critique, non point de l'institution elle-même, ni du jeûne en général, mais de la vaine confiance que certains mettaient en ces pratiques. Le jeûne doit comporter, d'abord et avant tout, la correction morale, l'obsevation rigoureuse de la loi de Dieu, puis la pratique de la charité. Les jours de jeûne on ne prendra que du pain et de l'eau ; l'économie sur la dépense habituelle sera versée aux pauvres.

Avec sa simplicité d'esprit et son exlusive préoccupation de la réforme morale, Hermas n'était pas homme à cultiver la spéculation théologique. Cependant le Pasteur n'est pas sans soulever quelques difficultés sur ce point.

Dans sa Similitude V^e il nous ouvre une perspective sur la façon dont il entend l'économie de la Rédemption, de la Trinité et de l'Incarnation. L'occasion est singulière. Le prophète veut inculquer l'utilité des œuvres de surérogation. Un tel sujet ne paraît pas devoir se prêter à des développements métaphysiques. C'est cependant ce qui a lieu.

Le Pasteur propose d'abord une parabole. Un homme posséde un domaine et des serviteurs nombreux. Il sépare une portion de ce domaine et y plante une vigne ; puis, choisissant un de ses serviteurs, il lui donne la mission de l'échalasser. Le serviteur fait plus que sa tâche : non seulement il échalasse : il arrache encore les mauvaises herbes. Le maître en est fort satisfait. Après s'être consulté

avec son fils et ses amis, il déclare que le
bon serviteur sera admis à partager son héritage
avec son fils. Celui-ci ayant fait un festin, envoie
des provisions au bon serviteur, lequel les partage
avec ses compagnons de servitude et s'attire ainsi
de nouveaux éloges.

Telle est la parabole. Voici l'explication. Le domaine est le monde ; le maître est Dieu, créateur de toutes choses ; la vigne est l'Église, la société des élus de tous les temps ; le fils du maître est le Saint-Esprit[1] ; le serviteur est Jésus-Christ ; les amis et conseillers sont les six anges supérieurs. Les œuvres accomplies par Jésus-Christ sont symbolisées par les trois actions, la pose des échalas, l'extirpation des mauvaises herbes, le partage des provisions. Les échalas sont les anges inférieurs que le Sauveur a préposés à la garde de l'Eglise ; l'extirpation des mauvaises herbes est la Rédemption, qui a déraciné le péché ; le partage des provisions représente la prédication évangélique.

Dans cette explication on ne voit apparaître avant l'Incarnation que deux personnes divines, Dieu et le Saint-Esprit, dont les relations sont figurées par le rapport du père à fils. Il y a donc identification entre le Saint-Esprit et le Verbe[2], le Christ préexis-

1. *Filius autem Spiritus sanctus est*, porte la vieille version latine ; ces mots choquants ont disparu du texte grec et de l'autre version.
2. Hermas n'emploie jamais le terme de Verbe, pas plus du reste que celui de Christ. Le nom de Jésus ne figure pas non plus dans le Pasteur.

tant. Cette idée, du reste, reparaît un peu plus loin :
« L'Esprit-Saint qui préexistait, qui a créé toute
» créature, Dieu l'a fait habiter dans une chair choisie
» par lui. Cette chair, dans laquelle habitait l'Esprit-
» Saint, a bien servi l'Esprit en toute pureté et en
» toute sainteté, sans jamais lui infliger la moindre
» souillure. Après qu'elle se fut ainsi bien et sainte-
» ment conduite, qu'elle eut aidé l'Esprit et travaillé
» en tout avec lui, se montrant toujours forte et
» courageuse, Dieu l'a admise à participer avec l'Es-
» prit-Saint... Il a donc consulté son fils et ses anges
» glorieux, afin que cette chair qui avait servi l'Es-
» prit sans aucun reproche obtint un lieu d'habitation
» et ne perdit pas le prix de son service. Il y a une
» récompense pour toute chair qui, le Saint-Esprit
» habitant en elle, sera trouvée sans souillure ».

En somme, la Trinité d'Hermas paraît se composer de Dieu le Père, d'une seconde personne divine (Fils de Dieu, Saint-Esprit), enfin du Sauveur, promu à la divinité en récompense de ses mérites. Une telle conception est, dans l'ordre de la spéculation théologique, le pendant exact des récits bizarres que nous avons rencontrés chez les vieux traditionnistes d'Asie. On est étonné d'apprendre que des hommes comme Jean l'Ancien et ses congénères aient pu raconter de telles fantaisies ; on ne l'est pas moins d'entendre le prophète romain divaguer à ce point sur la théologie.

Cependant ce qu'il y a de critiquable dans ses conceptions n'est pas à la surface de son texte. Ce qui attire d'abord l'attention, ce sont les thèses sur l'utilité des bonnes œuvres et sur la pureté morale. Ces thèses sont appuyées sur l'exemple, toujours bien venu, du Sauveur. Au troisième plan seulement se dessinent des traits qu'il ne nous est pas aisé de raccorder d'une façon satisfaisante. Les anciens ne semblent pas les avoir remarqués. Le Pasteur fut accepté dans toute la chrétienté du IIe siècle comme un livre de grande autorité religieuse ; on le lisait dans les assemblées avec les saintes Ecritures, sans cependant le mettre au même rang. Peu à peu son autorité diminua : les rigoristes, comme Tertullien, lui reprochèrent sa compatissance pour les pécheurs ; les esprits cultivés se choquèrent de son style bizarre et des étrangetés de ses visions[1]. Les Ariens se réclamèrent de lui, à cause de sa célèbre affirmation de l'unité divine[2]. Mais ceci ne pouvait guère le compromettre, et nous voyons saint Anathase, après Clément d'Alexandrie et Origène, continuer à le tenir en grande estime et l'employer pour l'instruction morale des catéchumènes. Comme Clément, Hermas eut les honneurs de la transcription dans

1. Saint Jérôme (*in Habacuc*, I, 14) le malmène (*liber ille apocryphus stultitiae condemnandus*) à propos de l'ange Thégri, préposé par Hermas (Vis. IV, 2) aux bêtes féroces. Saint Ambroise et saint Augustin n'en parlent jamais ; Prosper d'Aquitaine objecta à Cassien, qui le citait, que c'était un livre sans autorité (*Adv. Coll.*, 13). D'après saint Jérôme (*De viris ill.*, 10) il aurait été, de son temps, à peu près ignoré des Latins. Cependant il en subsiste deux anciennes versions latines.
2. *Mand. I.* Cf. Athanase, *De decr. Nic.*, 18 ; *Ad Afros*, 5.

les manuscrits de la Bible. On l'a trouvé à la fin du célèbre *codex Sinaïticus*.

Le Pasteur fut, comme il a été dit plus haut, terminé et publié définitivement au temps où l'évêque Pie, frère d'Hermas, occupait « la chaire de la ville de Rome ». Pie était le neuvième successeur des apôtres. De ses huit prédécesseurs, dont nous connaissons la suite par saint Irénée, Clément seul est connu par sa lettre, Télesphore par son martyre. De Lin et d'Anenclet, les deux premiers sur la liste, on ne peut rien dire, sinon que Lin est peut-être identique au personnage de même nom que mentionne la seconde lettre à Timothée. Inconnus aussi sont les successeurs de Clément, Evariste, Alexandre, Xyste. Après Télesphore vient Hygin, le prédécesseur de Pie. Pour classer chronologiquement ces épiscopats, nous n'avons d'autre ressource qu'un catalogue dont la première rédaction peut remonter au temps de l'empereur Commode et du pape Eleuthère, peut-être un peu plus haut. Des chiffres y figuraient à côté de chaque nom.

Leur total donne 125 ans. En remontant à partir de 189, année où mourut Eleuthère, ces 125 ans nous conduisent juste à l'année 64, date présumable du martyre de saint Pierre. Ainsi la chronologie des premiers papes s'établirait ainsi qu'il suit :

Lin	12 ans, approximativement.	65-76
Anenclet . .	12 » . . . . »	77-88
Clément . .	9 » . . . . »	89-97

Evariste. . 8 ans, approximativement. 98-105
Alexandre 10 » ....»............106-115
Xyste ... 10 » ....»............116-125
Télesphore 11 » ....»............126-136
Hygin ... 4 » ....»............137-140
Pie ...... 15 » ....»............141-155
Anicet ... 11 » ....»............156-166
Soter .... 8 » ....»............167-174
Eleuthère. 15 » ....»............175-189

Mais ces chiffres d'années, en supposant qu'ils nous aient été exactement transmis, doivent être considérés comme des chiffres ronds, obtenus en négligeant les fragments d'année soit en plus, soit en moins. Aussi ne faut-il pas tenir rigueur aux dates qui en ressortiraient. Au seul endroit où l'on dispose d'une vérification précise, la table ci-dessus est en défaut Saint Polycarpe vint à Rome, au plus tard, en 154, et il y fut reçu par le pape Anicet.

Quoi qu'il en soit de cette chronologie, la succession épiscopale de Rome est un document de la plus haute valeur. Il faut évidemment se représenter ces successeurs des apôtres comme assistés, dans le gouvernement de leur église, d'un collège de prêtres qui dirigeait avec eux la communauté chrétienne, présidait à ses assemblées, jugeait les différends, s'occupait de former les néophytes et de les instruire. Des diacres, des diaconesses[1], ici comme ailleurs, s'occupaient plus

---

1. Voir l'épitaphe d'une diaconesse (veuve) Flavia Arcas (De Rossi, *Bull.*, 1886, p. 99 ; cf. mes *Origines du culte chrétien*, p. 342, 3ᵉ éd.).

spécialement de l'administration et des œuvres d'assistance. Dans le langage courant, l'évêque n'émergeait pas toujours avec beaucoup de relief de son collège d'assesseurs, ni le clergé lui-même n'était toujours distingué de l'ensemble de la communauté. La vie sociale étant très intense, tout ce qui se faisait ou se passait se rapportait au groupe entier plutôt qu'à ses chefs.

C'est vers la fin du règne d'Hadrien, au temps de l'évêque Hygin, que l'on entend parler pour la première fois d'hérésies importées à Rome. Valentin d'Alexandrie, Cerdon et Marcion vinrent s'y installer et cherchèrent, non seulement à répandre leurs idées parmi les fidèles, mais suivant certains témoignages, à s'emparer de la direction de l'église. Il est difficile que, dès avant ce temps, Rome n'ait point vu débarquer d'Orient quelques-uns de ces contrefacteurs religieux dont la Syrie et l'Asie furent de bonne heure fécondes. Hermas paraît en avoir connu. A en juger par ce qu'il en dit, leur succès aurait été mince. Valentin, avec sa philosophie subtile, son exégèse et ses tendances accommodantes, se fit mieux écouter et réussit à fonder une école. Il fit un long séjour à Rome, sous les successeurs d'Hygin, Pie et Anicet. Marcion, arrivé vers le même temps que lui, se maintint quelques années en relations avec l'Eglise, non sans difficulté toutefois, car il fut, à un moment, obligé de justifier de sa foi par la présentation d'un document écrit. Mais une telle situation ne pouvait durer. En 144, la rupture eut lieu, et l'on vit se former en concurrence avec la grande église, une communauté marcionite. Elle eut d'abord beaucoup de succès. Le philosophe Justin, qui vivait à Rome en ce temps et qui guerroyait de la plume et dont la parole contre les diverses hérésies en vogue, s'attaqua spécialement à Marcion. Mais celui-ci se maintint. Il était encores à Rome, au temps d'Anicet, lorsque l'on y vit arriver (154) le vénérable Polycarpe, évêque de Smyrne. Son voyage avait pour but de règler avec l'église romaine quelques points litigieux, spécialelement à propos des observances pascales, sur lesquelles Asiates et Romains n'étaient pas d'accord. On peut juger si la pieuse curiosité des fidèles fut excité par la vue de cet illustre vieillard, qui avait connu des témoins de l'Evangile et reçu les enseignements des apôtres de l'Asie. Anicet l'accueillit avec empressement et voulut qu'il présidât à sa place aux assemblées liturgiques. Polycarpe, par sa seule personne, était une très forte expression de la tradition chrétienne. Aussi fit-il sensation chez les dissidents : beaucoup quittèrent les sectes pour revenir à la grande église. Un jour il se rencontra avec Marcion, qu'il avait vu autrefois en Asie. — « Me reconnais-tu ? dit l'hérétique. — Oui, répondit Polycarpe, je reconnais le premier-né de Satan ». Anicet ne put accepter les idées de Polycarpe sur l'observance pascale ; il ne réussit pas non plus à le rallier aux usages romains.

Mais ils ne se brouillèrent pas pour cela, et les Asiates résidant à Rome continuerent, en dépit de cette légère divergence, à recevoir l'eucharistie comme les membres de la communauté locale. Cet état de choses durait depuis longtemps, depuis l'épiscopat de Xyste[1]. Enfin Polycarpe se sépara amicalement des Romains et de leur évêque, lesquels peu de mois après, apprirent qu'il avait scellé par le martyre sa longue et méritante carrière.

De tous côtés on affluait à Rome. L'école carpocratienne d'Alexandrie y envoya une doctoresse, Marcelline, qui fit beaucoup d'adeptes. Dans l'entourage de Marcion on distinguait dès lors un de ses disciples, Apelle, qui devait présider plus tard à une évolution de la doctrine marcionite. Justin, toujours ardent à la défense de la foi, se vit renforcé par un autre philosophe, venu de la lointaine Assyrie, Tatien, qui l'aida quelque temps à ferrailler contre les Cyniques. De Palestine arriva Hégésippe, voyageur curieux de doctrines et de traditions. Il put raconter aux Romains bien des choses intéressantes sur les vieux chrétiens de son pays; de son côté il reçut d'eux des renseignements non seulement sur l'état présent de leur église, mais sur les temps anciens, car il paraît bien avoir rapporté de Rome une liste épiscopale[2],

---

1. Irénée, *Haer*, III, 3 (le grec dans Eus., IV, 4); lettres à Victor, dans Eus., V, 24.
2. Eus., IV, 22. On connaît l'éternelle discussion sur le texte διαδοχὴν ἐποιησάμην μέχρις Ἀνικήτου : le mot διαδοχὴν devrait avoir été substitué à un διατριβὴν primitif, et le sens serait :

arrêtée à l'évêque Anicet ; il la prolongea lui-même jusqu'à Eleuthère, sous lequel il publia ses souvenirs de voyage. Il l'avait connu à Rome, où il était diacre d'Anicet.

Tel était le milieu chrétien de Rome au déclin du règne d'Antonin. Le christianisme tout entier semblait s'être concerté pour y députer ses figures les plus caractéristiques : Polycarpe, le patriarche d'Asie ; Marcion, le farouche sectaire du Pont ; Valentin, le grand maître de la gnose alexandrine ; la doctoresse Marcelline ; Hégésippe, le judéo-chrétien de Syrie ; Justin et Tatien, philosophes et apologistes. C'était comme un microcosme, un résumé de tout le christianisme d'alors. A les voir circuler librement, discuter se quereller, enseigner, prier, on ne se douterait guère que tous ces gens sont des proscrits. Et pourtant il en est ainsi. Tous vivent dans la préoccupation du martyre, Hermas et Justin en parlent à chaque instant ; Marcion est au même point ; Polycarpe et Justin vont mourir pour la foi. Antonin règne, il est vrai,

---

« je fis séjour (à Rome) jusqu'à Anicet ». C'est ainsi que Rufin a compris. Mais Rufin comprend souvent de travers. D'autre part le μέχρις Ἀνικήτοσ est bien inexplicable. Il faudrait qu'Hégésippe eût dit qu'il arriva à Rome ἐπὶ Πίου ou ἐπὶ Ὑγείνου. Or il ne le dit pas dans le contexte immédiat et il n'est pas aisé d'admettre qu'il l'ait dit plus haut. D'autre part, l'idée de liste épiscopale est favorisée par la suite du discours. « Et à Anicet succéda Soter, à Soter Eleuthère ». Ceci semble indiquer que l'auteur, à ce moment, songeait à une liste commençant aux origines, cela va de soi, et arrêtée à l'évêque Anicet. Je reconnais toutefois que l'expression διαδοχὴν ἐποιησάμην n'est pas satisfaisante ; il doit s'être perdu quelque chose.

et l'empire romain n'a jamais eu de meilleur prince ; mais le christianisme n'a pas cessé d'être interdit, et les magistrats, à Rome comme ailleurs, continuent d'appliquer la loi. Le beau temple que le bon empereur venait d'élever, au bas de la voie Sacrée, à Faustine, sa femme défunte, était alors dans tout l'éclat de ses marbres neufs. Il aura vu passer plus d'un cortège de chrétiens venant des tribunaux du forum et marchant au supplice. Cependant, pour le temps où nous sommes, les seuls noms de martyrs romains qui se soient conservés sont ceux dont parle saint Justin dans son *Apologie*[1], Ptolémée, Lucius, et un troisième dont il n'a pas marqué le nom, exécutés par sentence du préfet Urbicus.

Justin lui-même était très menacé : Crescens, le philosophe cynique si maltraité par lui, ne le perdait pas de vue. C'est peut-être pour cela qu'il quitta Rome. Il y revint au commencement du règne de Marc-Aurèle, et, cette fois sans que Crescens paraisse y avoir aidé, il fut victime de son zèle. On l'arrêta avec d'autres chrétiens, dont quelques-uns étaient des néophites convertis par lui. Ils comparurent devant le préfet Rusticus (163-167), qui, ayant constaté leur qualité de chrétiens, les fit flageller et décapiter. Les compagnons de Justin étaient assez divers. Il y avait une femme appelée Charito, et cinq hommes : un cappadocien, Evelpistos, esclave impérial ; un

1. II, 2

certain Hiérax, d'Iconium ; trois autres, Chariton, Paeon, Liberianus[1].

De toutes ces vieilles générations de l'église romaine il nous reste un souvenir monumental des plus précieux, l'étage supérieur et primitif du cimetière de Priscille. Leurs épitaphes s'y lisent encore ; elles sont brèves, les noms seulement, accompagnés quelquefois de l'acclamation *Pax tecum*. Ça et là quelques peintures archaïques décorent des chambres où de petits groupes ont pu se réunir en assemblées funéraires. D'autres sépultures du même âge se rencontrent au sud de Rome ; elles furent plus tard englobées dans les nécropoles connues sous les noms de Prétextat, Domitille, Calliste. Aucune pourtant n'a l'étendue et la régularité des galeries prisciliennes. Celles-ci nous représentent évidemment le premier cimetière collectif de l'église romaine.

Vers le temps où saint Justin périt pour la foi qu'il avait si longtemps défendue, la direction de l'église

1. La passion de saint Justin et de ses compagnons nous a été conservée dans la collection byzantine de Métaphraste. C'est la seule pièce authentique de ce genre qui nous soit restée sur les martyrs de Rome. Les histoires, fort nombreuses, que nous en avons, ne sont que des romans pieux, sans aucune autorité. Ils contiennent sans doute des renseignements intéressants sur les lieux de sépulture et l'état des sanctuaires au Ve et au VIe siècle, mais c'est tout. Il est impossible, en particulier, de se fier, à leur chronologie, aux noms d'empereurs et de préfets qu'ils introduisent à tort et à travers. — Je dois aussi faire observer que les calendriers romains les plus anciens (la série commence au temps de Constantin) ne mentionnent jamais les martyrs du IIe siècle. Cela tient à ce que l'usage de célébrer l'anniversaire des martyrs, et des défunts en général, ne s'introduisit à Rome que dans le courant du IIIe siècle. On le voit très bien par les épitaphes : les plus anciennes ne marquent jamais le jour de la mort.

romaine passa des mains d'Anicet à celles de Soter. De celui-ci nous ne savons qu'une chose, c'est qu'il écrivit, comme son prédécesseur Clément, une lettre à l'église de Corinthe. L'occasion était bien différente La lettre de Soter accompagnait un envoi d'argent destiné à soulager les pauvres et les confesseurs condamnés aux mines. Riche et charitable, l'église romaine faisait volontiers part de ses ressources aux chrétientés moins à l'aise. C'était déjà une tradition ; elle se maintint jusqu'aux dernières persécutions. La lettre de Soter ne nous est pas parvenue ; nous ne la connaissons que par la réponse qu'y fit Denys, évêque de Corinthe, dont Eusèbe nous a conservé quelques fragments[1].

Autour de la grande Eglise l'hérésie continuait sa propagande. La secte valentinienne s'organisait. Elle avait à Rome deux maitres renommés, disciples directs de Valentin, Héracléon et Ptolémée. Le premier modifia un peu la genèse des éons. Dans le système primitif ceux-ci étaient toujours groupés par paires : Héracléon introduisit la monarchie dans le Plérôme en plaçant au sommet un être unique, sans correspondant femelle, duquel procède le premier couple et, par suite, tous les autres dérivent. C'était un écrivain fécond. Clément d'Alexandrie et Origène le citent souvent. Le plus remarquable de ses écrits

---

1. *H. E.*, IV, 23. M. Harnack croit pouvoir identifier la lettre de Soter avec la *II^a Clementis*. Je ne saurais me ranger à son opinion.

était un commentaire sur l'évangile de saint Jean[1]. Quant à Ptolémée, c'est à lui et aux siens que s'attaqua saint Irénée ; c'est sous la forme qu'il lui donna ou lui conserva que la gnose valentinienne est le plus connue. Un certain Marc, depuis longtemps combattu en Asie, parut aussi en Occident vers le temps de Marc-Aurèle. D'autres noms encore se rencontrent dans saint Irénée, saint Hippolyte et Tertullien : Secondus, Alexandre, Colarbase, Théotime ; on ne sait à quelles modifications du système ils ont correspondu, et vraiment il importerait peu de le savoir.

Ce n'est pas seulement sur la doctrine que l'on se se divisait ; le rituel aussi était matière à divergences. Le baptême ordinaire était bon pour les « psychiques » pour l'inauguration des « pneumatiques », il fallait autre chose. Les plus sensés le contestaient ; ils disaient que la gnose étant chose spirituelle, c'est par la seule connaissance du mystère que devait s'effectuer la régénération de l'initié. D'autres avaient imaginé d'introduire solennellement le récipiendaire dans une chambre nuptiale ; ce rite était assez d'accord avec l'idée que l'on se faisait du plérôme céleste. Mais la plupart préféraient une sorte de décalque de l'initiation chrétienne, telle que la pratiquait la grande Eglise. On baptisait donc dans l'eau en prononçant des formules comme : *Au nom de l'inconnaissable Père de*

---

1. Les fragments d'Héracléon sont imprimés à la suite de saint Irénée. Cf l'édition de Brooke, dans les *Texts and Studies* de Cambridge, t. I, fasc. 4.

toutes choses, de la Vérité mère de tout, de *Celui qui descendit en Jésus* (l'éon Christ). On employait aussi l'hébreu[1] : *Au nom d'Hachamoth*, etc. L'initié répondait : *Je suis fortifié et racheté ; j'ai racheté mon âme*, etc. Les assistants acclamaient : *Paix à tous ceux sur qui ce nom repose* ! Il y avait ensuite des onctions d'huile parfumée. Quelquefois on mêlait le baume à l'eau et on réunissait ainsi les deux actes du sacrement. Cette cérémonie portait le nom d'*apolytrose* ou *rédemption*. Il y en avait une autre pour les mourants ou les défunts. On leur communiquait les formules par lesquelles ils devaient triompher, dans l'autre monde, des puissances inférieures et du Démiurge, et, abandonnant aux unes leurs éléments matériels, à l'autre leur âme vitale ($\psi u \chi \acute{\eta}$) s'élever jusqu'aux régions supérieures réservées à l'âme spirituelle ($\pi \nu \varepsilon \tilde{u} \mu \alpha$)[2].

Marcion devait être mort à peu près vers le même temps que Polycarpe et Justin. Le « très saint maître » comme l'appelaient ses sectateurs[3], demeura parmi eux en grande vénération. Ils se le représentaient au ciel avec le Christ et saint Paul : le Sauveur avait Paul à sa droite, Marcion à sa gauche.[4]

D'accord sur la vénération de leur fondateur, ils étaient loin de s'entendre pour expliquer sa doctrine. Celle-ci, on l'a vu, comportait quelques incohérences,

---

1. Saint Irénée transcrit ces formules hébraïques, et même il les traduit ; mais il ne faut pas trop se fier à ses traductions.
2. Irénée, *Haer.*, I, 21.
3. Tertullien, *Praescr.*, 20.
4. Origène, *In Luc.*, 25.

dont le maître ne s'était guère préoccupé. Aprés lui on s'efforça de les résoudre[1]. Le marcionisme avait eu pour point de départ l'opposition entre le Dieu bon et le Dieu juste. Quand la métaphysique s'y glissa, elle n'eut pas de peine à tirer de là deux principes essentiels et essentiellement contraires. C'est ce qu'enseignaient, sous Marc-Aurèle, deux notabilités marcionites, Potitus et Basilicus. Il y avait aussi l'école de Syneros et de Lucanus[2], qui, dédoublant le dieu inférieur en un dieu juste et un dieu mauvais, arrivaient ainsi à reconnaître trois principes. Cette forme trinitaire du marcionisme finit par avoir tant de succès qu'elle éclipsa le dualisme primitif. Au IIIe siècle et au IVe les marcionites sont présentés souvent comme des gens qui croient à trois dieux[3].

Mais au temps où nous sommes, le docteur le plus en vue dans la secte était un certain Apelle, qui s'efforça de réduire le dualisme, avoué ou latent, et de revenir à l'unité de principe. Il avait d'abord vécu à Rome auprès du maître, puis il s'était transporté[4] à Alexandrie, d'où il revint, longtemps après. Rhodon, qui le connut personnellement, en trace un curieux portrait. C'était un vieillard vénérable, de mœurs

1. Voir le curieux texte de Rhodon, dans Eus., V. 13.
2. Celui-ci n'est pas mentionné par Rhodon. V. Pseudo-Tert., et Tertullien. *De Resurr.*, 2 ; cf. Epiphane, *Haer.*, 43.
3. Voir par exemple Denys de Rome, dans Athanase, *De decr. Nicaen.*, 26.
4. Tertullien attribue ce départ à une brouille avec Marcion, à propos d'une histoire de femme. Il dit aussi que Philomène tourna mal Dans ses extases, elle se trouvait en communication avec un enfant qui était tantôt le Christ, tantôt saint-Paul.

graves. Il avait avec lui une illuminée appelée Philomène, dont il recueillit les hallucinations dans son livre des *Eclaicissements*[1]. Rhodon ayant trouvé l'occasion de discuter avec lui voulut le faire s'expliquer sur la manière dont il accordait sa doctrine avec celle de Marcion. Mais Apelle bientôt las d'une dispute où il n'avait pas l'avantage, lui dit « qu'il était inutile
» de chercher à résoudre toutes ces questions, qu'il
» valait mieux s'en tenir chacun à sa croyance, que
» tous ceux qui ont foi au Crucifié seront sauvés,
» pourvu que leur vie soit vertueuse. Quant à établir
» qu'il n'y a qu'un seul principe, il y renonçait volon-
» tiers, se contentant d'en être convaincu. D'ailleurs
» il n'y avait rien à tirer des prophètes, qui se contre-
» disent et mentent à l'envie »[2].

L'évolution d'Apelle exitait vivement l'intérêt de Rhodon : » Il reconnaît, dit-il, un seul principe, exactement comme nous ». Il y a pourtant des différences. Nous possédons, grâce à saint Epiphane[3], une sorte d'exposé du système d'Apelle, qui paraît bien être sorti de sa plume : » Il y a un seul Dieu bon, un seul
» principe, une seule puissance ineffable. Ce Dieu
» unique, ce principe unique, ne s'inquiète
» en rien de ce qui se passe dans notre monde. Il fit
» (ἐποίησε) un autre Dieu, lequel ensuite créa toutes

---

1. Φανερώσεις. Il écrivit aussi un livre intitulé « Syllogismes », où il combattait vivement Moïse et les Prophètes. Origène (*in Gén.*, II, 2) en a cité un fragment. D'autres sont reproduits dans le *De Paradiso* de saint Ambroise. Cf. *Texte und Unt.*, VI[3], p. 111.
2. Eus., V. 13.
3. *Haer.* XLIV, 2.

» choses, le ciel, la terre et tout ce qui est dans le mon-
» de. Mais ce second dieu n'était pas bon (ἀπέβη δὲ οὐκ
» ἀγαθός, et les choses faites par lui ne furent pas bien
» faites (ἀγαθῶς εἰργασμένα) ». Cela ressemble beaucoup,
au point de vue métaphysique, à l'arianisme, mais
avec la préoccupation marcionite de la bonté comme
attribut essentiel et incommunicable de Dieu.

Apelle mitigea aussi le docétisme radical de Marcion
Jésus-Christ ne fut plus un fantôme ; il eut un corps,
non pas tiré d'une mère humaine, mais emprunté
directement aux quatre éléments. C'est avec ce corps
qu'il fut réellement crucifié et qu'il apparut à ses
disciples après la résurrection. En remontant au ciel
il en restitua les éléments à la nature.

Pour le reste, Apelle continuait la tradition du
maître. En éliminant le docétisme, il supprimait
une des plus fortes objections. Quant à son système
de faire créer l'auteur du monde par le Dieu supérieur, il est clair qu'il fallait ou en venir là, ou admettre
franchement, avec Potitus et Basilicus, deux principes coéternels. C'est, à l'intérieur du marcionisme,
la même situation qui se révéla, dans l'Eglise orthodoxe, par le conflit entre l'arianisme et le consubs-
tantialisme[1]. Apelle est hérétique par rapport à Marcion, comme Arius par rapport à l'Eglise catholique.

---

1. Sur Apelle, voir surtout ce qu'en dit le contemporain Rhodon, *l. c.* — Tertullien avait écrit un livre entier *Adversus Apellaicos* ; il est perdu. Mais v. *Adv. Marc.*, III, 11 ; IV, 17 ; *Praescr.*, 6, 30, 34, *De carne Christi*, 6, 8 ; *De anima*, 23, 36 ; v. aussi Hippolyte, *Syntagma* (Epiph., 43, Pseudo-Tert., 51, Philastr., 47) ; *Philosophum.*, VII, 38.

Rhodon, l'adversaire d'Apelle, était un asiate établi à Rome depuis assez longtemps. Il y avait connu Tatien et s'était fait son disciple ; mais il ne l'avait suivi ni dans ses voyages ultérieurs ni dans ses exentricités doctrinales. Eusèbe eut sous les yeux plusieurs écrits de lui. Le plus important, dédié à un certain Callistion, était dirigé contre les Marcionites, et c'est dans celui-là qu'il eut l'occasion de décrire Apelle. Il écrivit aussi sur les six jours (Ἑξαήμερον).

C'est sous l'épiscopat de Soter que parvint à Rome l'étonnante nouvelle qu'une armée romaine, commandée par l'empereur lui-même, avait été sauvée par les prières d'une troupe de soldats chrétiens. Telle était du moins la version qui circulait chez les fidèles. Le danger couru par l'armée est chose certaine. On sait également que, dans leur détresse, les Romains firent appel à toutes les influences divines sur lesquelles pouvaient agir les diverses religions pratiquées par les soldats. Mais quand s'éleva au Champ de Mars la colonne commémorative des victoires de Marc-Aurèle en Germanie, c'est aux dieux officiels que l'on fit honneur du miracle. On peut voir encore, dans ces bas reliefs célèbres, l'image du Jupiter *pluvius*, laissant pleuvoir de ses cheveux, de ses bras, de toute sa personne, les torrents salutaires qui permirent aux légions d'échapper à la soif et à la défaite.

La colonne Antonine était encore en construction lorsque, vers 175, le pape Soter fut remplacé par

Eleuthère, l'ancien diacre d'Anicet. En dépit des services rendus par la « Légion fulminante », la persécution était partout en recrudescence. Nous trouverons bientôt Euleuthère en rapport avec les martyrs de Lyon et leur envoyé saint Irénée. On parlait beaucoup alors, en Gaule et à Rome, des nouveaux prophètes de Phrygie. L'église romaine fut sollicitée de prendre position dans cette affaire ; nous verrons plus loin à quel parti elle se rangea.

Après la mort de Marc-Aurèle, son fils Commode, associé depuis plus de trois ans à l'empire, demeura seul maître du pouvoir. On sait qu'il n'eut guère à cœur de se conformer aux maximes paternelles. C'est peut être pour cela qu'il laissa les chrétiens en paix. Du reste ceux-ci avaient des influences dans son entourage ; Marcia, sa favorite, était chrétienne. Dans le milieu où elle vivait, sa conduite ne pouvait guère être en harmonie avec l'idéal évangélique, mais elle faisait au moins son possible pour neutraliser par la faveur impériale la rigueur des lois de proscription. Son ancien tuteur, un eunuque appelé Hyacinthe, qui siégeait alors dans le collège presbytéral, l'entretenait dans ces bonnes dispositions[1].

Marcia ne réussissait pas toujours. C'est sous le règne de Commode que se place le martyre d'Appolonius, savant philosophe[2]. Encore celui-ci paraît-il

---

1. *Philosoph.*, IX, 12.
2. ἐπὶ παιδείᾳ καὶ φιλοσοφίᾳ βεβημένον, dit Eusèbe ; saint-Jérôme (*De viris ill.*, 42 ; cf. 53, 70 ; l'éleva au rang de sénateur.

avoir été traité avec une bienveillance spéciale[1]. Il fut jugé, non par le préfet de Rome, mais par le préfet du prétoire Perennis (180-185), au nom de l'empereur lui-même. Ce qui s'est conservé des interrogatoires montre que Perennis fit les plus grands efforts pour sauver l'accusé.

Quelques années plus tard, le pape Victor ayant succédé (190) à Eleuthère, Marcia obtint la grâce de tous les confesseurs qui travaillaient en condamnés dans les mines de Sardaigne. Victor lui en avait donné la liste. Elle confia les lettres de grâce au prêtre Hyacinte, qui fit le voyage de Sardaigne et revint avec les confesseurs libérés.

3. Le procès d'Apollonius figurait dans la collection d'anciens *martyria* formée par Eusèbe. Dans son histoire ecclésiastique, il en donne un résumé (V, 21). Ces derniers temps on a publié deux remaniements de cette pièce, l'un en arménien (Compte-rendu de l'académie de Berlin, 1893, p. 728), l'autre en grec (Anal. Rolland., t. XIV, p. 286). A en juger par ces renseignements le texte original n'était pas sans soulever des difficultés. Voir les commentaires de Harnack (Compte-rendu de l'acad. de Berlin, *l. c.*), de Mommsen (ibid., 1894, p. 497), de K. J. Neumanu (*Der röm. Staat und die allgemeine Kirche*, t. I, p. 79), de Geffcken (*Nachrichten* de Göttingen, phil. hist. cl., 1904, p. 262). — L'histoire du délateur exécuté, bien que sa dénonciation soit le point de départ d'un procès criminel, est d'une grande invraisemblance. Ce détail, qui n'est rapporté que par Eusèbe, peut provenir d'une confusion : un accident arrivé au délateur a pu être transformé en un châtiment légal.

CHAPITRE XIV.

Les églises au IIe siècle.

Le christianisme en Italie et en Gaule. — Les martyrs de Lyon. — Irénée. — L'Evangile en Afrique : les martyrs de Scilli — L'église d'Athènes. — Denys de Corinthe et ses lettres. — Les églises d'Asie, de Phrygie, de Bithynie et de Thrace. — Martyre de Polycarpe. — Les évêques d'Asie : Méliton et Apollinaire.

L'église de Rome, dont la vie intérieure fut si intense dans ce premier siècle de son histoire, ne put manquer d'être un centre de rayonnement chrétien. Connue au loin, dès ses premières origines, par son autorité, son enseignement, son zèle et sa charité, il est impossible qu'elle n'ait pas fait sentir, et de bonne heure, son action évangélisatrice dans les régions plus rapprochées d'elle. Cependant nous ne savons rien des détails. Aucun témoignage bien sûr ne nous garantit qu'avant la fin du IIe siècle il y ait eu en Italie une autre église complétement organisée[1]. Les plus anciennes églises du nord, Ravenne, Milan, Aquilée, dont l'âge peut être mesuré avec quelque approximation, n'atteignent guère que le temps des Sévères. On peut croire que dans le midi, dans la

1. Quand saint Paul débarqua à Pouzzoles, en 61, il y fut reçu par un groupe de fidèles établis dans cette localité (*Act.*, XXVIII, 14). Il est bien possible que ce groupe se soit maintenu et se soit organisé en église unie à celle de Rome ; cependant nous n'en savons rien.

Campanie par exemple ou dans les environs de Rome, des églises ont pu être fondées plus tôt ; mais ce n'est là qu'une conjecture. Du reste, il faudrait encore savoir à quel degré d'organisation ces groupes de fidèles en étaient arrivés et jusqu'à quel point ils se distinguaient de ce que l'on appelait l'église romaine. D'elle seule il est question dans les anciens auteurs qui ont écrit en ces temps là, ou qui, écrivant plus tard, ont eu à parler de cette période.

En Gaule aussi et en Afrique, les origines sont enveloppées d'obscurité. Des conjectures, mais des conjectures seulement, peuvent être faites sur l'existence, au IIe siècle d'une colonie chrétienne à Marseille. Sous Marc-Aurèle il y en avait une à Lyon et une autre à Vienne. Un peu plus tard il est question, dans saint Irénée, d'églises établies dans les Germanies et dans les pays celtiques. Il y a donc lieu d'admettre, dès ces temps reculés, une certaine diffusion du christianisme dans l'ancienne Gaule. L'église de Lyon était un centre de rayonnement, une église-mère. Elle comptait un certain nombre d'asiates et de phrygiens, mais l'élément indigène y était aussi représenté. Il y avait des notabilités locales, comme Vettius Epagathus et le médecin Alexandre. L'évêque Pothin, vieillard nonagénaire, et le prêtre Irénée présidaient à la petite communauté. Une grave épreuve s'abattit sur elle en 177. Les chrétiens, encore peu nombreux, étaient très mal vus. On croyait ou l'on affectait de croire aux calomnies abominables qui s'attachaient partout aux réunions des fidèles. On refusait de les loger ; on leur fermait les bains, on les excluait du marché ; ils étaient hués, battus, maltraités de mille manières. Finalement les rumeurs malveillantes eurent assez de force pour que les autorités intervinssent. Les magistrats municipaux et le tribun de la cohorte qui tenait garnison à Lyon firent arrêter un certain nombre de chrétiens et les soumirent à la question, eux et leurs esclaves, dont quelques-uns étaient païens. La plupart des chrétiens résistèrent, bien que les exécuteurs, excités par la multitude, eussent poussé la question jusqu'aux extrêmes limites de la cruauté. Cependant il y eut des défaillances, une dizaine environ. Mais ce qui fut particulièrement grave c'est que les esclaves païens n'hésitèrent pas à attester la réalité des infanticides et des scènes de débauche.

Le légat de Lyon étant absent, ces procédures d'instruction n'aboutissaient à aucune sentence. Détachés tout pantelants des chevalets, les confesseurs étaient jetés dans d'horribles cachots, sans soins ni nourriture. Leurs frères demeurés libres s'efforçaient, en bravant mille dangers, de leur porter secours. Plusieurs moururent en prison, notamment l'évêque Pothin. Les apostats n'avaient pas été séparés des autres. Touchés par la charité que leur témoignaient les confesseurs et réconfortés par leur exemple, ils revinrent presque tous sur leur faiblesse et professèrent de nouveau la foi.

Au retour du légat, quelques sentences furent prononcées. Sanctus, le diacre de Vienne[1] ; Maturus néophyte d'un courage extraordinaire ; une esclave, Blandine, assez frêle de corps ; un asiate Attale de Pergame, l'une des colonnes de l'église lyonnaise, furent condamnés aux bêtes et envoyés à l'amphithéâtre. Sanctus et Maturus, brûlés d'abord sur la chaise de fer rougie, puis dévorés par les animaux féroces, conquirent les premiers la palme des martyrs. Ce jour-là les bêtes ne voulurent pas de Blandine ; elle fut reconduite en prison, avec Attale, que l'on découvrit être citoyen romain.

Le légat alors jugea bon de consulter l'empereur. Marc-Aurèle répondit, comme on devait s'y attendre, qu'il fallait renvoyer les apostats et faire exécuter les autres. Une dernière audience fut tenue. A la grande surprise du juge et de l'assistance, les apostats se transformèrent en confesseurs ; à peine quelques-uns demeurèrent-ils dans le cas d'être mis en liberté.

C'était le moment de l'année où de toutes les cités de la Gaule on affluait à Lyon pour les fêtes célébrées à l'autel de Rome et d'Auguste, au confluent de la Saône et du Rhône. Des jeux d'amphithéâtre figuraient toujours parmi les réjouissances officielles. Le légat fit décapiter ceux des chrétiens qui avaient le titre de citoyens romains. Il en restait assez pour les

---

1. Τὸν διάκονον ἀπὸ Βιέννης. Cette expression semble indiquer que Sanctus était le chef du groupe chrétien de Vienne.

bêtes féroces. Attale, en dépit de sa qualité, leur fut adjugé. Il passa à la première représentation, en compagnie du médecin phrygien Alexandre, arrêté à la dernière heure. D'autres suivirent. Les derniers furent un enfant de quinze ans, Ponticus, et l'admirable Blandine, qui, jusqu'au dernier moment, soutint de son exemple et de sa parole le courage de ses compagnons. Les restes des martyrs furent brûlés par les exécuteurs et les cendres jetées au Rhône.

Quand tout fut fini, on consigna le récit de ces événements lugubres et glorieux dans une lettre qui fut adressée aux frères d'Asie et de Phrygie au nom des « serviteurs du Christ en résidence à Vienne et à Lyon »[1].

Dans cette même pièce, l'église de Lyon donnait son avis sur la question du montanisme. Quelques lettres écrites par les confesseurs, sur le même sujet, y avaient été insérées. Plusieurs étaient adressées aussi aux frères d'Asie et de Phrygie ; une autre, destinée à l'évêque de Rome, Eleuthère, lui avait été portée par le prêtre Irénée. Le salut final était ainsi conçu : « Salut en Dieu, de nouveau et toujours, père » Eleuthère. Nous avons prié Irénée, notre frère et » compagnon[2], de vous porter ces lettres, et nous

---

1. Le fait que Vienne est nommée d'abord, s'il a une signification, ne peut être qu'une politesse des Lyonnais à l'égard de leurs confrères de Vienne. L'événement est essentiellement lyonnais. Les magistrats de la colonie lyonnaise ne pouvaient bien évidemment instrumenter à Vienne ; le légat lui-même n'y avait aucune juridiction. Sanctus, le diacre de Vienne, aura été arrêté à Lyon ; aucun autre viennois n'est mentionné.
2. Τὸν ἀδελφὸν ἡμῶν καὶ κοινωνόν.

» vous le recommandons comme un homme plein de
» zéle pour la cause du Christ. Si nous pensions que le
» rang ajoute au mérite de quelqu'un, nous vous l'au-
» rions présenté d'abord comme prêtre de l'église »[1].

Cette commission avait momentanément éloigné Irénée. Après la catastrophe, il lui incomba, comme évêque de rallier les débris de la chrétienté lyonnaise. Dans la paix qui suivit la persécution de Marc-Aurèle, il dut se consacrer d'abord à ses travaux de pasteur et de missionnaire. En ce pays de Gaule, de tels travaux étaient rendus plus difficiles par la diversité des langues. Le grec ne suffisait pas à Lyon, ville essentiellement latine; en dehors, il fallait parler celte. D'autre part la gnose se propageait en Gaule comme ailleurs. Ptolémée, de sa personne ou par écrit, y recrutait des adhérents; l'asiate Marc, fort combattu chez lui, prenait sa revanche sur les âmes simples et ferventes dont se composaient les chrétientés de la vallée du Rhône. Irénée entreprit ces hérétiques, avec bien d'autres, car en ce genre de choses le travail foisonne, dans un grand ouvrage dont il nous est parvenu de notables fragments grecs et une version latine au complet. Sa « Réfutation de la fausse science »[2] vit le jour vers l'année 185. Dans les années suivantes nous le voyons mêlé aux affaires religieuses de Rome, auxquelles il s'interessa toujours beaucoup.

1. Ce ton ne laisse pas d'être un peu singulier. On pense malgré soi aux confesseurs africains dont la présomption causa tant d'ennuis à saint Cyprien.
2. Ἔλεγχος καὶ ἀνατροπὴ τῆς ψευδωνύμου γνώσεως.

En Afrique aussi, le voile qui couvre les origines se lève sur des scènes de martyre. Il est naturel de croire que le christianisme s'établit de bonne heure dans la grande ville de Carthage et que de là rayonna vers l'intérieur du pays. De ce rayonnement témoigne le fait que, sous le proconsul Vigellius Saturninus (180), le premier qui soit intervenu avec quelque vigueur contre les chrétiens, il s'en soit trouvé un certain nombre dans la petite ville de Scilli, fort éloignée de la métropole. Douze d'entre eux, sept hommes et cinq femmes, comparurent à Carthage devant le proconsul, le 17 juillet 180, et, sur leur refus de « revenir aux usages romains », ils furent tous condamnés à mort et exécutés. Ce n'était pas la première fois que le sang chrétien coulait en Afrique. Le titre de premier martyr était attribué, au IVe siècle, à un Namphamo, de Madaure en Numidie. Des écrits de Tertullien on déduit qu'à la fin du IIe siècle les chrétiens étaient fort nombreux à Carthage et en province ; mais il ne donne pas de détails ; quatre localités seulement sont mentionnées par lui, Uthina, Adrumète, Thysdrus et Lambèse. Des évêques de Carthage ses contemporains il ne dit pas le moindre mot.

Au delà de l'Adriatique la prédication chrétienne avait touché, dès les temps apostoliques, certains points de la côte, en Dalmatie[1] et en Epire : Nicopolis est mentionnée dans les épîtres de saint Paul[2] Epi.-

1. *II Tim.*, IV, 10.
2. *Tit.*, III, 12.

phane, le fils de l'hérésiarque Basilide, était de l'île de Céphalonie[1]. Sur le continent grec, l'église de Corinthe, fondée par saint Paul et dont il a été question à propos de saint Clément, conservait une situation très importante. Hégésippe, au cours de son voyage à Rome, s'était entretenu à Corinthe avec l'évêque Primus.

Le règne d'Antonin avait été dur pour les chrétiens de ces contrées. Comme toujours et partout, l'opposition qu'ils rencontraient venait moins des magistrats impériaux que des autorités locales. Le zéle de celles-ci avait été modéré par Antonin : Méliton, sous Marc-Aurèle, pouvait citer des rescrits du précédent empereur adressés, soit à l'assemblée d'Achaïe[2] soit aux municipalités d'Athènes, de Larisse, de Thessalonique.

Denys, qui succéda à Primus sur le siège de Corinthe, était un personnage très considéré. On le consultait de tous les côtés et ses lettres se répandaient avec rapidité[3]. Un recueil en fut formé, peut-être de son vivant ; Eusèbe l'eut entre les mains et en fit, pour son histoire, un dépouillement fort intéressant. Outre celle que reçurent les Romains[4], il y en avait

1. Ci-dessus, p. 172.
2. Πρὸς πάντας Ἕλληνας : c'est le κοινόν d'Achaïe, qui s'assemblait à Corinthe.
3. Il y avait des personnes mal intentionnées qui les falsifiaient pour couvrir de son patronage leurs opinions particulières. Eusèbe désigne ces lettres par l'expression καθολικαὶ πρὸς τάς ἐκκλησίας ἐπιστολαί, qui correspond sans doute à un titre. *H. E.*, IV, 23.
4. Ci-dessus, p. 244.

une à l'église de Lacédémone, où il recommandait la saine doctrine, le soin de la paix et de l'unité, et une autre à l'église d'Athènes, qui venait de traverser une crise presque fatale. Les Athéniens, ayant perdu dans une persécution leur évêque Publius, s'étaient lassés de la foi et de la vie chrétienne. Ils étaient presque retournés au paganisme. Heureusement, le zèle de leur nouvel évêque, Quadratus, les avait remis dans le bon chemin. Dans cette lettre, Denys parlait aux Athéniens de leur premier évêque, Denys l'Aréopagite, converti par saint Paul.

La Crète possédait dès lors au moins deux églises, celle de Gortyne et celle de Knossos. A celle de Gortyne, dont l'évêque s'appelait Philippe, il adressait ses félicitations pour le courage qu'elle avait montré, sans doute pendant quelque persécution ; il recommandait en même temps de se défier des hérétiques. C'est peut-être à l'instigation de Denys que Philippe écrivit contre les Marcionites[1]. Dans sa lettre aux Knossiens, Denys conseillait à leur évêque Pinytus de ne pas exagérer le devoir de la continence et de tenir compte de la faiblesse humaine. Pinytus répondit, remerciant l'évêque de Corinthe et le priant de recommencer, en ne craignant pas de s'élever au dessus des éléments et de distribuer aux Crétois un aliment plus substantiel. Denys écrivit aussi à de plus lointaines églises, celle de Nicomédie

1. Eus., IV, 25.

et d'Amastris, ainsi qu'à une dame appelée Chryso-phora.

Ce recueil de lettres ne nous ouvre qu'un faible jour sur les chrétientés de Grèce au déclin du second siècle. Pour les pays plus au nord il n'y a aucun renseignement[1].

De l'autre côté de la mer Egée, le christianisme avait, comme en Grèce, des racines anciennes et profondes. Autour de l'église d'Ephèse, la principale des fondations de saint Paul, on en voit de bonne heure se former beaucoup d'autres. Celles d'Alexandria Troas, de Colosses, de Laodicée, d'Hiérapolis, sont mentionnées dans ses lettres. L'Apocalypse marque en plus celles de Smyrne, Pergame, Sardes, Philadelphie, Thyatires. Les églises de Magnésie (du Méandre) et de Tralles apparaissent dans les lettres de saint Ignace. Bien d'autres sans doute existaient dès le commencement du IIe siècle qui ne se manifestent que plus tard.

En arrière de l'Asie proprement dite, le plateau phrygien comptait aussi des chrétientés nombreuses. Pays essentiellement agricole, la Phrygie était habitée par des gens de mœurs simples et douces : leurs cultes indigènes, d'une antiquité fabuleuse, n'avaient pas subi très profondément l'adaptation hellénique. Ils comportaient de grandes assemblées religieuses, près des

1. Depuis saint Paul jusqu'au IVe siècle, le seul document que l'on ait sur les églises de Macédoine c'est l'épître de saint Polycarpe à l'église de Philippes, écrite au temps du passage de saint Ignace, vers 115.

sanctuaires en renom, et des cérémonies à grand ramage, excitantes, présidées par des prêtres exaltés, Galles et Corybantes, dont les fureurs sacrées étaient célèbres dans le monde entier.

Dès sa première mission, saint Paul avait fait un séjour à Antioche de Pisidie et à Iconium, vers la limite sud-est du pays phrygien. Un peu plus tard il l'avait traversé à deux reprises, en allant de Syrie en Macédoine et en Asie. Soit qu'il y eût établi lui-même de nouvelles chrétientés, soit que l'Evangile y eut été porté des églises les plus voisines, Iconium, Antioche de Pisidie, Hiérapolis, le fait est qu'à la fin du IIe siècle le pays était déjà presque à moitié chrétien.

En Bithynie aussi et sur la côte de la mer Noire, le christianisme se répandit de très bonne heure. Le gouverneur Pline se plaignit à Trajan de cette contagion superstitieuse « qui envahissait non seulement les villes, mais les bourgs et les champs, faisait le vide autour des temples et ruinait le commerce des victimes ». Le père de Marcion était, vers ce temps-là ou peu après, évêque à Sinope. Sous Marc-Aurèle nous entendons parler des églises d'Amastris et de Nicomédie ; Denys de Corinthe, écrivait aux fidèles de Nicomédie, les encourageait à résister à la propagande marcionite ; à ceux d'Amastrie, dont l'évêque s'appelait Palmas, il expliquait certains textes des Ecritures, enseignait la véritable doctrine sur le mariage et la continence, et conseillait la bienveillance envers les pécheurs repentis et les hérétiques touchés de la grâce. De ce foyer bithynien le christianisme rayonna vers la Thrace, où nous trouvons, vers le même temps, les deux églises voisines de Debelte et d'Anchiale[1], dont il est question à propos du montanisme.

Après saint Paul, leur premier apôtre, les chrétiens de l'Asie proprement dite ne demeurèrent pas dépourvus de chefs illustres. Timothée paraît avoir eu quelque temps la direction de ces églises. Comme on l'a vu plus haut, elles accueillirent plusieurs des témoins de l'Evangile chassés de leur pays par la guerre juive ou émigrés pour d'autres raisons. Ainsi leur furent apportées les traditions de la primitive église de Jérusalem. Philippe le diacre et ses filles s'installèrent à Hiérapolis au seuil de la Phrygie : saint Jean paraît avoir résidé plus spécialement à Ephèse. Sous Domitien il fut exilé à Patmos, d'où il écrivit aux sept églises et leur communiqua le livre de ses visions. Les sept lettres de l'Apocalypse et les deux petites du recueil johannique témoignent de son autorité sur les églises d'Asie et nous le montrent sous cet aspect à la fois terrible et doux qu'il a dans la tradition[2].

La persécution dont le vieil apôtre s'était ressenti paraît avoir épargné ses derniers moments. Mais l'Asie eut de bonne heure ses martyrs. L'Apocalypse relève à Pergame un Antipas, égorgé prés de la de-

---

1. Sur le golfe de Bourgaz.
2. Sur les écrits de saint Jean, v. ci-dessus, p. 136 et suiv.

meure de Satan, c'est-à-dire du célèbre temple de Zeus Asclepios.

L'hérésie avait, dès le temps de saint Paul, travaillé les chrétientés asiatiques ; nous en avons suivi la trace et dans l'Apocalypse et dans les lettres de saint Ignace. Nous avons vu aussi que chacune des églises de ce pays était dirigée, dès le temps de Trajan, par une hiérarchie à trois degrés, évêques, prêtres, diacres. L'un de ces évêques, Polycarpe de Smyrne, nous est déjà connu. Vers le même temps ou peu après, Papias, évêque d'Hiérapolis, consigna en un livre dont on ne saurait trop regretter la perte, des traditions et des essais d'exégèse. Autour des chefs d'église et en grande considération parmi les fidèles vécurent longtemps de vieux chrétiens de la première heure, qui racontaient beaucoup, et aussi des prophètes et prophétesses dont l'inspiration était très respectée, comme les filles de Philippe, Ammias de Philadelphie, Quadratus l'apologiste.

Le fait que celui-ci était un écrivain et un écrivain qui ne craignait pas de s'adresser même aux empereurs, montre que le don de prophétie n'excluait pas l'activité littéraire dans les conditions communes. On cita bientôt, parmi les prophètes, l'érudit évêque de Sardes, Méliton.

Polycarpe couronna par le martyre son long et fructueux épiscopat. Peu de temps après son retour de Rome un vent de fanatisme s'éleva dans la ville de Smyrne. On criait : « A bas les athés ! » On réclamait

Polycarpe. Celui-ci ne se montrait pas à Smyrne ; il passait de ville en ville, exhortant les fidèles et prédisant son prochain martyre. Pendant ce temps, une douzaine de chrétiens, dont un certain Germanicus, étaient jugés et livrés aux bêtes. La persécution exaltait les proscrits ; on en vit quelques-uns, dont un phrygien appelé Quintus, s'offrir d'eux-mêmes aux magistrats. Quintus avait trop présumé de ses forces. Au dernier moment il faiblit. Cependant Polycarpe était arrêté près de Smyrne et conduit à l'amphithéâtre, où le proconsul le fit comparaître dans sa loge. Requis de crier : « A bas les athées ! » il y consentit et proféra ces mots, dans un sens évidemment tout autre que celui de la foule païenne ; mais quand on l'invita à maudire le Christ, il répondit : « Voilà quatre-vingt-six ans que je le sers ; il ne m'a » jamais fait de mal. C'est mon roi et mon sauveur, » comment pourrais-je le maudire ? » Il fut brûlé vif[1].

Après lui, Méliton fut la grande célébrité de l'Asie chrétienne. Il ne nous reste que de menus fragments

1. Les chrétiens de Smyrne envoyèrent à ceux de Philomelium, bien loin au fond de l'Asie Mineure, le récit du martyre de Polycarpe. Cette pièce est la plus ancienne de celles que l'on appelle « Actes des martyrs ». Il faudrait, suivant M. Harnack, (*Texte und Unt.*, t. III, *sub finem* : cf. *Chronologie*, t. I, p. 326), rapporter au temps de Marc-Aurèle et de L. Verus (161-169) le martyre des saints Carpus, Papylus et Agathonicé, exécutés à Pergame. La passion de ces saints (Harnack, *T. u. U. t. c.*, p. 440) est de bonne note, mais, je crois, incomplète. A en juger par l'unique manuscrit subsistant, le martyre d'Agathonicé serait un véritable suicide, et pourtant il inspirerait aux spectateurs cette réflexion : « Tristes jugements ! Ordres injustes ! ». Il est clair qu'Agathonicé a passé en jugement, comme les deux autres, et qu'une partie du texte s'est perdue à cet endroit. Les calendriers du IVe siècle donnent à Carpus la qualité d'évêque

de son œuvre littéraire, dont Eusèbe a dressé le catalogue ; elle était considérable. Outre ses traités aopologétiques, dont il a été question plus haut [1], il écrivit sur divers sujets philosophiques ou religieux, sur la nature de l'homme, sur les sens, sur l'âme, le corps et l'intelligence ; sur la création et la génération du Christ, sur le diable, sur l'apocalypse de Jean, sur la foi, sur le baptême, sur le dimanche, sur l'Eglise, sur l'hospitalité, sur la Pâque, sur les prophètes [2], probablement à propos du montanisme naissant. Nous avons encore la préface, adressée à un certain Onésime, d'une sorte de florilège (Εκλογαί), formé par lui avec les textes de l'Ancien Testament qui lui paraissaient se rapporter au Sauveur. Avant d'entreprendre cet ouvrage, il avait cru devoir faire le voyage de Palestine et s'enquérir sur les lieux du véritable contenu de l'ancienne Bible. De là il rapporta une liste qui comprend tous les livres de l'Ancien Testament conservés en hébreu, sauf celui d'Esther. C'est à ces livres, exclusivement, qu'il emprunta ses extraits, répartis en six tomes. Un dernier écrit de Méliton était intitulé « La Clef » ; on ne sait de quoi il y était question[3].

(de Pergame ?) et à Papylus celle de diacre. On voit par la passion que Papylus était citoyen de Thyatires. Interrogé s'il a des enfants, il répond qu'il en a « selon Dieu » dans toutes les provinces et dans toutes les villes. Je pense que ceci doit s'interpréter d'après *Matth.*, XII, 48-50, plutôt que d'après l'idée d'une situation spéciale dans l'évangélisation de l'Asie.
 1. P. 209.
 2. V. au ch. suivant.
 3. Le cardinal Pitra dépensa beaucoup de temps et de travail à la recherche de cette Clef. Il crut l'avoir trouvée dans une compilation latine de basse époque, qu'il publia avec un soin extrême (*Spic. Solesm.*, t. II et III).

En dehors de cette littérature, Méliton laissa une éclatante réputation de sainteté[1]. L'épiscopat asiatique comptait alors bien d'autres illustrations ; Papirius, qui avait remplacé Polycarpe à la tête de l'église de Smyrne ; Sagaris, évêque de Laodicée, qui subit le martyre sous le proconsul Sergius Paulus (v. 167) ; Thraséas, évêque d'Euménie en Phrygie, qui fut martyrisé à Smyrne ; Apollinaire, évêque d'Hiérapolis, lettré et apologiste, comme son collègue de Sardes[2]. Saint Irénée, qui était d'Asie et qui, dans son enfance, avait vu et entendu Polycarpe, se souvenait d'anciens « prêtres » dont il aimait à opposer les dires aux nouveautés des gnostiques. L'un d'entre eux avait écrit contre Marc, disciple de Valentin, une satire en vers iambiques, dont il nous reste un fragment[3].

On voit, par ces quelques souvenirs et ces débris échappés à tant de naufrages, combien en Asie le christianisme était déjà vivant et agissant. Rome et l'Asie, tels sont, au IIe siècle, les deux grands centres chrétiens. Rien d'important ne se passe en dehors de là. Aucun événement ne se produit en Asie sans retentir tout aussitôt à Rome, et réciproquement. Les communications par mer, accessibles à tout le monde, facilitaient les relations. Polycarpe, Marcion,

---

1. Μελίτωνα τὸν εὐνοῦχον, τὸν ἐν ἁγίῳ πνεύματι πάντα πολιτευσάμενον (Lettre de Polycrate d'Ephèse, Eus., V, 24).
2. Ci-dessus, p. 209.
3. Iren. *Haer.*, I, 15. Les fragments des *presbyteri* ont été réunis dans les récentes éditions des Pères apostoliques.

Justin, Tatien, Rhodon, Irénée, Attale de Pergame, Alexandre le Phrygien, ces derniers établis tous les trois à Lyon, nous offrent ici des exemples. On peut y joindre celui d'Abercius, évêque d'Hiéropolis, au fond de la Phrygie, qui vint à Rome, où il put voir la majesté impériale et vivre au milieu du « peuple marqué d'un sceau illustre », comme il appelle le peuple chrétien[1]. Du reste les questions qui s'élevèrent bientôt à propos de la prophétie montaniste, de la Pâque et du modalisme, vont donner un relief encore plus grand à ce continuel échange de rapports entre les vénérables églises d'Asie et la grande métropole de l'Occident.

1. Sur l'epitaphe d'Abercius je reste toujours fidèle aux idées développées dans mon article *L'épitaphe d'Abercius*, publié en 1895 dans les *Mélanges* de l'Ecole française de Rome, t. XV, p. 154.

CHAPITRE XV.

Le Montanisme.

Montan et ses coprophétesses. — La Jérusalem céleste. — Répudiation de la prophétie extatique. — Les saints de Pépuze. — Le montanisme jugé à Lyon et à Rome. — Tertullien et Proculus. — Survivance du montanisme en Phrygie.

Le mouvement[1] montaniste commença dans la Mysie phrygienne, en bourg appelé Ardabau[2], sous le proconsulat de Gratus. Montan, un néophyte qui, d'après certaines traditions, aurait été d'abord prêtre de Cybèle, se signala à l'attention par des extases et des transports, au milieu desquels il tenait des discours étranges. A ces moments sa personnalité paraissait l'abandonner ; ce n'était plus lui qui parlait par sa bouche, mais un inspirateur divin. Deux femmes, Prisque (ou Priscille) et Maximille, présentèrent bientôt les mêmes phénomènes et se joignirent à lui. De tout cela il fut mené grand bruit, non seulement dans le canton perdu où se trouvait le village d'Ardabau, mais dans toute la Phrygie et l'Asie et jusqu'en Thrace. C'était, disaient

1. Voir la note à la fin de ce chapitre.
2. Localité non identifiée : elle doit être cherchée dans la région, encore peu explorée, qui s'étend à l'est de Balikesri, vers le Makestos et le Rhyndakos.

les partisans des nouveaux prophètes, le Paraclet qui se révélait au monde. D'autres refusaient leur adhésion et déclaraient qu'il s'agissait tout bonnement de possession démoniaque.

Le Paraclet annonçait avec insistance le retour du Christ et l'apparition de la Jérusalem céleste. Celle-ci devait descendre du ciel, et, après s'être montrée dans les nuages, se poser sur la terre en un point que l'on indiquait. C'était une plaine située à l'autre bout de la Phrygie, entre les deux petites villes de Pépuze et de Tymion. Les trois prophètes s'y transportèrent, on ne sait au juste ni quand, ni à quel propos ; ils furent suivis d'une foule innombrable. Certaines localités, entièrement gagnées au mouvement, se vidèrent de chrétiens[1]. Dans l'attente fiévreuse du dernier jour, il ne pouvait plus être question de patrie , de famille, de commodités terrestres. Les mariages furent rompus ; on pratiqua la communauté des biens et l'ascétisme le plus rigoureux. La tension des esprits était maintenue par les discours des extatiques : le Paraclet était en eux : on l'entendait, on se réconfortait à ses exhortations.

---

1. L'exode montaniste n'est pas un fait isolé. Hippolyte (*In Dan.*, IV, 18) parle d'un fait de ce genre arrivé de son temps. Un évêque syrien emmena au désert, à la rencontre du Christ, une grande foule de chrétiens, hommes, femmes et enfants. Les malheureux finirent par être arrêtés comme brigands. Un autre évêque, du Pont celui-là, avait prédit la fin du monde dans l'année ; ses fidèles vendirent leurs bestiaux et abandonnèrent leurs champs pour se préparer au grand jour. Au IIIe siècle il est question en Cappadoce d'une prophétesse qui mit toute une multitude sur le chemin de Jérusalem (*Cypr. ep.*, LXXV, 10).

Cependant les jours, les mois, les années, se passaient et la Jérusalem céleste se faisait toujours attendre. De l'Eglise terrestre, après le premier moment d'entraînement, il venait beaucoup de protestations. Sans doute il n'y avait rien à dire contre l'orthodoxie des prophètes ; ils trouvaient même un appui dans les circonstances de temps et de milieu. L'évangile de saint Jean, dans la force de sa récente popularité, éveillait la préoccupation du Paraclet ; l'Apocalypse offrait d'imposantes descriptions de la Jérusalem céleste et du règne de mille ans. Celui-ci, peu de chrètiens, en Asie et même ailleurs, l'écartaient de leurs perspectives sur la fin des choses. Le droit des prophètes à parler au peuple chrétien, au nom de Dieu, était consacré par la tradition et par l'usage.

On voit par la Didaché et par le Nouveau Testament quelle place la prophétie avait tenu dans la vie des communautés primitives. L'évêque de Sardes Méliton passait pour avoir le don prophétique. Avant lui Quadratus, Ammias, les filles de Philippe, en avaient été favorisés. Ils étaient restés en grande célébrité. L'ascétisme pratiqué par les montanistes ne dépassait pas les limites admises, quoique non imposées, dans les autres cercles chrètiens. Il ne s'inspirait d'aucune idée dualiste, comme celui des gnostiques et des marcionites ; ce qu'il pouvait avoir d'extrême se justifiait par la préoccupation du dernier jour.

Cependant cette exaltation soudaine, ces exodes,

ces déterminations de temps et de lieu, introduisaient un trouble profond dans les chrétientés, dont beaucoup, déjà vieilles de près ou plus d'un siècle, avaient pris l'habitude de vivre en ce monde et de moins se préoccuper de la fin des choses. On ne tarda pas à objecter aux prophètes que leurs procédés étaient contraires à tous les usages. Dans l'ancien Testament et dans le Nouveau, les prophètes n'avaient point parlé en état d'extase. La communication qu'ils établissaient entre Dieu et leur auditoire n'excluait pas l'exercice de leur personnalité. Ils parlaient au nom de Dieu, mais c'étaient eux qui parlaient. Avec Montan et ses prophétesses on entendait directement le Paraclet, tout comme en certains sanctuaires païens on entendait directement les dieux parlant par la bouche des pythonisses. « L'homme est une lyre, disait la voix inspirée, et moi je suis l'archet qui le fais vibrer... Je ne suis pas un ange, ni un envoyé, je suis le Seigneur, le Tout-Puissant ». Cela parut extraordinaire, excessif et blâmable.

Il est possible que Méliton se soit déjà occupé de cette affaire dans ses livres sur la prophétie[1], dont nous n'avons que les titres. Apollinaire, évêque d'Hiérapolis, intervint résolument contre les nouveaux prophètes[2]. Un autre personnage, très en vue

1. Περὶ πολιτείας καὶ προφητῶν, Περὶ προφητείας (Eus., *H. E.*, IV, 26).
2. Eus., *H. E.*, IV, 27 ; V, 16, 19.

dans le monde chrétien d'Asie, Miltiade, écrivit un traité pour établir « qu'un prophète ne doit pas parler en extase ». Il lui fut répondu par ceux des montanistes qui faisaient œuvre de plume.[1] Du reste les catholiques ne se bornèrent pas à écrire ; ils recoururent à bien d'autres moyens. Sotas, évêque d'Anchiale en Thrace, essaya d'exorciser Priscille ; deux évêques phrygiens, Zotique de Comane et Julien d'Apamée, se transportèrent à Pépuze et s'attaquèrent à Maximille. Mais ces tentatives échouèrent par l'opposition des sectaires.

Le mouvement se propageait en Asie, jetant partout la division dans les esprits. En maint endroit se réunissaient des synodes où les titres des prophètes étaient examinés et discutés. L'union ecclésiastique finit par se rompre ; les adversaires du Paraclet excommunièrent ses sectateurs. Quelques-uns entrainés par leur zèle, ne craignirent pas de mettre en question l'autorité des livres saints dont se réclamaient les montanistes : ils rejetèrent en bloc tous les écrits de saint Jean, l'Apocalypse comme l'Evangile. Telle est l'origine du parti religieux que saint Epiphane combattit plus tard sous le nom d'*Aloges*[2].

---

1. Eus., *H. E.* V, 17.
2. Les Aloges objectaient entre autres choses à l'Apocalypse qu'il y était question d'une église de Thyatires, laquelle n'existait pas de leur temps. Saint Epiphane (*Haer.*, LI, 33) concède le fait, mais seulement pour la fin du IIe siècle et le commencement du IIIe, et l'explique, en disant que les chrétiens de Thyatires étaient tous passés au montanisme, qu'ils auraient abandonné plus tard. Mais la conversion au montanisme ne suffit pas pour motiver l'assertion qu'il n'y avait pas d'église à Thyatires. Il faut admettre que cette chrétienté avait disparu pendant quelque temps, au cours du IIe siècle.

Si Montan n'avait pas réussi à conquérir les églises d'Asie dans leur ensemble, il était au moins parvenu à les diviser profondément. La Jérusalem céleste n'apparut point sur la terre ; en revanche le mouvement aboutit à la fondation d'une Jérusalem terrestre. On changea le nom de Pépuze, on l'appela la nouvelle Jérusalem. Elle devint le lieu saint et comme la métropole du Paraclet. La nécessité de faire vivre les multitudes qui s'y pressèrent aux premiers moments conduisirent les sectaires à s'organiser. Auprès de Montan on trouve de bonne heure d'autres personnages qui furent avec lui et après lui de grandes autorités : un certain Alcibiade[1], Théodote, qualifié dans un de nos documents[2] de premier administtraeur (ἐπίτροπος) de la prophétie, Thémison enfin qui écrivit, pour la défendre et la répandre, une sorte d'encyclique[3]. Celui-ci, disait-on était un confesseur de la foi. Les montanistes, en effet, ne biaisaient pas sur le martyre ; ils énuméraient volontiers leurs mérites en ce genre.

Tout cela était très discuté par les opposants. On critiquait vivement l'organisation financière de la secte, les collecteurs d'offrandes, les messagers salariés. On prétendait que prophètes et prophétesses

---

1. Eus., *H. E.*, V, § 3 : τὴν τῶν κατὰ Μιλτιάδην λεγομένων αἵρεσιν (il faut évidemment corriger Μιλτιάδην en Ἀλκιβιάδην). Cf. V, 3, § 4, où la secte est désignée par l'expression : οἱ ἀμφὶ τὸν Μοντανὸν καὶ Ἀλκιβιάδην καὶ Θεόδοτον.
2. Eus., *H. E.*, V, 16, § 14, 15.
3. *Ibid.*, V, 16, § 17 ; V, 18, § 5.

menaient une vie agréable, élégante même, aux frais de leurs adeptes. « Jugeons-les sur leurs œuvres, » disait-on. Est-ce qu'un prophète se lave, se farde, » soigne sa toilette ? Est-ce qu'il joue aux dés ? Est-» ce qu'il prête à intérêt ? »[1]. On élevait des doutes sur la virginité de Priscille, qui, disait-on, avait, tout comme sa compagne Maximille, abandonné son mari pour s'attacher à Montan. Thémison était un faux confesseur : il avait acheté sa mise en liberté. Un autre confesseur, très honoré dans la secte, un certain Alexandre, valait beaucoup moins encore. S'il avait comparu devant les tribunaux, ce n'était pas comme chrétien, mais comme brigand. La chose s'était passée sous le proconsulat d'Æmilius Frontinus[2]; on pouvait s'en assurer dans les archives d'Ephèse.

Montan et Priscille moururent les premiers. Maximille demeura seule. L'opposition dont la secte était l'objet la faisait beaucoup souffrir. Le Paraclet gémissait en elle : « On me poursuit comme un loup. Je ne suis pas loup, je suis Parole, Esprit et Puissance » Elle finit par mourir, aprés avoir annoncé des guerres et des révolutions .Les gens malveillants prétendirent qu'elle s'était pendue ; on racontait la même chose de Montan; quant à Théodote, on disait que, dans une extase, il s'était élevé vers le ciel et qu'il s'était tué en tombant. Ces commérages sont rapportés par l'Anonyme[3] d'Eusèbe, mais il déclare expres-

1. Eus., *H. E.*, V, 18, § 11.
2. Proconsulat de date indéterminée, comme celui de Gratus.
3. Sur cet auteur, v. p. 284.

sément qu'on ne saurait s'y fier. Il a bien raison.
Ce n'est pas avec des historiettes que l'on peut rendre
compte d'une agitation religieuse aussi considérable
que celle-ci. La mort des prophètes ne l'apaisa pas.
Treize ans après celle de Maximille, la communauté
chrétienne d'Ancyre se divisait sur la nouvelle prophétie. Il fallut, longtemps encore, discuter et écrire
contre les montanistes, et cela non seulement en
Asie-Mineure, mais à Antioche, à Alexandrie et dans
les églises d'Occident. L'évêque d'Antioche Sérapion
les combattit dans une lettre adressée à Caricus et
Pontius ; il s'y trouvait plusieurs signatures d'évêques
avec leurs protestations contre les novateurs[1]. Clément d'Alexandrie annonce, dans ses *Stromates*[2], un
livre « sur la Prophétie », où il se proposait de traiter
le même sujet. Mais c'est surtout en Occident qu'il
importe de suivre l'histoire du montanisme.

Dès l'année 177, au temps des martyrs de Lyon,
la nouvelle prophétie passionnait les esprits en Gaule
et à Rome. La jeune église de Lyon, qui comptait
parmi ses membres des asiates et des phrygiens, était
en situation d'être avertie de ce qui se passait en
Asie. A Rome aussi la question se posa de bonne
heure, et, comme en bien d'autres endroits, elle causa
d'abord de grandes perplexités. Les confesseurs
lyonnais écrivirent à ce sujet, du fond de leur prison,
« aux frères d'Asie et de Phrygie et aussi à Eleuthère,

1. Eus., *H. E.*, V, 19.
2. *Strom.*, IV, 13, 93 ; cf. I, 24, 158 ; V, 13, 88 ; VII, 18, 108.

évêque de Rome » .Ces lettres furent insérées dans le célèbre document sur les martyrs de Lyon, avec un jugement des « frères de Gaule » sur l'esprit prophétique revendiqué par Montan, Alcibiade et Théodote. Eusèbe, qui a eu la pièce sous les yeux, la qualifie de sage et de très orthodoxe ; cependant on sent à le lire qu'elle n'était pas absolument défavorable au mouvement prygien. Saint Irénée, qui porta ces lettres à Rome, ne saurait être classé parmi les adversaires du montanisme. On peut croire que les chrétiens de Lyon recommandaient plutôt la tolérance et le maintien de la paix ecclésiastique. Nous ne pouvons mesurer l'effet que cette intervention put avoir sur l'esprit d'Eleuthère, ni quel temps s'écoula jusqu'au moment où l'église de Rome se décida. Il semble bien qu'à Rome aussi on jugeait qu'il n'y avait pas lieu de s'entr'excommunier. Tertullien raconte que la décision ne fut pas défavorable aux prophètes et que le pape avait déjà expédié en ce sens des lettres pacifiques, lorsqu'il arriva d'Asie un confesseur, appelé Praxeas, qui lui apporta des renseignements nouveaux et réussit à le détourner de sa première résolution[1].

Ainsi l'inspiration montaniste ne parvint pas à se

1. *Adv. Prax.*, 1 : « Nam idem (Praxeas) episcopum Romanum agnoscentem iam prophetias Montani, Priscae, Maximillae, et ex ea agnitione pacem ecclesiis Asiae et Phrygiae inferentem, falsa de ipsis prophetis et ecclesiis eorum asseverando, praedecessorum eius auctoritates defendendo, coegit et litteras pacis revocare iam emissas et a proposito recipiendorum charismatum concessare ». — Le pape n'est pas nommé. Mais il est difficile qu'il s'agisse d'un autre qu'Eleu-

faire accepter à Rome. Il est possible que, pendant quelques temps, on s'y soit borné à une certaine réserve[1]. Les querelles à propos de la Pâque étaient peu propres à recommander auprès de l'église romaine l'autorité de l'épiscopat asiatique. Cependant on finit par prendre une attitude plus décidée. Dès les premières années du troisième siècle, comme on le voit par la Passion de sainte Perpétue et par la littérature de Tertullien, il fallait choisir entre la communion de l'Eglise et l'adhésion aux récentes prophéties.

Le mouvement fut donc enrayé, en Occident comme en Asie. Cependant la propagande continua. Une fois les prophètes morts, les objections soulevées contre leurs extases durent aller en s'atténuant. Ce qu'il pouvait y avoir d'excessif et de critiquable dans l'organisation phrygienne et dans les assemblées de Pépuze avait moins de relief en dehors de l'Asie. Ce que l'on saisissait le mieux à distance, c'était la grande sévérité morale des montanistes. Leurs jeûnes, leurs règles spéciales, n'avaient rien que les ascètes orthodoxes ne pratiquassent depuis longtemps. Quant aux visions, aux extases, aux prophéties, on y était également accoutumé. En bien des pays,

---

thère. Cette attitude hésitante ne se concevrait pas plus tard, alors que les églises d'Asie eurent pris nettement position contre le mouvement montaniste. Il est, d'autre part, assez naturel que la décision de Rome ait été prise vers le même temps que celle des chrétiens de Gaule.

1. Tertullien ne dit nullement que le pape avec qui Praxeas fut en rapport ait condamné la nouvelle prophétie ; il dit seulement qu'après l'avoir admise il revint sur son intention de la reconnaître par acte public.

les chrétiens de stricte observance, les enthousiastes, les gens préoccupés du dernier avènement, se sentirent attirés par la nouvelle prophétie. Tertullien, après avoir vécu longtemps dans ce qu'on pourrait appeler l'état d'esprit montaniste, finit par se rallier ouvertement à Montan, Prisque et Maximille (v. 205). Il ne pouvait le faire alors sans rompre avec l'Eglise catholique. Cette considération ne l'arrêta pas. Les montanistes d'Afrique le prirent pour chef et s'appelèrent même Tertullianistes. Des écrits qu'il publia avant et après sa séparation d'avec l'Eglise, ce n'est pas ici le lieu de parler. On se bornera à dire que le plus important de ses ouvrages montanistes, le traité sur l'extase, *De extasi*, divisé en sept livres, ne s'est pas conservé. Dans le septième livre il s'attachait à réfuter Apollonius[1]. Les Tertullianistes durèrent jusqu'au temps de saint Augustin, qui ramena à l'Eglise catholique leurs derniers adhérents de Carthage[2].

Vers ce même temps le montanisme était représenté à Rome par un certain Proculus ou Proclus, pour qui Tertullien professait une grande vénération.

1. Sur cet écrivain antimontaniste, v. p. 285.
2. Aug., *Contra haereses*, 86. C'est sans doute la dénomination, usuelle à Carthage, de Tertullianistes, qui a porté saint Augustin à croire que les Tertullianistes étaient une secte différente des montanistes et que Tertullien, après avoir été d'abord montaniste, se serait séparé des Cataphryges pour former une secte particulière. — Sous l'usurpateur Eugène (392-394), une dame tertullianiste, Octaviana, venue d'Afrique à Rome, réussit à installer son culte dans l'église des saints Procès et Martinien, sur la voie Aurelia (*Praedestinatus*, c. 86). Il résulte de ce fait que les montanistes n'avaient à Rome, en ce temps là, aucun lieu de réunion.

Saint Hippolyte s'occupe des montanistes, mais sans insister beaucoup ; il s'en prend à leurs jeûnes et surtout à leur confiance en Montan et en ses prophétesses. Un autre écrivain romain, Caïus, écrivit contre Proclus un dialogue dont nous avons quelques lignes[1]. Il ne semble pas que la secte ait jeté de bien profondes racines dans le sol romain, car après saint Hippolyte il n'en est plus question.

En Phrygie elle dura bien plus longtemps. La nouvelle Jérusalem demeura en vénération. Là se trouvait la communauté-mère. A l'exode en masse les pèlerinages annuels s'étaient substitués de bonne heure. Il y avait une grande fête, Pâques ou Pentecôte qui commençait par des jeûnes et offrait d'abord un appareil lugubre, pour se terminer par de grandes réjouissances. Aux prophètes et à leurs premiers lieutenants avait succédé une organisation durable. La première place était occupée par les patriarches, au dessous desquels venaient les *Kenons*[2]. Ces deux degrés paraissent avoir représenté la direction générale du parti ; la hiérarchie locale, évêque, prêtres, etc. leur était subordonnée. Les femmes avaient joué un grand rôle à l'origine du mouvement ; elles conservèrent toujours, dans la secte, une situation plus grande que dans l'Eglise. Celle-ci avait connu des prophétesses, tout comme les montanistes ; elle avait

1. Eus., II, 25 ; III, 28 ; III, 31 ; cf. VI, 20.
2. *Cenonas* à l'accusatif, dans saint Jérôme ; on en a déduit les termes Κοινωνοί ou Οἰκόνομοι.

encore et eut longtemps des diaconesses. Au rapport de saint Epiphane[1] les montanistes auraient admis les femmes au presbytérat et à l'épiscopat. Il raconte aussi que, dans leurs cérémonies, on voyait souvent apparaître sept vierges en vêtements blancs, tenant à la main des torches allumées. Elles s'abandonnaient aux enthousiasmes de l'extase, pleuraient sur les péchés du monde et provoquaient l'assistance à fondre aussi en larmes. De son temps la secte était connue sous divers noms, Priscillianistes, Quintillianistes, Tascodrugites, Artotyrites. Les deux premiers noms étaient dérivés de ceux de notabilités montanistes. Celui de Tascodrugites venait de deux mots phrygiens dont le premier signifiait l'index de la main, l'autre le nez. Certains sectaires, paraît-il, se mettaient le doigt dans le nez pendant la prière. Quant à la dénomination d'Artotyrites, elle venait de ce que, dans leurs mystères, on se servait de pain et de fromage. Tout ceci est peu sûr. A plus forte raison doit-on se défier du bruit, évidemment calomnieux, d'après lequel ils auraient pratiqué le rite de l'enfant saigné par des piqûres[2].

Ce qui est mieux attesté c'est leur façon particulière de déterminer la date de Pâques. Au milieu des conflits entre les divers computs des orthodoxes, ils se seraint décidés pour une date fixe du calendrier julien, le 6 avril[3].

1. *Haer.*, XLIV.
2. *Haer.*, XLVIII, 14 ; XLIX, 2.
3. Sozomène, *H. E.*, VII, 18.

Mais tous ces détails sur les montanistes des temps postérieurs n'ont qu'un intérêt relatif. Ce qui importe, c'est l'origine et le caractère du mouvement primitif, ainsi que l'attitude de l'Eglise à son égard. Si intense que fût encore, au déclin du IIe siècle, la préoccupation du retour du Christ, si profond que fût le respect que l'on avait alors pour l'esprit prophétique et ses diverses manifestations, l'Eglise ne se laissa pas entraîner par Montan en dehors de ses voies ; elle ne voulut exclure ni le prophétisme en général, ni les espérances relatives au dernier jour ; mais elle maintint sa tradition contre les aventures religieuses, et l'autorité de sa hiérarchie contre les prétentions de l'inspiration privée.

Notes sur les sources de l'histoire du montanisme et sur sa chronologie

1. Sources. — C'est dans les écrits de Tertullien que l'on peut au mieux se renseigner sur la doctrine des montanistes ; mais Tertullien écrivit un demi-siècle environ après les premières origines ; un certain développement est donc à supposer. De plus nous avons affaire, chez lui, à un montanisme importé de loin et adapté à des circonstances assez différentes de celles où il apparut d'abord. — Quant aux origines en Phrygie, nous disposons de deux écrits, ou plutôt de fragments de deux écrits, conservés par Eusèbe, *H. E.*, V, 16, 17. Tous deux sont antimontanistes. Le premier, adressé à un certain Avircius Marcellus, qui s'identifie assez naturellement avec Abercius évêque d'Hiéropolis vers la fin du IIe siècle, était divisé en trois livres. Quand l'auteur écrivait, il y avait treize ans passés que Maximille était morte ; dans cet intervalle on n'avait eu à déplorer ni guerre ni persécution. Ces treize ans de paix sont bien difficiles à trouver. Le mieux est, je crois, de les identifier avec le règne de

pensée vers la Passion du Sauveur. On pouvait avoir cessé de s'intéresser aux souvenirs qu'Israël avait rattachés et rattachait encore à cet anniversaire ; on ne pouvait oublier que c'était en ces jours-là que le Seigneur était mort pour le salut du monde. On conserva donc la fête de Pâques, tout en éliminant, dans la célébration, les détails rituels de l'observance juive[1].

Cependant, comme on ne s'était pas concerté à l'origine, il y eut bientôt diverses manières de solenniser la Pâque chrétienne. En Asie, on observait le 14 du premier mois juif, ou 14 nisan[2] ; à Rome et un peu partout, on n'observait pas précisément ce jour, car on tenait à ce que la fête eût lieu le dimanche, mais on s'en servait pour déterminer, entre les dimanches, celui que l'on consacrait à la solennité pascale.

Cette différence de jour se coordonna tout naturellement avec une diversité dans la façon dont on comprenait la fête. Ce qui avait eu lieu le 14 nisan ou le lendemain, suivant les évangélistes, c'était la mort du Christ ; ce qui avit eu lieu le dimanche, c'était sa résurrection. Aucun de ces deux grands faits ne pouvait être négligé. L'observance dominicale eut

1. L'immolation de l'agneau ne pouvait avoir lieu qu'au Temple. En réalité la fête de Pâques était spéciale à Jérusalem. Cependant, même en dehors de Jérusalem, il y avait, ce jour là, dans les familles, un repas d'un caractère religieux.
2. Il ne faut pas perdre de vue que le jour, chez les anciens, allait du soir au soir et non de minuit à minuit. L'agneau pascal était immolé dans l'après-midi du 14. Le repas du soir était déjà compris dans la journée du 15 (fête des Azymes).

aussitôt pour corrélative la solennité du vendredi-saint. Le jeûne stational ordinaire fut, cette semaine-là, observé avec une extrême rigueur ; la tendance générale était de le prolonger jusqu'au matin du dimanche. Ainsi les chrétiens gardaient le deuil de leur maître tout le temps que celui-ci était resté au pouvoir de la mort.

En Asie, où l'on tenait à la coïncidence du 14, on paraît être parti de cette idée que Jésus est le véritable agneau pascal. On substituait donc, le soir de ce jour, le repas eucharistique au festin rituel des juifs. A la vérité, d'après la tradition des évangiles synoptiques, le Seigneur avait été crucifié non le 14, mais le 15 seulement ; on n'y regarda pas de si près et l'immolation du Calvaire fut raccordée, par une légère anticipation, à son prototype symbolique l'immolation de l'agneau pascal[1]. Du reste le quatrième évangile remédia bientôt à cette discordance en transportant la Passion du 15 au 14.

Comment, après cela, les Asiates s'arrangeaient-ils pour fêter la Résurrection ? Lui consacraient-ils le surlendemain du 14 ou le dimanche suivant ? En faisaient-ils même une commémoration spéciale ? Nous n'en savons rien. Tout ce que nous savons, c'est que le jeûne qui précédait leur fête de Pâques — car eux aussi observaient un jeûne — prenait fin le 14.

1. Le symbole de l'agneau, pour désigner le Sauveur, est extrêmement ancien (*Act.*, VIII, 32 ; *I Petr.*, I, 19 ; *Joh.* I, 26, 36 ; *Apoc.*, passim).

On comprend que, d'une situation si peu réglée, des querelles aient pu naître. C'est ce qui arriva, même entre Asiates. L'église de Laodicée fut troublée, en 167, par une grave discussion à propos de l'observance pascale. C'est à ce propos que Méliton de Sardes écrivit sur ce sujet[1]. Apollinaire d'Hiérapolis en fit autant. Tous deux étaient attachés à l'observance du 14[2], à l'observance quartodécimane. On ne voit donc pas bien sur quoi portait le débat de Laodicée ; ce qui est sûr, c'est qu'Apollinaire défendait le 14 par l'Evangile de saint Jean. refusant d'admettre que le Seigneur eût fait la Pâques la veille de sa mort[3]. Etait-il en désaccord avec Méliton, et ce point était-il celui sur lequel ils se divisaient ? Nous n'en savons rien.

Mais le plus grand litige était celui qui devait, un jour ou l'autre, s'ouvrir entre l'usage quartodéciman, particulier aux Asiates, et l'usage dominical, presque universellement accepté. Le désaccord était très apparent. Dès le temps de Trajan et d'Hadrien on en avait conscience à Rome. Les Asiates y étaient dès

1. Eus., IV, 26.
2. Méliton est formellement cité par Polycrate au nombre de ses autorités. Il n'en est pas de même d'Apollinaire. Mais dans les passages de lui que nous a conservés la *Chronique pascale*, il emploie un langage tout-à-fait quartodéciman. Hippolyte et Clément d'Alexandrie (*ibid.*) disent : « Le Christ est la vraie Pâque » ; Apollinaire dit : « Le 14 est la vraie Pâque ». On sent la nuance.
3l Texte c nservé dans la *Chronique pascale* (Mugne P. G., t. XCII, p. 80). Apollinaire reprochait à ses adversaires d'introduire une discordance entre les évangiles. Il croyait sans doute pouvoir ramener les Synoptiques à saint Jean. Je l'ai essayé aussi, après bien d'autres. Mieux vaut reconnaître que, sur ce point, nous ne sommes pas en mesure de concilier les évangélistes.

lors en grand nombre ; les très anciens papes Xyste et Télesphore les voyaient chaque année célébrer la Pâque le même jour que les juifs. Ils prétendaient que c'était la bonne manière. On les laissait dire, et, tout en suivant un autre usage, on ne se brouillait pas avec eux. Plus tard, cette divergence parut valoir la peine qu'on s'efforçat de la réduire. Polycarpe, dans son voyage à Rome, essaya de convaincre le pape Anicet que l'usage quartodéciman était le seul admissible. Il n'y parvint pas. Anicet non plus ne put décider le vieux maître à adopter le système romain. Cependant ils se séparèrent en termes pacifiques. Sous Soter, successeur d'Anicet, les rapports paraissent avoir été un peu plus tendus. C'est vers ce temps que se produisirent les troubles de Laodicée : le débat se passionnait. Vers l'année 190, Victor, second successeur de Soter, résolut d'en finir. Il exposa ses vues aux évêques d'Asie et pria Polycrate, évêque d'Ephèse, de les réunir pour en conférer. Polycrate les réunit en effet. Mais ils tinrent bon pour leur ancien usage. L'évêque d'Ephèse répondit en leur nom au pape Victor par une lettre singulièrement énergique, où il énumère toutes les illustrations chrétiennes de l'Asie, à commencer par les apôtres Philippe et Jean. Il était lui-même d'une famille fort anciennement consacrée à l'Eglise, car avant lui sept de ses parents avaient été évêques. Tous les saints tous les évêques qu'il énumère avaient observé le quatorzième jour. Il se déclare décidé à

l'observer, lui aussi, « sans se laisser effrayer par les
» menaces, car il est écrit : mieux vaut obéir à Dieu
» qu'aux hommes ».

Cependant il devint manifeste que les Asiates étaient seuls de leur avis. D'autres assemblées d'évêques se réunirent à propos de cette affaire. Toutes leurs lettres synodales, dont Eusèbe dépouilla le recueil, étaient favorables à l'usage dominical. Au concile de Palestine prirent part les évêques Théophile de Césarée, Narcisse de Jérusalem, Cassius de Tyr, Clarus de Ptolémaïs et plusieurs autres. Ils déclarèrent qu'ils avaient coutume de s'entendre avec l'église d'Alexandrie sur la détermination du jour de Pâques. Les évêques d'Osroène opinèrent dans le même sens. Leur usage ne pouvait être différent de celui d'Antioche, qui ne nous est pas attesté directement. Ceux du Pont présidés par leur doyen, Palmas, évêque d'Amastris, Bacchyle évêque de Corinthe, Irénée au nom des chrétientés de Gaule auxquelles il présidait, exprimèrent les mêmes sentiments.

Fort de tant d'adhésions, Victor alla plus loin. Il entreprit de briser la résistance des Asiates en les séparant de la communion de l'Eglise. Mais les lettres qu'il envoya en ce sens ne furent pas accueillies aussi favorablement que son appel à la tradition. Irénée intervint et beaucoup d'autres évêques avec lui. Tout en donnant raison, pour le fond, à l'église romaine, ils n'admirent pas que, sur une question aussi menue, de vénérables églises, fondées par les apôtres fussent traitées comme des foyers d'hérésie et rejetées de la famille chrétienne.

On peut croire que Victor revint sur ses mesures sévères. Mais une chose est certaine ; c'est que, dans l'ensemble, les églises d'Asie finirent par adopter l'usage romain. Au quatrième siècle, et nommément au concile de Nicée, il ne fut plus question de cette affaire. Il y avait alors des Quartodécimans ; mais c'était, même en Asie, une petite secte, tout-à-fait en dehors de l'Eglise catholique[1]. A Rome il y eut, sur le moment, quelque résistance, évidemment parmi les Asiates établis. Un certain Blastus organisa une sorte de schisme. Irénée, qui le connaissait, lui écrivit à ce sujet[2]. Mais cette opposition ne dura guère[3].

1. Voir, sur ceci, mon mémoire *La question de la Pâque au concile de Nicée*, dans la *Revue des question historiques*, juillet 1880.
2. Περὶ σχίσματος (Eus., V, 15, 20) ; cf. Pseudo-Tert., 53.
3. Dans les *Philosophumena*, écrits une quarantaine d'années plus tard, les Quartodécimans sont indiqués comme des individus isolés : τινὲς φιλόνεικοι τὴν φύσιν, ἰδιῶται τὴν γνῶσιν, μαχιμώτεροι τὸν τρόπον (VIII, 18).

CHAPITRE XVII

Les conflits romains — Hippolite

Les empereurs : Commode, Sévère. — Le pape Zéphyrin et le diacre Calliste. — Hippolyte. — La christologie adoptianiste : les Théodotiens. — Les Aloges romains et les Montanistes : Caius. — La théologie du Logos. — L'école modaliste : Praxéas, Noet, Epigone, Cléomène, Sabellius. — Perplexités de Zéphyrin. — Condamnation de Sabellius. — Schisme d'Hippolyte : les *Philosophumena*. — La doctrine de Calliste, son gouvernement. — L'œuvre littéraire d'Hippolyte, sa mort, son souvenir. — L'église romaine après Hippolyte. — Le pape Fabien et le prêtre Novatien.

Depuis Nerva et Trajan les empereurs se succédaient par adoption et gouvernaient avec sagesse. La tendresse paternelle de Marc-Aurèle fit revivre le système de l'hérédité naturelle : ce fut un grand malheur pour l'empire. Avec son fils Commode, Rome vit refleurir la tyranie folle des Caligula et des Néron. Le souverain absorbé par l'amphithéâtre, où la canaille applaudissait ses talents de gladiateur; les gens de bien avilis par la terreur, décimés par la proscription; la garde prétorienne devenue le principal instrument de règne : tel fut le régime que l'empereur philosophe se trouva avoir préparé en associant son fils à l'empire. Cela dura treize ans.

Le 31 décembre 192, Marcia, la femme morganatique, ayant remarqué son nom sur la liste des personnes à tuer la nuit prochaine, prit les devants et mit fin à l'orgie. On fit acclamer aux prétoriens un vieil officier, Pertinax, dont la sévérité ne tarda pas à les dégoûter, si bien qu'ils le massacrèrent. Deux sénateurs alors se présentèrent à eux, comme candidats à la succession. Le plus offrant, Didius Julianus, fut choisi et imposé par la garde au sénat et au peuple romain. Cette transmission du pouvoir par la garnison de Rome n'agréa pas aux armées des frontières. Leurs généraux, Sévère, Niger, Albinus, furent par elles portés à l'empire. Sévère, qui commandait en Pannonie, arriva le premier à Rome et s'y installa. Puis, après s'être d'abord entendu avec Albinus, chef de l'armée de Bretagne et déjà acclamé en Gaule, il entreprit Niger, son compétiteur d'Orient, et le vainquit. Se retournant ensuite contre Albinus, il s'en débarrassa également et demeura seul maître de l'empire, maître sévère de fait comme de nom. L'ordre se rétablit, les frontières furent défendues, les Parthes revirent chez eux les armées romaines, qui poussèrent cette fois jusqu'au golfe Persique.

Sévère fut dur aux chrétiens, comme à tout le monde. C'est contre ses rigueurs que protesta Tertullien, dans ses divers écrits de l'année 197, *Ad martyres, Ad Nationes, Apologeticus*. Il renforça même la législation persécutrice et, par un édit spécial, interdit les conversions. Mais nous reviendrons sur ce point.

Le pape Victor mourut sous ce règne, en 198 ou 199. Il fut remplacé par Zéphyrin. Avec celui-ci l'histoire de l'église romaine entre dans une période un peu moins obscure. C'était un homme simple et sans lettres. A peine installé, il fit venir d'Antium, où il vivait dans une sorte de retraite, un personnage appelé Calliste, se l'associa dans le gouvernement du clergé et lui confia en particulier l'administration du cimetière. « Le cimetière » avait été jusque là dans la villa des Acilii, sur la voie Salaria. Calliste le transporta sur la voie Appienne, près de laquelle se trouvaient déjà plusieurs sépultures familiales fort anciennes, désignées par les noms de Prétextat, de Domitille et de Lucine. A partir du IIIe siècle, ces sépultures de famille devinrent le noyau de nécropoles fort étendues ; les papes y eurent une chambre funéraire spéciale. Sans que l'on cessât d'enterrer à Priscille ni d'ouvrir ailleurs des sépultures nouvelles, le nouveau cimetière prit un grand relief. Le nom de Calliste y fut attaché, bien que, seul de tous les papes du IIIe siècles, il n'y eût point reçu la sépulture.

Calliste avait fait beaucoup parler de lui sous les papes précédents. Hippolyte, son ennemi acharné, nous raconte qu'il fut d'abord esclave d'un certain Carpophore, chrétien de la maison de César[1] ; son maître lui avait confié des fonds pour une banque qu'il tenait dans le quartier de la Piscine publique[2]. Calliste fit de mauvaises affaires et, pour échapper

1. Sans doute M. Aurelius Carpophorus, *C. I. L.*, VI, 13040 ; cf. De Rossi, *Bull.*, 1866, p. 3.
2. Cette piscine publique fut remplacée peu après par les thermes de Caracalla.

à la colère de Carpophore, il chercha à s'enfuir. Déjà il s'embarquait à Porto, lorsqu'il vit arriver son maître ; il se jeta à l'eau, fut repêché, pris et mis au pétrin. Assailli par les créanciers de son esclave, parmi lesquels il y avait nombre de chrétiens, Carpophore le relâcha : Calliste se faisait fort de trouver de l'argent. Il avait en effet des débiteurs parmi les juifs. Il alla les trouver à la synagogue. Un grand tapage s'ensuivit. Les juifs prétendirent avoir été troublés dans leurs cérémonies et traînèrent leur créancier devant le préfet de Rome Fuscianus, l'accusant d'injures et dénonçant sa qualité de chrétien. Malgré les instances de Carpophore, son esclave fut condamné aux mines de Sardaigne.

Ceci se passait sous l'épiscopat d'Eleuthère[1]. Quelque temps après, les confesseurs de Sardaigne furent libérés, comme il a été dit plus haut, par l'intervention de Marcia[2]. Calliste ne figurait pas parmi ceux dont la liste avait été communiquée à Marcia par le nouveau pape Victor. Cependant le prêtre Hyacinthe, envoyé par celui-ci en Sardaigne, obtint du procurateur qu'on le libérât avec les autres. Il revint donc à Rome ; mais, après ce qui s'était passé, il y avait trop de gens qui le voyaient d'un mauvais œil. Victor l'expédia à Antium et lui fit une pension mensuelle. C'est de cette situation de confesseur pensionné

1. Fuscianus fut préfet depuis 185 ou 186 jusqu'au printemps de 189.
2. Ci-dessus, p. 252.

qu'il passa au conseil de Zéphyrin, sans doute en qualité de diacre. Dans cette retraite de huit à dix ans il eut peut-être le loisir de cultiver son esprit. Cependant il semble être resté toujours un homme d'action et de gouvernement, plutôt qu'un théologien bien exercé.

Les théologiens ne manquaient pas à Rome. Le corps presbytéral en comptait un de premier ordre, Hippolyte, disciple de saint Irénée. Les querelles qu'il eut plus tard avec ses chefs et surtout le fait qu'il écrivit toujours en grec, alors que, peu après lui, cette langue cessa d'être parlée à Rome, ont concourru à faire tomber dans l'oubli la plupart de ses œuvres. Mais les recherches de l'érudition contemporaines les ramènent peu à peu au jour et l'on peut dès maintenant constater que le grand écrivain romain n'a guère à envier à la gloire littéraire d'Origène, son collègue d'Alexandrie. Origène le connut personnellement. Dans un voyage à Rome, au temps de Zéphyrin, il assista un jour à une homélie d'Hippolyte et celui-ci trouva moyen d'introduire dans son discours une mention de l'illustre alexandrin [1]

Rome, du reste, n'avait pas cessé d'être le rendez-vous favori des penseurs chrétiens et des aventuriers religieux. Ils continuaient d'y affluer, comme au temps d'Hadrien et d'Antonin, entretenant autour de l'église ou même dans son sein une perpétuelle agitation. De là des conflits intéressants,

---

1. Hieron., *De viris ill.*, 61.

précurseurs de ceux qui agitèrent si gravement le quatrième siècle et les suivants.

Les premiers chrétiens, nous l'avons assez dit, étaient tous d'accord sur la divinité de Jésus-Christ. Ils chantent, dit Pline, des hymnes au Christ honoré comme dieu, *quasi deo*. « Mes frères, dit l'auteur de l'homélie pseudoclémentine, nous devons penser de Jésus-Christ comme de Dieu ». Mais comment était-il Dieu ?[1] Comment sa divinité se conciliait-elle avec le strict monothéisme que l'on professait d'accord avec Israël ? Ici commençaient les divergences. Si l'on néglige les Gnostiques, très explicites sur la divinité du Sauveur, mais en désaccord avec les autres chrétiens sur la notion de Dieu, les idées en circulation peuvent se ramener à deux types principaux : le premier, Jésus est Dieu parce qu'il est le Fils de Dieu incarné ; l'autre Jésus est Dieu parce que Dieu l'a adopté pour Fils et élevé au rang divin. La première explication est proposée explicitement par saint Paul et saint Jean, qui tous deux enseignent sans ambages la préexistence du Fils de Dieu à son incarnation dans le temps. Saint Paul n'a pas employé, pour désigner le Christ préexistant, le terme de Logos. C'est dans les écrits de saint Jean qu'il apparaît, et, comme ces écrits, notablement postérieurs à ceux de saint Paul et aux premières prédications chrétiennes, mirent quelque temps à

---

1. Δεῖ ἡμᾶς φρονεῖν περὶ Ἰησοῦ Χριστοῦ ὡς περὶ Θεοῦ (*IIa Clem.*, 1).

s'accréditer, il y a lieu, dans les commencements, de distinguer entre la doctrine, fondamentale et commune, du Christ préexistant et l'aspect particulier qui lui vient du terme spécial de Logos. Les apologistes, à partir de saint Justin, firent beaucoup valoir la notion du Logos ; mais c'était une notion philosophique, et les déductions que l'on en pouvait tirer étaient destinées à passer le plus souvent au dessus de la tête des simples croyants.

Ceux-ci — défalcation faite des ébionites de Palestine, qui s'obstinaient à considérer Jésus comme un grand prophète et ne voyaient dans son titre de Fils de Dieu qu'un attribut messianique — ou s'abstenaient d'alambiquer leur croyance à la divinité du Sauveur (c'était sûrement le plus grand nombre), ou se l'expliquaient par une des deux notions ci-dessus indiquées, l'incarnation et l'adoption. Hermas tient, semble-t-il un langage adoptianiste. Il a bien l'idée d'une personne divine distincte de Dieu le Père d'une certaine façon : c'est pour lui le Fils de Dieu ou le Saint-Esprit. Avec cette personne divine le Sauveur est, pendant sa vie mortelle, en rapports permanents, mais non pas tels qu'ils correspondent à ce qu'on appela plus tard l'union hypostatique. Son œuvre terminée, il est admis, en récompense de ses mérites, aux honneurs de l'apothéose

Pour ces idées Hermas n'a pas soutenu thèse. Nous les voyons transparaître dans un coin de son livre, à propos de choses aussi propres que possible à en détourner l'attention. Mais le fait qu'un homme dans la situation d'Hermas a pu avoir en tête une telle explication, et cela dans la plus parfaite bonne foi, n'en est pas moins remarquable. On va voir, du reste, qu'il se relie à d'autres manifestations du même système.

Sous le pape Victor on vit arriver à Rome un riche chrétien de Byzance appelé Théodote[1]. On l'appelait Théodote le corroyeur, parce qu'il avait acquis sa fortune dans cette industrie. C'était un homme fort instruit. Il se mit à dogmatiser. Suivant lui, Jésus était un homme comme les autres, sauf pourtant sa naissance miraculeuse. Il avait grandi dans les conditions ordinaires, manifestant une très haute sainteté. A son baptême, sur les bord du Jourdain, le Christ, autrement dit le Saint-Esprit, était descendu sur lui sous la forme d'une colombe : il avait reçu ainsi le pouvoir de faire des miracles. Mais il n'était pas devenu dieu pour cela. C'est seulement après sa résurrection que cette qualité lui était reconnue, et encore par une partie seulement des Théodotiens.

Victor n'hésita pas à condamner de telles doctrines. Théodote fut excommunié[2]. Il persista, et ses adhé-

---

1. Sur les deux Théodote et leur secte nous sommes renseignés par divers ouvrages de saint Hippolyte : 1° *Syntagma* (Pseudo-Tert., 53 ; Epiph., LIV, LV ; Philastr., 50) ; cf. *Contra Noetum* 3 ; 2° *Philosophumena*, VII, 35 ; X,23 ; 3° Le *Petit Labyrinthe* (Eus., *H. E.*, V, 28).
2. Hippolyte raconte que Théodote avait apostasié à Byzance et que ses doctrines furent produites comme excuse de sa faute. Il

rents se trouvèrent assez nombreux pour qu'il leur vînt l'idée de s'organiser en église. Un second Théodote, banquier de son état, et un certain Asclépiodote, tous deux disciples du byzantin, trouvèrent un confesseur romain appelé Natalis, qui consentit, moyennant traitement, à faire les fonctions d'évêque dans la nouvelle secte. Natalis ne persévéra pas. Il avait des visions où le Seigneur le réprimandait sévèrement. Comme il faisait la sourde oreille, « les saints anges » lui administrèrent de nuit une correction énergique, si bien que, le jour venu, il alla se jeter aux pieds du pape Zéphyrin, du clergé et des fidèles, demandant miséricorde. On finit par le prendre en pitié : il fut admis à la communion. C'est seulement un peu plus tard (v. 230 ?) qu'apparait un autre docteur de cette secte, un certain Artémon ou Artémas, qui semble avoir vécu longtemps et joué un certain rôle.

Ceci est de l'histoire extérieure. La doctrine doit être examinée de plus près. D'après le sommaire qui en a été donné [1], on voit que les Théodotiens admettaient auprès de Dieu une puissance divine appelée Christ ou Saint-Esprit. Il en est de même dans les explications d'Hermas [2]. Un trait particulier, que saint Hippolyte relève dans la doctrine de Théodote

n'avait pas, disait-il, renié Dieu : il n'avait renié qu'un homme. C'est une historiette, et peu croyable, car enfin, même en se plaçant au point de vue de Théodote, il aurait renié le Sauveur et Seigneur de tous les chrétiens, et son cas fût demeuré d'une gravité extrême.
1. D'après les *Philosophumena*.
2. Sauf que, chez Hermas, le terme de Christ n'est pas employé, mais seulement celui de Fils de Dieu.

le banquier, c'est le culte de Melchisédech. Melchisédech était identifié par lui avec le Fils de Dieu, le Saint-Esprit. Cette idée, suggérée par une mauvaise interprétation de l'épître aux Hébreux, se retrouve en dehors de la secte théodotienne et bien longtemps après elle[1]. Combinée avec le système du Christ devenu Dieu par adoption, elle devait aboutir à donner à celui-ci un rang inférieur à Melchisédech. Le Fils de Dieu, en effet, ne peut qu'être supérieur au bon serviteur dont il a dirigé les actes et décidé l'avancement. Aussi est-ce à lui que le sacrifice était offert. « Le Christ a été choisi pour nous appeler » de nos voies diverses à cette connaissance ; il a » été oint et élu par Dieu parce qu'il nous a détournés des idoles en nous montrant la vraie voie »[2]. C'est tout-à-fait l'œuvre du Sauveur dans la parabole d'Hermas.

Aussi n'est-on pas trop surpris quand on voit cette école se chercher des ancêtres dans les générations précédentes. On prétendait, dans la secte, être fidèle à l'ancienne tradition, conservée à Rome jusqu'à Victor, et qui ne s'était altérée que sous Zéphyrin. Ceci était déjà inexact, puisque c'est précisément Victor qui condamna les théodotiens. D'autre part, « nombre d'écrivains anciens, comme Justin, Miltiade, Tatien, Clément, Irénée, Méliton, avaient

---

1. Saint Epiphane l'atteste lui-même (*Haer.*, LV, 5, 7) ; de son temps, l'auteur des *Quaestiones Veteris et Novi Testamenti*, qui écrivait à Rome, en était au même point (*P. L.*, t. XXXV, p. 2329).
2. Epiph., LV, 8.

affirmé la divinité du Christ, le représentant comme étant à la fois Dieu et homme. Nombre de psaumes et de cantiques composés depuis l'origine par les fidèles exprimaient la même croyance [1] ». Cela est vrai. Mais les écrits allégués ou bien témoignaient de la simple croyance à la divinité du Christ ou l'expliquaient par la théorie du Logos en s'inspirant de saint Jean. Cela n'exclut pas que d'autres idées ne fussent acceptées, çà et là, obscurément et sans insistance. Il ne faut pas oublier que, si insuffisante qu'elle nous paraisse, la théologie théodotienne trouva des adhérents jusqu'à la fin du IVe siècle, et que saint Augustin[2], à la veille de sa conversion, croyait encore, et très sincèrement, qu'elle représentait le christianisme orthodoxe.

Un trait particulier de cette école, ce sont ses accointances avec la philosophie positive. Aristote y était très honoré, Théophraste aussi, avec Euclide et Galien. On y cultivait le syllogisme, on en abusait même, en l'appliquant indûment à la Bible. La critique biblique, traitée dans un esprit terre à terre, foncièrement hostile à tout allégorisme, aboutissait souvent à des retouches et à des mutilations des textes sacrés. Les Théodotiens paraissent avoir eu le même canon que l'Eglise : ils n'exlcuaient pas, comme les Aloges, les écrits de saint Jean, bien qu'il fut malaisé de les concilier avec leur doctrine. Mais

1. « Petit Labyrinthe », dans Eus., V, 28.
2. *Conf.*, VII, 19.

leurs exemplaires des Livres Saints ne ressemblaient guère aux textes reçus ; ils différaient même beaucoup entre eux. On citait ceux d'Asclépiade, de Théodote, d'Hermophile, d'Apollonide, ces derniers en désaccord les uns avec les autres.

Le « Petit Labyrinthe », qui nous a conservé ces renseignements, est le seul ouvrage où ces travaux de critique biblique aient laissé trace. Il était dirigé expressément contre Artémas[1], et de graves indices portent à croire qu'il fut écrit par Hippolyte, vers la fin de sa vie. Ce n'était pas la première fois que le grand docteur romain s'attaquait aux Théodotiens. il leur avait déjà consacré des notes spéciales dans son *Syntagma* d'abord, puis dans les *Philosophumena*.

Les Aloges aussi eurent affaire à lui. On a vu plus haut comment ce parti s'était formé en Asie lors de la première apparition des prophètes montanistes, alors que les écrits de saint Jean étaient encore d'assez fraîche date pour qu'il ne fut pas trop insensé d'en contester l'autorité. Cette opposition visait surtout l'usage ou l'abus que les enthousiastes de Phrygie faisaient du Paraclet, des visions et des prophéties. On ne voit pas qu'elle ait eu des conséquences dans

---

1. Les fragments contre Artémas, cités par Eusèbe sans nom d'auteur et que Théodoret (*Haeret. fab.*, II, 5) dit avoir appartenu à un livre intitulé « Petit Labyrinthe », paraissent bien être d'Hippolyte. Photius (cod. 48) lui attribue (le confondant avec Caius) un livre « Contre l'hérésie d'Artémas ». Du reste le titre « Petit Labyrinthe » suppose un Grand Labyrinthe, et cette expression a servi à désigner les « Philosophumena », comme on le voit par le texte même de cet ouvrage (X, 5).

le domaine de la christologie. Saint Irénée l'avait repoussée ; Hippolyte crut devoir la combattre. Il le fit dans un livre intitulé « Pour l'évangile de Jean et l'apocalypse », dont une bonne partie doit être entrée dans le chapitre que saint Epiphane consacre aux Aloges[1]. Ces adversaires acharnés des Montanistes les avaient peut-être suivis à Rome, où, en ce moment, les disciples du Paraclet faisaient parler d'eux. Ceux-ci avaient plusieurs chefs, qui ne s'entendaient pas toujours, un certain Eschine et Proculus ou Proclus[2], ce dernier très vénéré de Tertullien[3] Proclus écrivit pour faire valoir la nouvelle prophétie. Il lui fut répondu par un chrétien[4] de Rome appelé Caius, lequel eut occasion d'invoquer contre son adversaire les tombeaux du Vatican et de la voie d'Ostie, qui consacraient le souvenir des apôtres Pierre et Paul. Le livre de Caius avait la forme d'un dialogue. Il contenait une très vive critique de l'Apocalypse, que l'auteur attribuait à Cérinthe, tout comme les Aloges[5]. Hippolyte ne crut pas devoir laisser passer une telle assertion. Il écrivit contre Caius des *Capita*, dont certains fragments ont été récemment signalés[6].

1. *Haer.*, LV.
2. Pseudo-Tert., 52, 53 ; cf. *Philosoph.*, VIII, 19.
3. *Adv. Valent.*, 5. — Sur Proclus v. Eus., II, 25 ; III, 31 ; VI. 20.
4. Photius (cod. 48) le qualifie de prêtre ; mais ceci peut résulter de la confusion qu'il fait entre Caius et Hippolyte.
5. Il ne semble pas que Caius ait étendu ses critiques au quatrième évangile. Eusèbe (VI, 20), fort attentif à ses références bibliques, n'aurait pas laissé passer une telle attitude sans observation.
6. Sur Caius, v. Eus., III, 28 ; VI, 20. L'évêque nestorien Ebed Jesu (XIVe siècle), donne un catalogue des écrits d'Hippolyte, dans

Mais déjà, dans ces premières années de l'épiscopat de Zéphyrin, son activité se dépensait en une bien autre controverse. Les Théodotiens, exclus de l'Eglise, continuaient à faire du bruit au dehors ; dans le sein même de la communauté chrétienne un grand débat passionnait les esprits cultivés ou même sans culture.

Il s'agissait de s'entendre sur ce qu'était au juste la divinité incarnée en Jésus-Christ. Partant de la donnée johannique « le Verbe s'est fait chair », nombre d'écrivains, et surtout les apologistes, s'étaient mis à cultiver la théorie philonnienne du Logos. Outre qu'ils y trouvaient un moyen de faire concorder leur propre foi avec leur éducation philosophique, ils avaient là un point de contact avec les auditeurs ou lecteurs instruits devant lesquels ils défendaient le christianisme. Celse lui-même approuve la doctrine du Logos. Mais qu'était-ce au juste que le Logos ? Au fond, et quelles que fussent les formes dans lesquelles se moulait leur pensée, le Logos, pour eux c'était Dieu s'extériorisant, agissant au dehors de lui, se laissant ou se faisant connaître. Dieu est ineffable, abstrait, inconnaisable : entre lui et le monde il faut un intermédiaire. Cet intermédiaire ne peut être que divin : le Verbe procède de Dieu, A lui doit être rapportée toute l'action extérieure de Dieu, et

---

lequel les « Chapitres contre Gaïus » sont marqués comme distincts du traité « Pour l'évangile de Jean et l'apocalypse » (Assemani, *Bibl. Or.*, t. III¹, p. 15). M. Gwynn a signalé récemment des fragments de ces « Chapitres » dans un commentaire inédit de Denys Bar Salibi sur l'Apocalypse (v. *Texte und Unt.*, t. VI, p. 122 et suiv.).

d'abord la création puis les manifestations divines (théophanies) dans l'Ancien Testament, enfin l'incarnation.

Quel est maintenant le rapport entre le Verbe, Dieu accessible, et le Père, Dieu inaccessible ? C'est ici le point délicat. Le Verbe est de Dieu, de l'essence du Père, ἐκ τῆς τοῦ Πατρὸς οὐσίας, comme dira plus tard, et dans le même sens, le symbole de Nicée. Cependant il est autre par rapport à lui. C'est un autre dieu, dit crûment saint Justin. Ni ce terme excessif ni les autres que l'indigence du langage théologique amènent sous la plume de ces anciens auteurs ne doivent pourtant être pris dans un sens qui dépasse ce que nous entendons par la distinction des personnes. Ce qu'il y a de critiquable en cette théorie, c'est plutôt que la distinction personnelle n'est pas conçue comme éternelle, comme une nécessité de la vie intime de Dieu. Ces chrétiens platonisants n'avaient besoin du Verbe que pour expliquer les choses contingentes. Logiquement antérieur à la création, le Verbe l'était aussi chronologiquement : rien de plus. Le terme grec de Logos, avec son double sens de Raison et de Parole, suggérait un arrangement. Comme Raison divine, le Verbe avait toujours existé au sein de Dieu ; comme Parole il en était sorti, d'une certaine manière, à un moment déterminé. Cette idée s'exprimait plus clairement par les termes de Verbe immanent (Λόγος ἐνδιάθετος) et de Verbe proféré (Λόγος προφορικός), que l'on rencontre quelquefois.

Comme tous les accomodements entre la religion et la philosophie, celui-ci avait ses inconvénients. Il s'inspire, essentiellement et avant tout, d'une préoccupation cosmologique étrangère à la tradition chrétienne, cultivée plutôt soit par les platoniciens proprement dits, soit par les penseurs de l'école de Philton, soit aussi et surtout par les gnostiques de toute catégorie. L'unité du principe divin, la Monarchie, comme on disait, n'y était sauvée que par une sorte de distribution (οἰκονομία), organisée, comme les plérômes, pour combler la distance entre l'Infini et le fini. C'est la personne du Verbe qui jouait ici, à elle seule, le rôle confié ailleurs à toute une série d'éons, d'archontes, de démiurges. Une fois atteint le monde fini, la Création, il n'y avait plus de difficultés. Le Logos créateur se répandait dans ses œuvres, surtout dans l'humanité, pourvoyait aux besoins de celle-ci en fait de sagesse, se révélait dans la bonne philosophie des Grecs et dans les prophètes d'Israël, enfin donnait en Jésus ses suprêmes enseignements. La théorie n'allait pas plus loin. C'est à la seule tradition ecclésiastique qu'il fallait s'adresser pour parler de ce qui est le fond et l'originalité du christianisme, le salut par Jésus-Christ.

Ces défauts et ces lacunes expliquent le peu d'enthousiasme que la théologie du Logos excita, non seulement dans les masses chrétiennes, mais même chez des personnes comme saint Irénée, chez lesquelles la tradition religieuse était absolument prépondérante. Dieu créateur; Jésus, Fils de Dieu, Sauveur : tels sont les pôles entre lesquels se meut la pensée du grand évêque de Lyon. Ce n'est pas qu'il ignore les explications répandues autour de lui; mais ce n'est point elles qui dirigent ses réflexions. Irénée n'était pas un chef d'école, mais un chef d'église. Il est naturel que d'autres pasteurs aient été dans les mêmes dispositions d'esprit, et ceci nous ramène à Rome, au moment où le conflit va se produire entre la théologie du Logos et les résistances de l'autorité religieuse.

Ce conflit, toutefois, ne s'ouvrit pas directement. La théologie du Logos eut d'abord affaire à une opposition d'école, à une autre théologie. De bonne heure, en Asie, il se trouva des gens qui ne voulurent point entendre parler d'un intermédiaire entre Dieu et le monde, surtout dans l'œuvre de la rédemption, et déclarèrent qu'ils ne connaissaient qu'un Dieu, celui qui s'était incarné en Jésus-Christ. Les appellations de Père et de Fils ne correspondaient, suivant eux, qu'à des aspects divers, à des rôles passagers[1], nullement à des réalités divines. C'est ce que nous appelons le modalisme. Les théoriciens du Logos, qui platonisaient si manifestement, reprochaient à leurs adversaires de s'inspirer d'Héraclite et de Zénon. En réalité les modalistes avaient surtout à cœur de

1. Rapprocher les idées analogues que saint Justin combat dans son Dialogue avec Tryphon, c. 128.

défendre la divinité du Sauveur, et cette préocupation leur valut d'abord des sympathies. Malheureusement ils s'y prenaient mal et durent être abandonnés.

Déjà, sous le pape Eleuthère, cette doctine avait trouvé le chemin de Rome. C'est alors, en effet, qu'un confesseur d'Asie, appelé Praxéas, s'y présenta. L'église romaine, saisie de l'affaire de Montan et de sa prophétie, hésitait encore à condamner et se montrait plutôt décidée à ne pas réprouver, lorsque Praxéas apporta des renseignements tels que le vent changea et que l'on se décida contre les Phrygiens. Praxéas était modaliste. Il répandit ses idées, ce qui faisait dire à Tertullien qu'il avait accompli à Rome deux œuvres diaboliques, chassé le Paraclet et crucifié le Père. Ce dernier trait servit, en effet, de très bonne heure, à ridiculiser la nouvelle doctrine. Il en exprimait assez bien une des conséquences les plus contraires à l'Ecriture. Les modalistes furent appelés Patripassiens. Les doctrines de Praxéas se répandirent aussi à Carthage, favorisées, dit Tertullien, par la simplicité des gens. Mais elles trouvèrent un contradicteur, lui sans doute. Il les dénonça aux autorités de l'Eglise et Praxéas fut obligé, non seulement de promettre qu'il s'amenderait, mais encore de signer une pièce en garantie de sa correction[1]. Le silence se fit.

A Smyrne, vers le même temps, un certain Noët, dont le nom donna lieu, lui aussi, à beaucoup de

1. Tertullien, *Adv. Prax.*, 1.

plaisanteries[1], comparaissait, pour un enseignement analogue, devant « les prêtres » de Smyrne, qui lui en firent des reproches. Il compliquait sa situation en se faisant appeler lui, Moïse, et son frère, Aaron, étrangeté derrière laquelle pouvaient se dissimuler d'excessives prétentions. Il parvint, la première fois à se défendre. Mais comme il persistait à dogmatiser et qu'un groupe de disciples se formait autour de lui, il fut de nouveau cité devant le collège presbytéral. Cette fois il fut plus net et déclara, propos significatif, qu'après tout il ne faisait aucun mal en enseignant une doctrine qui rehaussait la gloire de Jésus-Christ : « Je ne connais qu'un Dieu ; ce n'est
» pas un autre que lui qui est né, qui a souffert, qui
» est mort ». Il fut excommunié[2].

Ainsi les idées modalistes avaient déjà subi deux condamnations, à Carthage et à Smyrne, lorsque, pour la seconde fois, elles tentèrent la fortune à Rome. Un disciple de Noët, appelé Epigone, vint s'y établir et ouvrit une école, à la tête de laquelle il fut bientôt remplacé par un certain Cléomène, auquel un peu plus tard, succéda Sabellius. Il y avait déjà à Rome une école théodotienne, qui s'était même transformée en église. Les nouveaux docteurs se montraient très opposés aux théodotiens. On peut croire qu'après les échecs subis en Afrique et en Asie

---

1. Νοητὸς signifie intelligible, mais ἀνόητος veut dire insensé.
2. Hippolyte, *Contra Noëtum*, 1 (cf. Epiph., *Haer.*, LVII) ; *Philosoph.*, IX, 7.

ils eurent l'esprit d'atténuer ce que leur langage pouvait avoir de plus choquant. Aussi furent-ils d'abord bien vus de la masse des fidèles, qui n'y entendait pas malice, et même de l'évêque Zéphyrin, peu versé dans les raffinements de la théologie, soucieux avant tout, comme c'était son devoir, de la paix ecclésiastique. Il laissa tranquilles les maîtres et leur école. Ceux-ci faisaient valoir avant tout le terme de *monarchie*, qui revenait à peu près à celui de consubstantialité, plus tard en usage, et servait à exprimer le monothéisme dans toute sa rigueur. On ne parlait plus que de monarchie. Les gnostiques, on l'a vu, avaient introduit ce régime dans leur plérôme ; sous la direction d'Apelle le marcionisme avait évolué dans le même sens. Le populaire orthodoxe entrait volontiers dans ce mouvement ; on le trouvait toujours prêt à défendre la sainte monarchie. Il n'est pas jusqu'aux montanistes qui ne s'enrôlassent sous cette bannière ; un certain nombre d'entre eux, conduits par Eschine, se rallièrent à la théologie mondaliste. D'autres, toutefois, Proclus en tête, observèrent une attitude différente.

L'ennemi commun, c'était la théologie du Logos[1], défendue à Rome par Hippolyte, en Afrique par Tertullien. Les orthodoxes lui reprochaient surtout

---

1. On peut s'étonner que des gens qui admettaient le quatrième évangile aient eu tant de répugnance pour un système qui s'y rattachait si étroitement. Ils avaient réponse à cela : « Vous êtes étranges « en donnant au Fils le nom de Verbe. Jean le dit sans doute, mais « il est coutumier de l'allégorie ». Hipp., *Contra Noët.*, 15.

d'introduire deux dieux. Il fallait, en effet, une certaine éducation philosophique, et même une certaine bonne volonté, pour ne pas voir dans le Logos, tel qu'ils le présentaient, un second dieu, distinct du vrai, inférieur à lui. Mais comment éviter ce Charybde sans tomber sur le Scylla du patripassianisme ? Le bon Zéphyrin finit par ne plus savoir auquel aller. Il disait volontiers, tout comme Noët et son monde :
» Moi, je ne connais qu'un seul Dieu, Jésus-Christ,
» et, en dehors de lui, aucun autre qui soit mort et
» qui ait souffert ». Mais il ajoutait : « Ce n'est pas le Père qui est mort, c'est le Fils ». C'était reproduire les termes à concilier, les données traditionnelles de l'unité divine, de l'incarnation et de la distinction entre le Père et le Fils. Zéphyrin était dans son rôle en maintenant la tradition ; mais il n'en résolvait pas les énigmes.

Hippolyte, qui prônait une solution, et ne réussissait pas à la faire accepter de son évêque, allait s'exaspérant de plus en plus. Derrière Zéphyrin, sa colère visait son conseiller Calliste. Aussi quand Zéphyrin fut mort et que Calliste eut été élu pour le remplacer, il n'hésita plus, cria au scandale et se sépara de l'Eglise avec un certain nombre d'adhérents. Cette grave démarche fit beaucoup de bruit, Calliste ne voulut pas laisser dire qu'on se séparait de lui parce qu'il patronnait de mauvaises doctrines : il condamna Sabellius pour hérésie[1]. Mais il n'admit

1. Τὸν Σαβέλλιον ἀπέωσεν ὡς μὴ φρονοῦντα ὀρθῶς.

pas pour autant qu'Hippolyte lui imposât sa théologie. Le docteur demeura dans la triste situation de chef d'église dissidente, et s'y maintint même sous les successeurs de Calliste, Urbain et Pontien.

Sa rancune s'exhala dans le livre que nous appelons, par suite d'une erreur, les *Philosophumena*. C'est une réfutation de tous les systèmes doctrinaux en désaccord avec l'orthodoxie chrétienne, celle-ci étant, bien entendu, ramenée au point de vue de l'auteur. La matière est répartie en neuf livres d'exposition, suivis d'une récapitulation qui forme un dixième livre. Les quatre premiers sont consacrés aux philosophies ou mythologies des Grecs et des Barbares. Puis viennent les diverses sectes gnostiques et autres hérésies chrétiennes jusqu'à Noët et Calliste, après lesquels il n'y a plus que les Elkasaïtes[1] et les Juifs Ce n'était pas la première fois qu'Hippoyte s'attaquait aux hérésies. Vingt ans au moins auparavant il en avait dressé un catalogue, commençant à Dosithée[2] et aboutissant à Noet, trente-deuxième de la série. Cet ouvrage, appelé *Syntagma*, est perdu, mais il a passé presque entièrement dans la compilation de saint Epiphane[3]. Hippolyte y exposait les divers systèmes et les réfutait ensuite, d'après saint Irénée en discutant leurs raisons et leur exégèse. Le procédé

1. Ci-dessus, p. 129.
2. Ci-dessus, p. 159.
3. On le retrouve aussi dans le livre de Philastre contre les hérésies et dans l'appendice au livre des *Prescritions* de Tertullien (*Praescr.*, 45-53). La finale s'est conservée isolément, sous forme d'homélie contre Noet.

suivi dans les *Philosophumena* est tout différent. Il consiste à assimiler chaque théologie hérétique à un système philosophique ou païen préalablement réfuté ou bafoué, car l'auteur a l'invective facile. Hippolyte n'avait jamais brillé par sa douceur, mais du *Syntagma* au *Labyrinthe* son caractère s'était encore aigri. De Calliste surtout il ne peut parler sans fureur. Aussi ne faut-il pas se fier à ce qu'il en dit. Il ne suffit pas d'écarter ses interprétations haineuses : les faits eux-mêmes, tels qu'il les rapporte, ne sauraient être admis sans réserves[1].

C'est ainsi qu'il est difficile d'attribuer à Calliste l'exposé doctrinal qu'Hippolyte nous donne comme représentant son enseignement « Il n'y a qu'un seul
» esprit divin, qui est appelé de noms divers, Logos,
» Père, Fils. Ce dernier s'applique à l'incarnation. A
» proprement parler, le Fils, c'est l'être apparent,
» l'homme. Divinisé par l'incarnation, il est identifié
» avec le Père ; ainsi le Père et le Fils sont un seul
» Dieu, une seule personne et non deux. Ainsi le Père
» a compati au Fils, car il ne faut pas dire que le
» Père a souffert ».

Tertullien[2], lui aussi, a connu cette doctrine de la

1. Des réserves d'un autre genre sont suggérées par l'étude des documents produits par le seul livre des *Philosophumena* à propos de certaines sectes, documents qui semblent trahir une même origine et peut-être la main d'un faussaire. Ainsi, ce qui est dit des Naasséniens, des Pérates, Séthiens, de Justin le gnostique, et ce qui est ajouté à la tradition antérieure sur Simon, Basilide, les Docètes, semble bien devoir être mis provisoirement en quarantaine. V. Salmon, dans *Hermathena*, 1885, p. 389 ; Stähelin, dans *Texte und Unt.*, t. VI[3].
2. *Adv. Praxem*, 27 : « Obducti distinctione Patris et Filii quam manente coniunctione disponimus... aliter ad suam nihilominus sen-

« compassion », mais il ne l'attribue point à Calliste, et son livre contre Praxéas est peut être antérieur à l'épiscopat de celui-ci. Il paraît bien que nous avons là une sorte d'évolution de la doctrine modaliste. Le patripassianisme un peu crû des premiers temps aura paru menacé par l'attitude de Zéphyrin et de Calliste ; on aura jugé utile de l'amender.

Mais l'amendement est bien léger, et l'on ne comprend pas comment Calliste aurait pu le prendre à à son compte, après avoir condamné Sabellius. Les polémistes ont toujours une tendance à dénaturer les opinions qu'ils combattent et à compromettre leurs adversaires en de fâcheuses accointances doctrinales. Il est du reste possible que la défiance qu'inspirait la théologie du Logos, la crainte du dithéisme[1], la préoccupation prépondérante de l'unité divine, combinées avec l'imperfection du langage technique, aient abouti quelquefois, dans le camp orthodoxe, à des conceptions mal venues et surtout à des expressions critiquables.

En dépit des assertions passionnées d'Hippolyte, deux choses sont certaines, et par son propre témoi-

tentiam interpretari connantur ut aeque in una persona utrumque distinguant Patrem et Filium, dicentes Filium carnem esse, id est hominem, id est Jesum ; Patrem autem spiritum, id est Deum, id est Christum. Et qui unum eumdemque contendunt Patrem et Filium iam incipiunt dividere illos potius quam unare.
... 29 : « Nec compassus est Pater Filio ; sic enim directam blasphemiam in Patrem veriti, diminui eam hoc modo sperant, concedentes iam Patrem et Filium duos esse si Filius quidem patitur Pater vero compatitur. Stulti et in hoc. Quid est enim compati quam cum alio pati ?
1. Hippolyte (*Philosoph.*, IX, 11) se plaint d'avoir été traité de dithéiste par Calliste : ἀπεκάλει ἡμᾶς διθέους.

gnage, la première c'est que Calliste condamna Sabellius, la seconde c'est qu'il ne condamna point Hippolyte. Celui-ci se segrégea lui-même. Quelque défiance qu'elle inspirât, la théologie qu'il représentait échappa à une réprobation formelle. Dans la génération suivante elle était ouvertement professée par le prêtre romain Novatien. Elle eut des adhérents jusque très avant dans le ive siècle. Mais ni Novatien, ni les représentants plus tardifs de cette théorie n'étaient dans le vrai courant traditionnel, celui qui devait aboutir à l'orthodoxie nicéenne. Celle-ci n'est point sortie de la théologie du Logos, cultivée par les apologistes et après eux par Hippolyte et Tertullien, mais de la simple et religieuse tradition des premiers temps, défendue plutôt qu'expliquée par saint Irénée, formulée tellement quellement par les papes Zéphyrin et Calliste, et qui va bientôt rencontrer, dans la personne de leur successeur Denys, un interprète à la hauteur de la situation.

Ce n'est pas seulement à propos de sa doctrine que Calliste fut vilipendé par Hippolyte. L'antipape entreprit aussi, et avec non moins d'acrimonie, son gouvernement ecclésiastique. Calliste, à l'en croire, déclarait qu'il remettait les péchés à tout le monde : il accueillait avec empressement tous ceux que les sectes rejetaient de leur sein ; il ne permettait pas de déposer les évêques prévaricateurs ; il admettait les bigames dans le clergé et laissait les clercs se marier : il to-

lérait aussi les mariages secrets entre des matrones et des hommes de condition inférieure. Dans ces accusations il n'est pas toujours aisé de faire la part entre les assertions fausses et les interprétations malveillantes de faits véritables[1]. Sur le premier point le témoignage d'Hippolyte est confirmé en partie par Tertullien, qui publia son livre *De Pudicitia* pour protester contre une déclaration solennelle du pape, Calliste évidemment, relativement à l'absolution, non de tous les pécheurs, comme le dit Hippolyte, mais d'une certaine catégorie de pécheurs Depuis quelque temps il était admis dans l'Eglise que l'excommunication des apostats, des homicides et des adultères était perpétuelle. Calliste relâcha cette sévérité en ce qui regarde les adultères et pécheurs assimilés : « J'apprends, dit Tertullien, qu'un
» édit vient d'être promulgué : c'est un décert péremp-
» toire. Le grand pontife, c'est-à-dire l'évêque des
» évêques, a parlé. Moi, dit-il, je remets les péchés
» d'adultère et de fornication à quiconque en aura
» fait pénitence ». Suit une invective des plus mordantes. Les rigoristes de toutes les écoles, les Montanistes et les Hippolytiens, étaient fort scandalisés. Ce n'est pas à dire qu'ils eussent raison. Du reste, en stipulant que les pécheurs repentants auraient à passer par la pénitance, Calliste ne leur faisait pas des conditions bien attrayantes. On en peut juger par Tertullien lui-même. Voici la description ou

1. Sur ceci, v. De Rossi. *Bull.*, 1866, p. 23-33, 65-67.

plutôt la caricature qu'il fait de la réconciliation
des pénitents : Tu introduis, dit-il, en apostrophant
» le pape, tu introduis dans l'église l'adultère péni-
» tent, qui vient **supplier l'assemblée des frères.** Le
» voilà vêtu d'un **cilice, couvert de cendre,** dans un
» appareil lugubre **et propre à exciter l'épouvante.**
» Il se prosterne **au milieu de l'assistance,** devant
» les veuves, devant **les prêtres** ; il saisit la frange
» de leurs habits, il **baise la trace de leurs pas,** il les
» prend par les genoux. Pendant ce temps-là tu
» harangues le peuple, tu excites la pitié publique
» sur le triste sort du suppliant. Bon pasteur, benoît
» pape, tu racontes la parabole de la brebis perdue
» pour qu'on te ramène ta bique égarée ; tu promets
» que désormais elle ne s'échappera plus ... ».

Hippolyte, heureusement pour sa réputation,
écrivit autre chose que des pamphlets. Son œuvre
exégétique est considérable. Elle s'étend à toute la
série des Ecritures saintes, depuis la Genèse jusqu'à
l'Apocalypse. Il lui arrive rarement de commenter
des livres entiers, comme il l'a fait pour la prophétie
de Daniel. En dehors de ses traités exégétiques, il
écrivit aussi sur l'Antechrist, sur l'origine du mal,
sur la substance de l'univers, sur la résurrection ;
ce dernier livre était dédié à l'impératrice Mammée.
On a vu avec quelle ardeur il s'est attaqué aux hérétiques en général, à ceux de son temps en particulier
il combattit les Marcionites dans un livre spécial.
Il paraît bien s'être occupé de règles ecclésiastiques :

son nom est réclamé par diverses compilations postérieures qui, à un degré ou à l'autre, doivent procéder de lui. La question pascale attira aussi son attention. Il en traita les généralités dans son livre sur la Pâque. Puis il entreprit d'affranchir les chrétiens des calculs juifs en dressant lui-même des tables pascales fondées sur le cycle de huit ans. Ce cycle était imparfait : le nouveau comput fut bientôt en désaccord avec la réalité astronomique et dut être négligé. Mais, sur le moment, la découverte fut jugée merveilleuse. Une statue avait été élevée à Hippolyte par les gens de sa secte. Nous l'avons encore, le docteur y est représenté assis sur une chaire, dont les côtés sont occupés par les fameuses tables. Un peu en arrière a été tracé un catalogue de sa littérature. A en juger par le point de départ du cycle, ce monument est de l'année 222, celle où mourut Calliste[2].

1. Trouvée au XVIe siècle près de son tombeau ; elle est maintenant au musée du Latran. La tête est moderne.
2. Calliste était, au temps de Constantin, rangé parmi les papes martyrs. Son anniversaire est marqué au 14 octobre dans la table philocalienne des *Depositiones martyrum*, de 336, comme ceux de Pontien, Fabien, Cornelius et Xyste II. Deux de ceux-ci furent exécutés (Fabien et Xyste II) ; les deux autres moururent en exil. De Calliste on ne sait rien de semblable ; sa mort tombe sous le règne d'Alexandre Sévère, sous lequel il est peu probable qu'il y ait eu des martyrs. Dans ces conditions on a cherché un lien entre l'histoire de son exil en Sardaigne, telle que la raconte Hippolyte, et le culte qui lui fut rendu après sa mort. Mais ceci est impossible. La mort de Calliste arriva trente-trois ans au moins après sa confession et plus de trente ans après son retour d'exil. Or nous voyons, par les tables philocaliennes, que Lucius, qui fut exilé, qui revint d'exil et mourut aussitôt, ne fut pas rangé parmi les papes martyrs. Ainsi un exil d'où l'on revenait ne suffisait pas pour être qualifié de martyr. Dans ce conflit des témoignages, on pourrait admettre, comme solution hypothétique, l'idée

Le dernier ouvrage d'Hippolyte paraît avoir été le livre des *Chroniques*, dont il nous reste des fragments ou des adaptations en diverses langues, car il fut très lu. Hippolyte le continua jusqu'à la dernière année (235) d'Alexandre Sévère. Il contenait, entre autres choses des descriptions géographiques intéressantes [1].

Quelques-uns de ces écrits sont antérieurs au schisme ; mais un bon nombre et notamment les travaux de comput et de chronologie appartiennent au temps où Hippolyte prétendait à la qualité de chef de l'église romaine, en opposition avec les papes légitimes, Calliste, Urbain, Pontien. La persécution régla ce différend. Après les années tranquilles d'Alexandre Sévère, l'avènement de Maximin le Trace ramena les mauvais jours. Les membres du clergé étaient spécialement visés par les rigueurs nouvelles. A Rome on arrêta les chefs des deux partis, Pontien, l'évêque légitime, et Hippolyte, l'antipape. Ils furent condamnés aux mines de Sardaigne. Rapprochés

que Calliste ait péri dans quelque bagarre entre chrétiens et païens, en dehors de tout procès régulier. Son souvenir était localisé à Rome, dès la première moitié du IVe siècle, en deux endroits : dans le Transtévère, où le pape Jules éleva une basilique (S. Maria in Trastevere) *iuxta Callistum*, et sur la voie Aurélienne, où se trouvait son tombeau. Il est étrange qu'on l'ait enterré là, si loin du cimetière administré par lui, qui porta toujours son nom et qui reçut les restes mortels de tous ses collègues du troisième siècle. Le tumulte populaire par lequel on expliquerait sa mort expliquerait aussi, si l'on acceptait la tradition de la légende, qui place le fait au Transtévère, pourquoi on l'aurait enterré sur la voie Aurélienne. C'était la plus voisine du lieu où il aurait été mis à mort.

1. On a cru longtemps qu'il s'y trouvait un catalogue des papes. La découverte du texte grec oblige d'abandonner cette idée (A. Bauer, *Texte u. Unt.*, t. XXIX (1905), p. 156).

dans les misères du bagne, les deux confesseurs finirent par se réconcilier. Hippolyte, à ses derniers moments, exhorta lui-même ses adhérents à se joindre aux autres fidèles. Son schisme ne lui survécutt pas. Quand l'Eglise eut recouvré la paix, on ramena son corps à Rome avec celui de Pontien, mort aussi dans l'île malsaine. Ils furent déposés le même jour, le 13 août, l'un au cimetière de Calliste, parmi les autres papes, l'autre dans une crypte de la voie Tiburtine. On laissa ses amis y placer aussi sa statue[1]. Le culte rendu au martyr finit par atténuer le souvenir de son schisme. Damase, qui vivait un siècle après Hippolyte, le connaissait comme martyr : il avait aussi entendu dire qu'il était revenu à l'Eglise après s'être compromis dans un schisme ; mais comme il n'avait de ce schisme qu'une notion très vague, il l'identifia avec celui de Novatien[2].

La littérature d'Hippolyte, qui aurait pu défendre son souvenir, disparut bientôt de l'horizon romain. A la génération suivante, le clergé de Rome parle et écrit en latin. En Orient, la qualité d'évêque de Rome, qu'Hippolyte avait prise dans les titres de ses ouvrages, embarrassa bientôt les gens instruits, qui ne trouvaient pas son nom dans les catalogues épiscopaux. Eusèbe ne sait où il avait été évêque ; et ce

1. Hippolyte avait peut-être eu sa demeure en cet endroit.
2. Prudence, *Peristeph.*, XI, tire ses renseignements de l'inscription damasienne *Hippolytus fertur* (Ihm., n° 37), mais il confond le martyr de la voie Tiburtine avec un autre martyr Hippolyte, surnommé Nonnus, honoré le 22 août à Porto, et embellit leur commune histoire avec des traits empruntés à la légende d'Hippolyte, fils de Thésée.

qui est plus fort, saint Jérôme et Rufin en sont au même point[1]. Le pape Gélase (v. 495), par une singulière distraction, lui assigne le siège de Bostra[2]. D'autres[3], moins au courant de l'histoire des papes, acceptèrent le titre d'évêque de Rome sans s'offenser de la difficulté qu'il soulevait. Plus tard enfin[4], un autre martyr Hippolyte, enterré à Porto, ayant été connu par une légende spéciale, on arrangea les choses en admettant qu'Hippolyte, auteur des livres, avait été évêque au Port de Rome.

A Rome même, Hippolyte conservait au moins, dans les usages du culte et dans l'histoire, la qualité de prêtre romain. C'est ainsi qu'il est qualifié par le *Liber pontificalis*. C'est avec des attributs en rapport avec cette situation qu'il fut représenté, vers la fin du vi[e] siècle, dans une mosaïque de la basilique Saint-Laurent. Mais déjà circulait un étrange roman de la persécution de Dèce, dont les épisodes vont de Babylone à Rome et mettent en scène des martyrs fort divers, les uns romains les autres persans, les uns authentiques les autres imaginaires. Hippolyte a un rôle dans ces récits. Il y remplit les fonctions de vicaire du préfet de Rome et se trouve chargé, en cette qualité, de garder saint Laurent prisonnier ;

1. Eus., VI, 20, 22 ; Hier., *De viris*, 61 ; Rufin. *H. E.*, VI, 16.
2. Thiel, *Epp.*, *Rom. Pontif.*, p. 545. Il semble, du reste, que Gélase dépend ici d'un document grec. Voir le travail de M. L. Saltet sur les sources de l'*Eranistes* de Théodoret, publié dans la *Revue d'histoire ecclésiastique* de Louvain, 1905, p. 516 et suiv.
3. Apollinaire (Mai, *Script. Vet.*, t. I, p. 173).
4. Déjà dans la Chronique pascale (v. 640).

puis il se convertit et meurt martyr avec sa nourrice Concordia et dix-huit autres personnes. Singulière transformation ![1].

Maximin fut renversé en 236 et tué l'année suivante. Ses édits ne purent être appliqués longtemps ; l'église romaine retrouva la paix dont elle jouissait depuis Caracalla. Antéros, qui avait été élu à la place de Pontien exilé, ne le remplaça que peu de semaines. Fabien lui succéda et siéga jusqu'à la persécution de Dèce. On signale des constructions élevées par lui dans les cimetières de Rome et aussi le fait qu'il répartit les régions urbaines entre les sept diacres[2]. C'est sans doute le commencement des régions ecclésiastiques, cadres officiels du clergé et de l'administration religieuse, qui se maintinrent à Rome pendant de longs siècles. Il eut à intervenir au dehors dans une grosse affaire africaine, la déposition de Privat, évêque de Lambèse ; Origène lui adressa un mémoire où il se justifiait contre les accusations dont sa doctrine était l'objet[3]. La science théologique continuait d'être cultivée à Rome. A la place d'Hippolyte on y pouvait entendre un nouveau docteur, Novatien, dont il nous reste quelques écrits.

1. C'est avec cette histoire qu'Hippolyte figure encore au bréviaire romain et au martyrologe.
2. Catalogue libérien : *Hic regiones divisit diaconibus et multas fabricas per cymiteria fieri iussit.* Sur son élection miraculeuse, v. Eus., V, 29.
3. Sur ces deux affaires, v. plus loin, ch. XIX et XX.

Ils sont rédigés en latin : nous sommes arrivés au moment où l'église romaine change de langue, où le latin y est substitué au grec[1]. Le principal est un traité de la Trinité, consacré à la réfutation des gnostiques des théodotiens et des sabelliens. Le cadre est fourni par l'exposition du symbole, dans ses trois principaux articles : « Je crois en Dieu le Père tout-puissant... et en Jesus-Christ son Fils unique... et au Saint-Esprit ». L'auteur témoigne d'une profonde connaissance de l'Ecriture ; son raisonnement est serré, son exposition claire, ses conceptions assez précises. Venu après tant de controversistes, il a profité de leurs travaux. Aussi sa théorie de la Trinité[2], tout en maintenant le système du double état du Logos, est-elle plus exacte et plus complète que ce que l'on trouve chez ses prédécesseurs[3]. Mais Novatien n'est pas seulement un théologien ; c'est aussi un rhéteur consommé, qui soigne et ornemente son style, distribue son sujet avec art et sait reposer son lecteur des questions de textes en lui offrant çà et là de beaux développements oratoires.

Comme Hippolyte, il était prêtre de l'église ro-

1. Cependant les épitaphes originales des papes continuèrent d'être rédigées en grec. On a celles de Pontien, Antéros, Fabien, Lucius, Gaius († 296). Celle de Cornelius, qui est en latin, paraît être postérieure au IIIe siècle.
2. Ce terme ne figure nulle part dans le texte de Novatien.
3. Noter cependant que cette théorie a été plus tard considérée comme fort peu orthodoxe. Arnobe le jeune (Dialogue d'Arnobe et de Sérapion, I, 11 ; Migne, *P. L.*, t. LIII, p. 256), pour donner un spécimen de la doctrine des Ariens, copie les principales phrases du dernier chapitre de Novatien, sans citer l'auteur, bien entendu.

maine. Peut-être exerçait-il des fonctions semblables à celles des catéchistes d'Alexandrie et des prêtres-docteurs d'Afrique ; ceux-ci, outre l'instruction des catéchumènes, avaient aussi la direction des jeunes lecteurs.[1] L'élévation de Novatien à la dignité presbytérale avait souffert quelque difficulté. Le clergé ne l'aimait guère. Son talent lui avait sans doute fait des ennemis. On sut rappeler au moment opportun qu'il n'avait pas été baptisé selon les règles ordinaires, mais pendant une maladie et avec les formes sommaires usitées en pareil cas. Cependant, soit que la majorité lui fût, en somme, favorable, soit que l'évêque Fabien vît un intérêt spécial à l'introduction d'un homme aussi distingué dans son collège presbytéral, on passa par dessus les objections. Dans les circonstances ordinaires, Novatien pouvait, en effet, rendre de grrands services ; mais son talent oratoire et son érudition, très admirés en certains cercles, lui donnaient un peu de gloriole. Ce n'était pas une tête fort solide ; la persécution qui s'approchait, et surtout les crises ecclésiastiques dont elle fut la cause, révélèrent ce qui lui manquait du côté du caractère[2].

1. Cyprien, ep. XXIX.
2. Lettre de Cornelius à Fabius d'Antioche (Eus., VI, 43).

CHAPITRE XVIII

L'Ecole chrétienne d'Alexandrie

L'Egypte aux mains des Grecs et des Romains. — Origines chrétiennes. — Le didascalée d'Alexandrie : Pantène. — Clément et ses écrits : la gnose chrétienne. — Origène, ses débuts, son enseignement à Alexandrie. — Rupture avec l'évêque Démétrius : Origène à Césarée. — Son activité littéraire, sa fin. — Les écrits d'Origène. — La synthèse doctrinale du *Peri Archon*.

Au temps où les Romains la prirent, il y avait plusieurs milliers d'années que l'Egypte semait son blé dans le limon du Nil et le moissonnait au printemps, sous les ardeurs d'un implacable soleil. Sa longue et monotone histoire est celle d'un peuple très gouverné. Aux anciennes dynasties indigènes succédèrent les fonctionnaires perses, à ceux-ci les rois macédoniens, puis les vice-rois romains : l'instrument politique changea de main, jamais de forme ni d'efficacité.

Longtemps avant Alexandre, la ville de Milet avait un comptoir à Naucratis, sur la branche occidentale du Nil ; mais l'hellénisme égyptien ne commence qu'à la conquête macédonienne. C'est un hellénisme à part, essentiellement militaire et monarchique, lettré cependant, mais surtout commerçant. Alexandrie en fut le sanctuaire. Fondée par le héros lui-même, dépositaire de son tombeau, elle devint la résidence des rois issus de son compagnon d'armes, Ptolmée, fils de Lagus. Le Musée d'Alexandrie, grand établissement d'étude et d'enseignement, organisé sur le modèle des associations grecques, devint bientôt le point de ralliement de tout ce qu'il y avait par le monde de philosophes, de penseurs, de poètes, d'artistes et de mathématiciens. Le port, abrité par l'île de Pharos, auvrit au commerce universel les trésors de l'Egypte qui jusqu'alors avait été un pays fermé, une sorte de Chine. De là rayonnait sur l'intérieur l'essaim des grecs négociants, aventuriers et fonctionnaires. Ils s'établirent un peu partout, se mêlèrent à la population et finirent par donner naissance à une catégorie de métis égypto-helléniques, qui formaient nuance entre l'hellénisme pur et le vieux fond égyptien. Bien entendu celui-ci ne laissa pas de réagir sur les vainqueurs. De toutes ces influences il résulta une population fort mêlée, active, industrieuse, dure à la peine, docile en général, à condition qu'on la menât rondement.

Le 1er août de l'an 30 avant notre ère, Alexandrie tomba aux mains d'Octave [1]. La vieille Egypte devint alors une province romaine, ou, pour parler plus exactement, un domaine impérial, administré directement par les gens de César, au bénéfice de sa caisse privée. Un préfet, simple chevalier romain, le repré-

---

1. Une fête officielle fut instituée pour célébrer cet événement ; elle a été remplacée, dans le calendrier chrétien, par la fête du 1er août, dédiée aux Macchabées et à saint Pierre ès-liens. — Sur l'Egypte romaine, v. Lumbroso, *L'Egitto al tempo dei Greci e dei Romani*, Rome 1882.

sentait sur les lieux : deux ou trois fonctionnaires, comme le juge d'Alexandrie et le président du Musée, étaient nommés par l'empereur : le préfet se chargeait du reste. C'était lui, en particulier, qui officiait dans les cérémonies religieuses à la place du Pharaon [1].

Partout ailleurs les Romains avaient favorisé ou même provoqué le développement des institutions municipales. En Egypte, où ils ne trouvèrent pas une cité organisée, avec ses élections, son conseil, ses magistrats, ils laissèrent les choses en l'état. Alexandrie elle-même était une foule administrée, et non point un corps de citoyens. C'est seulement sous Septime-Sévère qu'elle eut un conseil ou sénat, mais sans magistrats : il en fut de même de Ptolémaïs, dans la Haute-Egypte. La seule exception fut Antinoé, organisée en cité par l'empereur Hadrien. Le reste du pays était réparti en nomes, circonscriptions qui remontaient aux plus lointaines origines. Les Egyptiens proprement dits furent tenus à l'écart de la société romaine. Ils ne pouvaient devenir citoyens romains sans avoir été d'abord naturalisés alexandrins, ce qui n'était pas très facile. Même après Septime-Sévère et Caracalla, les Egyptiens continuèrent à former dans l'empire une caste inférieure, qui ne

---

[1]. Il commandait aussi l'armée. En Egypte les chefs des légions n'étaient pas, comme ailleurs, des légats de rang sénatorial, que l o n'aurait pu subordonner à un simple chevalier, comme était le préfet d'Egypte, mais des *praefecti castrorum*. Auguste avait interdit le séjour en Egypte aux sénateurs et aux chevaliers les plus importants. On craignait, pour ces grands personnages, les tentations d'un milieu trop favorable aux compétiteurs.

fut jamais bien réhabilitée. La langue nationale, l'égyptien ou copte, se maintint dans les campagnes, les petites villes et même parmi les petites gens des grandes cités : on en distinguait plusieurs dialectes.

En religion les légendes grecques étaient peu de chose ; tout au plus avaient-elles fourni quelques motifs d'ornementation aux vieux cultes nationaux, trop solidement établis sur le sol égyptien pour céder aux dieux étrangers. Dans Alexandrie elle-même, le temple immense de Sérapis dominait du haut de sa colline artificielle toute l'agitation du commerce grec. Les dieux du Nil s'assujettissaient les vainqueurs. Les Ptolémées durent se faire leurs grands prêtres et accepter l'héritage religieux des Pharaons.

Il y avait pourtant une protestation. Israël était revenu en Egypte ; il formait à Alexandrie une communauté importante, qui atteignit le tiers de la population totale. On ne le traitait pas en ennemi, tant s'en faut. Les juifs avaient leur chef ou ethnarque, et leur conseil national ; ils jouissaient d'une entière liberté pour leurs pratiques religieuses. Toutefois, au milieu de ce monde étranger, ils finirent par oublier leur langue et il fallut leur traduire les Ecritures saintes. Le voisinage du Musée les attira vers la littérature. Sous cette influence naquit l'exégèse de Philon, où la vieille religion du peuple de Dieu courait quelque risque de se dissoudre en rêveries philosophiques. C'est aussi d'Alexandrie que l'on vit sortir toute cette littérature de propagande juive et monothéiste, où de prétendues sibylles et des poètes apocryphes s'escriment à l'envi contre les dieux, les temples et les sacrifices.

Les origines du christianisme en Egypte sont fort obscures. Il n'est jamais question de ce pays dans le Nouveau Testament ; aucun personnage alexandrin n'y figure, sauf Apollos, qui joue un rôle assez effacé, au temps de saint Paul, comme missionnaire itinérant, non dans son pays d'origine, mais en Asie et en Grèce[1]. Dans la primitive littérature chrétienne, l'évangile selon les Egyptiens est le seul livre qui paraisse provenir de ce pays. Valentin, Basilide, Carpocrate, sont les premiers chrétiens, d'Egypte dont les noms se révèlent à l'histoire[2]. C'est d'Alexandrie que vint à Rome, sous le pape Anicet, la doctoresse Marcelline. C'est là que s'enfuit Apelle après sa brouille avec Marcion ; c'est de là qu'il revint avec sa somnambule Philomène. Mais il ne faut pas croire que ces manifestations hérétiques représentent tout le christianisme alexandrin. Ces écoles, précisément parce qu'elles ne sont que des écoles, supposent une église, « la grande Eglise », comme dit Celse ; ces aberrations,

1. Il est possible, mais nullement établi, que certaines lettres apostoliques, l'épître aux Hébreux et celle de Barnabé, par exemple, aient quelque rapport avec la chrétienté alexandrine. Les fameux Thérapeutes, décrits dans le livre de la *Vie contemplative* que l'on a attribué, à tort ou à raison, à Philon, n'ont rien à voir avec le christianisme primitif. Sur ce livre, dont l'énigme est encore à résoudre, v. Schrürer, *Gesch. des jüdischen Volkes*. 4ᵉ éd., t. III, p. 535.
2. Saint Jstin (*Apol.*, I, 29) parle d'un jeune chrétien d'Alexandie qui vivait au temps du préfet d'Egypte Félix : v. ci-dessous, p. 342.

précisément parce qu'elles portent des noms d'auteurs, témoignent de l'existence de la tradition orthodoxe. Celle-ci s'appuyait, en Egypte comme ailleurs, sur l'organisation épiscopale. Jules Africain put insérer dans sa *Chronique*, publiée en 221, les noms de dix évêques antérieurs à celui qui siégeait de son temps, Démétrius[1]. Celui-ci avait commencé en 189 environ. Avant lui le chronologiste range Anianus, Abilius, Cerdo, Primus, Justus, Eumenes, Marcus, Celadion, Agrippinus, Julianus. Des chiffres d'années étaient joints à ces noms. Il n'y a aucun intérêt à les rapporter, car, en admettant comme bien établi le cadre chronologique qui s'en déduirait, on n'aurait aucun événement à y insérer[2]. Une tradition, qu'Eusèbe[3] constate au commencement du IVe siècle et qu'il reproduit sans l'affirmer, disait que l'évangéliste Marc avait le premier prêché l'Evangile en Egypte et fondé des églises à Alexandrie. On montrait à l'est de la ville, au lieu appelé Boucolia, un sanctuaire où reposait le corps de l'apôtre avec ceux des évêques ses successeurs[4].

1. Sur ceci, v. Harnack, *Chronologie*, t. I, p. 202. La liste de Jules Africain se déduit des indications d'Eusèbe.
2. La somme de ces chiffres est 128 ans : elle part donc de l'année 61 environ.
3. II, 16.
4. *Acta S. Petri Alex.* (Migne, *P. G.*, t. XVIII, p. 461 ; cf. Lumbroso, *L'Egitto al tempo dei Greci e dei Romani*, p. 185). Si Marc l'évangéliste est identique au Jean Marc nommé dans les Actes des apôtres et dans les épîtres de saint Paul et de saint Pierre, la tradition alexandrine se heurte à une objection très grave, car Denys d'Alexandrie (Eus., VII, 25) rappelle l'histoire de ce personnage sans laisser voir la moindre idée d'un rapport spécial avec la métropole égyptienne.

aurait trouvé un évangile en langue hébraïque, apporté là par l'apôtre Barthélemy[1]. Revenu à Alexandrie, il prit la direction de l'école et compta parmi ses disciples, Clément, son futur successeur, et Alexandre, qui devait plus tard gouverner les églises de Cappadoce et de Jérusalem. Il ne s'est rien conservé de lui. Bien qu'Eusèbe parle de ses écrits, il ne paraît pas qu'ils aient été livrés à la publicité[2].

Il n'en est pas de même de ceux de Clément, son successeur, dont il nous reste assez pour nous donner une idée de ce que pouvait être, dans les vingt dernières années du second siècle, l'enseignement du didascalée alexandrin.

T. Flavius Clemens, comme son nom l'indique, descendait probablement de quelque affranchi du consul chrétien son homonyme. Il fut d'abord païen[3]. Une fois converti, il s'attacha successivement à divers maîtres, qu'il énumère, sans les nommer, dans un passage de ses *Stromates*[4] : un grec d'Ionie, un autre de la Grande-Grèce, un troisième de Célésyrie (d'Antioche ?), un égyptien, un assyrien (Tatien ?), un palestinien, converti du judaïsme. Enfin il renconra Pan-

---

1. Eusèbe, *H. E.*, V, 10, n'est pas bien sûr de tout cela. Εἰς Ἰνδοὺς ἐλθεῖν λέγεται, ἔνθα λόγος εὑρεῖν αὐτόν. Les mots Inde, Indiens, étaient alors assez vagues ; ils pouvaient désigner tout aussi bien le Yémen actuel ou l'Abyssinie que l'Indoustan. Cf. ci-dessus, p. 126.
2. Eus., *H. E.*, V, 10 ; cf. Clément, *Strom.*, I, 1, 11 et suiv. ; *Eclog.*, 27.
3. Eus., *Praep.*, II, 2, 14.
4. *Strom.*, I, 1, 11.

tène en Egypte et trouva près de lui le repos de son esprit.

Le didascalée d'Alexandrie était bien le milieu qu'il cherchait et qui lui convenait. Là on ne maudissait point la sagesse des anciens Grecs ; on ne la traitait même pas de chose indifférente. On trouvait en elle, comme saint Justin l'avait fait déjà, une sorte d'irradiation de ce même Logos divin que le christianisme adorait en Jésus-Christ. La science religieuse, entendue avec cette largeur d'esprit, y était cultivée, non seulement comme instrument d'apologétique, mais comme moyen de perfectionnement individuel. C'était une gnose orthodoxe : elle ne se faisait point d'affaires avec le Créateur ; elle ne s'égarait ni dans les folles rêveries du Plérôme, ni dans les virtuosités d'une ascèse impraticable : mais, tout comme l'autre, elle assurait à ses adeptes une situation privilégiée dans l'ensemble des fidèles. Un chrétien gnostique avait, dans sa vie religieuse, des éléments que le commun des fidèles ne possédait point. Il ne faisait pas son salut comme tout le monde : il savait plus que les autres ; son idéal moral était plus élevé que le leur.

Cette doctrine supérieure se légitimait par une tradition spéciale, tout comme celles de Valentin et de Basilide. « Le Seigneur, après sa résurrection, avait « confié la gnose à Jacques le Juste, à Jean et à Pierre, « qui l'avaient communiquée aux autres apôtres et « ceux-ci aux Soixante-dix, dont était Barnabé »[1].

1. Passage du VIIe livre des Hypotyposes de Clément, cité par Eusèbe, *H. E.*, II, 1.

Par Pantène elle atteignit Clément. On ne sait à quel moment celui-ci remplaça son maître à la direction de l'Ecole. Il était déjà connu comme écrivain avant le temps du pape Victor, c'est-à-dire, en somme, vers le temps où Irénée terminait son grand ouvrage [1]. C'est peut-être à cette première période que se rapporte son *Protreptique*, actuellement conservé, peut-être aussi les huit livres des *Hypotyposes*, dont nous n'avons que des fragments. De ce dernier ouvrage Eusèbe [2] ne parle qu'avec réserve et se borne à énumérer les livres saints, authentiques ou contestés, qui s'y trouvaient cités. Photius [3] en donne une analyse plus franche, mais fort compromettante. Clément enseignait l'éternité de la matière ; il faisait du Fils une créature [4] ; il croyait à la métempsycose et à plusieurs mondes antérieurs à la création de l'homme. L'histoire d'Adam et d'Eve était traitée d'une manière honteuse et impie (αἰσχρῶς τε καὶ ἀθέως). Selon Clément, le Verbe n'avait pris de la chair que l'apparence. Du reste, il admettait deux ou trois Verbes, comme le montre la phrase suivante : « Le Fils aussi est appelé Verbe, du même nom que le Verbe du Père ; mais ce n'est pas lui qui s'est fait chair ; ce n'est pas non plus le Verbe du Père, mais une puissance de Dieu, une sorte de dérivation de son Verbe, qui,

---

1. Eus., V, 28, § 4.
2. *H. E.*, VI, 14.
3. Cod. 109.
4. Sur ce point, le témoignage de Photius est confirmé par **Rufin** (Jérôme, *Apol. adv. libr. Rufini*, II, 17).

devenue intelligence (νοῦς γενόμενος), habite dans le cœur des hommes ».

Ces doctrines, qui provoquaient la réprobation de Photius, peuvent avoir eu moins de relief qu'il ne leur en donne, éparses qu'elles étaient au milieu de commentaires exégétiques. Le fait est que les débuts théologiques de Clément ne l'empêchèrent pas d'être agrégé au corps presbytéral d'Alexandrie. Cette union personnelle entre l'église et l'école profita sensiblement à celle-ci. Les autres livres de Clément ne donnent pas lieu aux mêmes objections que les Hypotyposes. Les principaux sont les Stromates et le Pédagogue. Dans le premier l'enseignement est surtout théorique ; l'autre a plutôt pour but la formation morale du disciple. Les Stromates comprennent sept livres entiers, dont les quatre premiers sont antérieurs à la rédaction du Pédagogue. Après avoir terminé ce dernier ouvrage, Clément se remit aux Stromates, qu'il n'eut pas le temps d'achever[1].

Clément était extrêmement érudit. Il possédait à fond toute la littérature biblique et chrétienne, authentique et apocryphe, et non seulement la littérature orthodoxe, mais encore les productions gnostiques. Il n'est pas moins informé sur les œuvres des poètes et des philosophes païens. Ses citations, car

---

1. Le huitième livre ou ce que, depuis Eusèbe, on appelle ainsi, n'est qu'un recueil d'extraits tirés de philosophes profanes : il devait probablement servir, avec les « Abrégés de Théodote » et les « Extraits des Prophètes », à la continuation de l'ouvrage.

il cite beaucoup[1], ont conservé nombre de fragments de livres perdus.

Ce n'est pas un esprit synthétique. Il court souvent d'un sujet à l'autre et donne beaucoup à faire à qui recherche dans ses œuvres un dessein médité et surtout un plan réalisé. Au début de son Pédagogue il semble s'ouvrir à ce sujet et distingue entre les trois fonctions que le Verbe remplit par son organe : il convertit (Προτρεπτικός), il éduque (Παιδαγωγός, formation morale), il instruit (Διδασκαλικός, formation intellectuelle). Si les Stromates, comme cela est probable, correspondent à cette troisième fonction, c'est que le gnostique chrétien, tel que le concevait Clément, n'avait guère besoin de synthèse. L'ouvrage est tout en digressions, en propos détachés. Et cela est d'autant plus étonnant que les écoles rivales, celles de Valentin et de Basilide, se distinguaient au contraire par la forme synthétique de leur enseignement. Origène devait combler cette lacune.

Clément ne finit pas sa carière à Alexandrie. La persécution s'abattit sur l'Egypte en 202 ; comme elle visait spécialement les catéchumènes, elle dut avoir des conséquences fâcheuses pour l'institution à laquelle il présidait. Les deux premiers livres de ses Stromates, écrits en ce moment, contiennent plus d'une allusion à cette crise. Finalement il fut obligé de s'éloigner. On le retrouve peu après à Césarée de

---

1. Il est possible qu'elles ne soient pas toujours de première main et qu'il ait puisé à des florilèges.

Cappadoce, près de l'évêque Alexandre, qui avait suivi ses leçons après celles de Pantène. Là aussi la persécution sévissait cruellement ; Alexandre fut jeté en prison ; Clément prit à sa place la direction de l'église, raffermit les fidèles et provoqua des conversions nouvelles. Ce témoignage lui est donné en 211 ou 212 par Alexandre lui-même, dans une lettre[1] qu'il écrivit à l'église d'Antioche et que Clément se chargea de porter à destination. Il était connu des fidèles d'Antioche. Dans une autre lettre[2], écrite vers 215 et adressée à Origène, Alexandre parle de lui comme d'un mort.

Outre ses livres de pédagogie théologique, Clément en avait écrit d'autres, d'ordre moins spéculatif, comme le fameux discours sur le salut des riches, que nous avons à peu près en entier, et ses homélies sur le jeûne et sur la médisance. Il prit part aux controverses qui s'élevèrent de son temps à propos de la Pâque. Son livre sur ce sujet[3] était en rapport avec un ouvrage analogue de Méliton ; un autre, dédié à son ami Alexandre, semble, à en juger par son titre, « Canon ecclésiastique, contre les Judaïsants », se rattacher au même ordre d'idées.

Les bizarreries théologiques ne sont pas ce qu'il y a de plus critiquable dans l'œuvre de Clément. On peut

---

1. Conservée en partie par Eusèbe, *H. E.*, VI, 11. Clément y est l'objet de grands éloges : διὰ Κλήμεντος τοῦ μακαρίου πρεσβυτέρου, ἀνδρὸς ἐναρέτου καὶ δοκίμου.
2. Eus., *H E.*, VI, 14.
3. Eus., *H. E.*, IV, 26 ; V. 13.

pas à lui que le christianisme orthodoxe le cède en ascétisme aux philosophes les plus durs à leur chair, aux gnostiques et aux montanistes les plus acharnés contre elle. Il va même plus loin, trop loin. Au temps de saint Justin[1], un jeune chrétien d'Alexandrie, pour démentir les calomnies qui diffamaient les mœurs chrétiennes, avait demandé au préfet d'Egypte l'autorisation de faire le sacrifice de sa virilité. Origène ne demande pas la permission ; il la prend, prétendant ainsi couper court aux soupçons que ses fonctions de catéchiste pouvaient soulever chez les ennemis du nom chrétien.

Instruit de ce sacrifice plus généreux que raisonnable, l'évêque Démétrius maintient pourtant Origène à la tête de son école. Le jeune docteur devient bientôt la gloire d'Alexandrie. Tout en distribuant son enseignement à des disciples chaque jour plus nombreux, il ne cesse pas de s'instruire lui-même. Justin, Tatien, Clément, étaient passés du paganisme au christianisme ; leur formation avait été d'abord philosophique, puis religieuse. Origène suivit l'ordre inverse. Elevé dans les principes de la foi chrétienne, il n'emprunta d'abord au monde profane que les éléments des sciences indifférentes, de la grammaire surtout. Ce n'est que plus tard[2], à mesure qu'il sentit le besoin de connaître les doctrines qu'il avait à combattre, qu'il se mit à étudier les diverses philosophies

1. *Apol.*, I, 29.
2. Eus., VI, 19.

helléniques et les livres des hérétiques. Il suivit alors les leçons d'Ammonius Saccas, en compagnie d'un de ses disciples plus âgé que lui, Héraclas, qui l'avait précédé de cinq ans dans cette école[1]. En même temps qu'il donnait carrière, dans toutes les directions scientifiques, à son puissant esprit, il cherchait à vérifier la tradition, à discerner quel était au juste l'enseignement authentique de l'Eglise. C'est, il me semble, dans cette préoccupation qu'il fit, vers 212, le voyage de Rome, « désireux, disait-il, de voir cette très ancienne église »[2]. De même cet exégète si hardi dans ses interprétations de la Bible sentit plus que personne le besoin d'en fixer le texte par des recherches critiques. Il apprit l'hébreu et chercha de tous côtés des versions différentes de celle des Septante, qui servissent à contrôler celle-ci. Ses voyages étaient d'utiles occasions pour de telles recherches. On le trouve sans cesse sur les chemins, à Rome, en Grèce, à Nicopolis d'Epire, à Nicomédie, à Antioche, en Palestine, en Arabie. Héraclas, déjà associé par lui à son enseignement, prenait en son absence la direction de l'école. Ce n'était pas toujours la curiosité seule qui mettait

1. Porphyre, dans Eus., VI, 19, § 5, 13. Ammonius Saccas est considéré comme le premier maître de l'école néoplatonicienne. Il n'a rien écrit. Porphyre (*l. c.*) dit qu'élevé dans le christianisme, il abandonna sa religion pour se faire païen. Ce renseignement n'est pas très sûr, car, au même endroit, Porphyre attribue à Origène, contre toute vérité l'évolution contraire. Eusèbe, lui, a confondu ici le philosophe Ammonius Saccas avec un autre Ammonius, auteur de quelques livres, notamment d'un traité « sur l'accord de Moïse et de Jésus », peut-être aussi d'une harmonie des évangiles qu'Eusèbe cite dans sa lettre à Carpianus.
2. Eus., VI, 14.

leur collègue d'Alexandrie. Ils ne firent non plus aucune difficulté d'ordonner un fidèle d'une autre église[1]. Quoi qu'il en soit, Démétrius réclama très énergiquement, mais sans faire valoir d'autre objection que la mutilation volontaire. Origène, après une tournée en Achaïe, en Asie-Mineure et en Syrie, revint en Egypte et essaya de reprendre la direction de son école. Mais l'évêque s'y opposa. Deux conciles réunis consécutivement déclarèrent qu'il cesserait d'enseigner, qu'il quitterait Alexandrie, enfin qu'il serait déposé de la prêtrise. Ces sentences furent communiquées aux autres évêques et ratifiées sans discussion par un grand nombre d'entre eux. Il semble qu'on les ait reçues à Rome, comme plus tard on reçut une sentence semblable, portée contre Arius[2].

En Palestine, au contraire, en Cappadoce et jusqu'en Achaïe, la considération d'Origène était assez forte pour résister à ce coup. Il trouva asile et protection auprès des évêques palestiniens, s'installa à Césa-

1. Dès le commencement du IVe siècle il est reconnu dans tous les conciles que nul n'a le droit d'ordonner les clercs d'une autre église ; plus tard cette prohibition fut étendue aux laïques. Origène, malgré l'importance des services qu'il rendait à l'église d'Alexandrie, n'était encore que laïque.
2. Eusèbe (VI, 23) renvoie ici au IIe livre de son apologie d'Origène, ouvrage perdu. Photius (cod. 118), qui en a sauvé quelques traits semble y avoir lu qu'Eusèbe et Pamphile ne faisaient intervenir dans la condamnation d'Origène d'autres évêques que ceux d'Egypte. Saint Jérôme (Rufin, *Apol.*, II, 20) paraît avoir eu vent d'une adhésion épiscopale plus large : *Damnatur a Demetrio episcopo* ; *exceptis Palaestinae et Arabiae et Phonices atque Achaiae sacerdotibus in damnationem eius consentit orbis* ; *Roma ipsa contra hunc cogit senatum* ; *non propter dogmatum novitatem nec propter haeresim, ut nunc adversus eum rabidi canes simulant, sed quia gloriam eloquentiae eius et scientiae ferre non poterant, et illo dicente omnes muti putabantur.*

rée et continua sur ce nouveau terrain son enseignement d'école, ses publications et ses prédications devant les fidèles.

Sa personne seule avait été repoussée d'Alexandrie. Sa doctrine y demeura, interprétée par son ancien collaborateur, Héraclas. Peu après le départ d'Origène, Démétrius mourut : Héraclas lui succéda. Il semble que son amitié pour Origène se fût affaiblie dans les derniers temps, et que, devenu évêque, il ait maintenu à son égard l'attitude de son prédécesseur[1]. Le maître demeura en Palestine, et l'un de ses disciples, Denys, prit la direction des catéchèses. Malgré l'incontestable valeur de ce nouveau maître, l'école d'Alexandrie n'était plus à Alexandrie. C'est à Césarée que l'on voyait affluer les plus illustres disciples, comme Grégoire, le futur thaumaturge, et son frère Athénodore. C'est à Césarée qu'arrivaient à Origène les lettres des plus illustres prélats d'Orient, comme Firmilien, évêque de Césarée en Cappadoce. C'est là qu'il entreprit les plus considérables de ses publications, notamment ses fameuses éditions des Hexaples et des Octaples. C'est là encore qu'on venait le chercher pour résoudre les difficultés doctrinales, réfuter les hérétiques

---

1. Je ne vais pas plus loin, malgré Harnack, *Chronol.*, t. II, p. 25 (cf. *Ueberlief.*, p. 332), et Bardenhever, *Gesch.*, t. II, p. 80. Le texte de Photius, sur lequel on se fonde, dérive de quelque légende malveillante comme il y en eut tant sur Origène. Voir ce texte dans Döllinger, *Hippolyt und Kallist*, p. 264, et dans Harnack, *Ueberlief.*, p. 332 (cf. Migne, *P. G.*, t. CIV, p. 1229). Avant qu'il n'eût été amélioré par Döllinger, Tillemont avait déjà débrouillé très clairement les traditions sur ce point (*Hist. eccl.*, t. III, p. 769).

et argumenter contre les évêques qui s'écartaient de l'enseignement traditionnel. Sa science, sa dialectique, son éloquence, étaient invincibles. A tout cela, du reste, s'ajoutait le charme de la sainteté la plus douce et le prestige d'un ascétisme éclatant. Sa gloire était universelle ; ses écrits, ses lettres, se répandaient dans tout l'Orient et jusqu'à Rome, où pourtant on ne le lisait guère, car on commençait à désapprendre le grec. En même temps qu'il édifiait l'Eglise par sa vertu et illustrait la foi par son enseignement, il la défendait contre tous ses ennemis : hérétiques, juifs, païens, il faisait face à tout. C'est à cette dernière période de sa vie qu'appartient son fameux traité contre Celse. Une gloire lui manquait encore, celle des confesseurs de la foi. Déjà, en 235, la persécution de Maximin l'avait forcé de quitter la Palestine et de se réfugier en Cappadoce. Deux de ses amis, Ambroise et le prêtre Protoctète, de Césarée furent jetés en prison. Il reprit alors la plume avec laquelle, encore enfant, il avait encouragé son père à mourir pour la foi, et adressa aux deux confesseurs son « Exhortation au martyre ». La tempête passa ; mais, quinze ans après, la persécution de Dèce le trouva et le saisit à son poste de maître chrétien. On le mit à la question ; il fut jeté en prison, chargé de chaînes, soumis à la torture de l'écartement des jambes. On le menaça du feu, on le fit passer par d'autres supplices. Rien ne put vaincre sa constance. Pourtant, moins heureux que son ami Alexandre, qui mourut en prison,

Origène atteignit vivant le terme de la persécuton. Il survécut deux ou trois ans, pendant lesquels il eut le temps de s'associer aux mesures miséricordieuses prises par les grands évêques du temps, Corneille, Cyprien, Denys, envers les fidèles qui avaient défailli dans les mauvais jours[1]. Son ami Ambroise mourut avant lui. Une des dernières lettres qu'il reçut lui vint de son ancien disciple Denys, maintenant évêque d'Alexandrie : elle traitait du martyre[2]. Il mourut enfin, couronné de toutes les gloires auxquelles un chrétien peut aspirer en ce monde et pauvre jusqu'à son dernier jour. C'est à Tyr qu'il rendit à Dieu sa belle âme : son tombeau y fut longtemps visité.

Je n'ai pas dit vénéré. En ce temps-là les honneurs de l'anniversaire solennellement fêté n'étaient encore décernés qu'aux martyrs, et, en un certain sens, aux évêques. Il n'eut pas de légende : si grande qu'elle ait été, son activité scientifique a dit peu de chose au populaire. D'ailleurs son œuvre doctrinale fut bientôt discutée ; les luttes qui s'engagèrent autour de sa mémoire n'étaient pas propres à lui donner une auréole. Il trouva des défenseurs excessifs et maladroits, plus souvent des ennemis ; peu de noms ont été plus maudits que le sien. Mais il est facile à l'historien de discerner les passions, les unes avouables, les autres inexcusables, qui ont excité contre lui les Démétrius, les Méthode, les Epiphane, les Jérôme, les Théophile,

1. Eus., VI, 39.
2. Eus., VI, 46.

les Justinien. Bien que nous n'ayons pas, à beaucoup près, toutes ses œuvres, il en reste assez pour le juger, pour apprécier en particulier le rapport entre ses idées et la doctrine reçue de son temps, et surtout pour se convaincre de l'absolue pureté de ses intentions.

Son œuvre littéraire est immense. Pour la plus grande part elle est consacrée à la Bible. Il faut mentionner tout d'abord le célèbre recueil des Hexaples, où figuraient en colonnes parallèles le texte hébreu en lettres hébraïques et en lettres grecques, les versions des Septante, d'Aquila, de Symmaque et de Théodotion, ainsi que diverses traductions partielles. Ce livre monumental existait encore à Césarée au temps d'Eusèbe ; il est douteux qu'il se soit conservé jusqu'au temps de saint Epiphane et de saint Jérôme. On en fit une transcription, qui comprenait seulement les quatre versions grecques (Tétraples). Origène avait établi aussi une recension des Septante où des obèles signalaient les passages qui manquaient à l'hébreu, et des astérisques encadraient certains suppléments empruntés à la version de Théodotion, quand l'hébreu semblait plus complet que les Septante. A ces travaux critiques fait suite, logiquement sinon chronologiquement, une masse énorme de commentaires, différents de forme (scholies, homélies, traités ou τόμοι), mais embrassant tous les livres de l'Ancien et du Nouveau Testament.

En dehors de ces travaux bibliques, Origène laissa

d'autres ouvrages sur des sujets particuliers, ses traités de la prière et de la résurrection, son exhortation au martyre, dix livres de Stromates et ses deux œuvres les plus célèbres, la réfutation de Celse et le traité des Principes, Περί ἀρχῶν. Une centaine de lettres avaient été réunies par Eusèbe et formaient un important supplément à cette littérature. Deux d'entre elles étaient adressées à l'empereur Philippe et à sa femme Otacilia Severa.

Saint Epiphane évalue à six mille volumes la production littéraire d'Origène. Ce chiffre énorme n'est pas invraisemblable, si l'on tient compte des usages de la librairie antique et de la faible étendue des rouleaux (*volumina*, τόμοι) sur lesquels on transcrivait. Quoiqu'il en soit, une partie seulement de cette grande œuvre s'est conservée jusqu'à nous. Les anathèmes qui s'abattirent bientôt sur elle détournèrent les transcripteurs, surtout les transcripteurs grecs. Les Latins furent plus cléments. Grâce à eux nous avons encore le traité des *Principes*, œuvre fondamentale, sur laquelle on peut juger la synthèse théologique d'Origène. Encore ne nous en reste-t-il qu'une version retouchée en plus d'un endroit. Rufin, le traducteur, nous en prévient dans sa préface. Saint Jérôme ent avait fait une autre, plus exacte ; malheureusement, de cette version, comme du texte original, il ne subsiste plus que des fragments.

L'idée même d'une synthèse est caractéristique. Depuis saint Justin, pour ne pas dire depuis saint

Jean, on avait souvent cherché dans la philosophie, dans ses conceptions et dans sa langue, le moyen d'expliquer la tradition chrétienne. Mais ce n'étaient là que des efforts partiels. On développait en langage philosophique les points que l'on entendait faire valoir ou défendre ; pour le reste on s'en tenait à la tradition. Justin et les autres apologistes, plus tard Irénée, Hippolyte et Tertullien, en sont ici au même point. Leur théologie, comme telle, demeure toujours partielle, fragmentaire. La synthèse doctrinale était représentée par le symbole, où, depuis Dieu toutpuissant jusqu'à la résurrection de la chair, les fidèles trouvaient en raccourci tout ce qu'ils avaient à croire et à espérer. En dehors de cette formule, simple et populaire, il n'y avait que les systèmes gnostiques, complets eux aussi, depuis l'Abîme ineffable jusqu'au retour à Dieu des âmes prédestinées. Clément avait philosophé sur le christianisme sans que des nécessités de controverse eussent attiré sa pensée sur des points particuliers, mais aussi sans éprouver le besoin de grouper les éléments de la doctrine en un système harmonique. C'est Origène qui, le premier parmi les penseurs chrétiens, eut l'idée d'une synthèse théologique et la réalisa. Je vais en donner un résumé, d'après le traité des Principes.

Dieu est essentiellement simple, immuable et bon. En vertu de sa bonté il se manifeste et se communique, en vertu de son immutabilité il se manifeste et se communique éternellement. Pour cela, comme il est impossible d'admettre des rapports directs entre l'essentielle simplicité et la pluralité contingente, Dieu doit d'abord[1] se mettre lui-même dans un état susceptible de telles relations. De là la production du Verbe, personne distincte, divinité dérivée, Θεός non ὁ Θεός ; ni surtout αὐτόθεος. Origène ne recule pas devant le terme « second Dieu ». Le Verbe, engendré de la substance du Père, lui est coéternel et consubstantiel. Cependant, outre qu'il procède du Père, le Verbe d'Origène a encore une autre infériorité, c'est qu'il contient l'archétype des choses finies, de la pluralité. A ce point de vue il rentre dans la catégorie du créé : il est créature, κτίσμα, comme dit la Bible[2].

Ici encore, comme chez les apologistes, la production du Verbe est nécessitée par la création. Les créatures n'existeraient pas, que le Verbe n'aurait aucune raison d'être. Mais — et ici Origène est conséquent — la bonté essentielle de Dieu exige qu'il y ait toujours des créatures, de sorte que le Verbe est nécessaire et éternel.

Dans ce système, toujours comme dans celui des apologistes, on ne voit pas quelle place peut occuper une troisième personne divine. La théorie proposée

---

1. Ordre logique ; la chronologie n'a rien à voir ici.
2. *Prov.*, VIII, 22, suivant le grec : Ὁ Κύριος ἔκτισέ με ἀρχὴν ὁδῶν αὐτοῦ. S. Jérôme traduit : *Dominus possedit me*. Ailleurs, Gen., XIV, il rencontre deux fois le même verbe (qânâ), au participe présent (qôné) ; la première fois (v. 19) il le rend par *qui creavit*, la seconde (v. 22) par *possessor*.

n'a nul besoin du Saint-Esprit. Origène l'admet pourtant, comme tous ses prédécesseurs orthodoxes, car il est fourni par la tradition[1], et cela avec une telle évidence qu'il est impossible de biaiser. Le Saint-Esprit complète donc la Trinité, ou plutôt la hiérarchie des personnes divines, hiérarchie dont les degrés se caractérisent relativement aux créatures en ce que le Père agit (indirectement) sur tous les êtres, le Verbe sur les êtres raisonnables ou esprits, l'Esprit-Saint sur les êtres raisonnables et saints.

Tel est le monde divin, constitué par les trois personnes « immuables » ; au dessous vient le monde des esprits inférieurs, sujets au changement. Ils ont été créés libres, et, tout aussitôt, ont abusé de leur liberté[2], de telle sorte qu'une répression et une correction est devenue nécessaire. A cet effet est créé le monde sensible. Les corps sont destinés à fournir aux esprits une sorte d'épreuve purificatrice. Suivant la gravité de leur faute, les esprits sont pourvus d'un corps subtil (anges), pesant (hommes) ou difforme (démons). Ainsi la création des corps est corrélative à celle des esprits ; il n'y a pas de matière incréée.

L'union des corps et des esprits fournit à ceux-ci une occasion de lutte et de mérite. Dans cette lutte

---

1. Cependant la tradition ne lui semblait pas décider si l'Esprit-Saint était devenu ou non ($\gamma \epsilon \nu \eta \tau \grave{o} \varsigma\ \mathring{\eta}\ \mathring{\alpha} \gamma \acute{\epsilon} \nu \eta \tau o \varsigma$), ni s'il était ou non Fils de Dieu (I, 1). Cf. ci-desus, p. 233.
2. Cette conception du péché originel, commis en dehors du monde sensible, diffère notablement de celle de l'Eglise. Elle se rapprocherait plutôt de celle de Valentin. Cependant, selon Valentin, la faute primordiale est attribuable à un être divin, ce qui n'est pas le cas ici.

où leur liberté demeure intacte, les hommes sont aidés par les anges, contrariés par les démons. Mais le conflit prendra fin[1] ; le mal n'est pas éternel ; la purification s'étendra même aux démons.

Ici se place la théorie de la rédemption. Le Verbe, s'intéressant à l'épreuve soutenue par les âmes humaines, leur a envoyé des aides, esprits d'élite, qui ont pris un corps ; ce sont les Prophètes ; il a même fait de tout un peuple un instrument de salut ; enfin, tous ces intermédiaires étant demeurés inefficaces, il est venu lui-même. Une âme absolument pure[2] a pris un corps ; le Verbe s'est uni à cette âme, laquelle conserve sa liberté, et demeure susceptible de mérite ou de démérite. De là une croissance du Christ extérieur. Le salut, c'est, *pour le chrétien ordinaire*, l'œuvre de la croix, le sacrifice, rançon de la dette, émancipation de la servitude du démon ; *pour le chrétien gnostique*, c'est un enseignement d'ordre supérieur. Ni pour l'un ni pour l'autre ce n'est le Verbe fait chair divinisant la nature humaine par une intime communion. Devant le chrétien du commun le Christ d'Origène écarte des obstacles ; au chrétien gnostique il offre modèle et lumière ; mais c'est tout.

La fin des choses n'est que relative, les choses devant toujours exister et le roulement recommencer. La vie terminée, ce qui reste à expier l'est d'une autre

---

1. Fin relative, bien entendu, et qui ne concerne que les êtres en particulier, car le roulement des choses est éternel.
2. Exception au péché universel.

en quelle vénération le tenaient les évêques de Palestine, d'Arabie, de Phénicie, de Cappadoce, d'Achaïe. A Rome on accepta les sentences de l'évêque Démétrius, qui n'avaient, on l'a vu aucun considérant doctrinal, et d'abord, on s'en tint là. Sur la fin, cependant, des rumeurs fâcheuses s'élevèrent et parvinrent au pape Fabien. Origène se crut obligé de lui écrire, ainsi qu'à d'autres évêques, « sur son orthodoxie ». Il se plaignait beaucoup des gens qui falsifiaient ses écrits et même de l'indiscrétion d'Ambroise[1], toujours empressé à publier les productions de son ami, sans lui donner le temps de les revoir[2]. Il faudrait être bien optimiste pour accepter cette explication les yeux fermés. Cependant il demeure certain, non seulement qu'Origène est mort dans la communion de l'Eglise, mais que sa doctrne, quelque étonnement qu'elle ait pu causer ici ou là, ne fut jamais, de son vivant, l'objet d'une réprobation officielle.

1. Eusèbe, *H. E.*, VI, 36. Cf. Jérôme, ep. LXXXIV, 10 et Rufin, *in Hier.*, I, 44. Voici ce qui dit saint Jérôme: *Ipse Origenes in epistola quam scribit ad Fabianum Romanae urbis episcopum poenitentiam agit cur talia scripserit et causas temerita is in Ambrosium refert quod secreto edita in publicum protulerit.* — Si saint Jérôme avait alors eu le moindre vent d'une condamnation doctrinale prononcée à Rome contre Origène vivant, on peut être sûr qu'il s'en fût fait un argument dans sa querelle avec Rufin.
2. V. note précédente ; v. aussi la lettre d'Origène à ses amis d'Alexandrie, dans Rufin, *De adulter, librorum Origenis*, Migne, *P. G.*, t. XVII, p. 624.

CHAPITRE XIX

L'Eglise et l'Etat au IIIe siècle

La persécution par édits spéciaux. — Septime-Sévère interdit les conversions. — Le syncrétisme religieux : Julia Domna, Elagabal, Alexandre Sévère. — Edit de Maximin contre le clergé. — Persécutions de Dèce, de Gallus, de Valérien. — La propriété ecclésiastique.

Les dernières années de Marc-Aurèle sont marquées dans l'histoire chrétienne en traits sanglants. La persécution, comme tant d'autres choses, se relâcha sous Commode, non cependant en ce sens que la prohibition du christianisme ait été abolie alors ; mais, le gouvernement central s'abstenant d'insister et se montrant même assez tolérant à Rome, les autorités provinciales avaient plus de facilité pour être, suivant leur gré et les circonstances, ou sévères ou complaisantes. En Asie, le proconsul Arrius Antoninus (184-5) se distingua par son zèle à poursuivre les chrétiens. Un jour qu'il instrumentait contre eux, tous les fidèles de la ville se présentèrent en masse devant son tribunal. Il en fit exécuter quelques-uns et dit aux autres : « Mais, malheureux, si vous tenez tant à mourir « il y a des cordes et des précipices ». Situation caractéristique, où se révèle bien le conflit entre la rigueur de la loi et la difficulté de l'appliquer. A Rome, en dépit de l'affaire d'Apollonius, on était assez tranquille. Il en était de même en Afrique. Tertullien signale, en ce temps-là, des proconsuls bienveillants[1].

Ces fluctuations de la justice romaine et le système des condamnations individuelles n'étaient guère propres à entraver sérieusement les progrès du christianisme. Le danger politique, dont Celse s'était préoccupé si vivement, finit par exciter les empereurs à prendre des mesures plus efficaces. Pendant tout le IIe siècle la persécution n'avait eu d'autre base légale que la prohibition dont nous avons plus haut recherché l'origine. On va maintenant, sans révoquer cette prohibition générale, porter des édits nouveaux, spécifiant les catégories de chrétiens à poursuivre, la procédure, les pénalités, les confiscations, les mesures de police. Leur application ne sera plus abandonnée au zèle des gouverneurs ; ceux-ci devront se mettre en campagne et suivre de point en point le plan de répression tracé par la chancellerie impériale. De là des persécutions beaucoup plus violentes que celles d'autrefois, mais, en revanche, d'assez courte durée ; les changements d'empereurs et même, dans certains cas, l'insuccès des mesures de rigueur amèneront assez vite le retrait des édits.

---

1 *Ad Scap.*, 4 : « Cincius Severus, qui Thysdri ipse dedit remedium quomodo responderent christiani ut dimitti possent ; Vespronius Candidus, qui christianum quasi tumultuosum civibus suis satisfacere dimisit ».

1º. — *Le temps des Sévère.*

Septime-Sévère est le premier empereur qui ait porté un édit de ce genre. Personnellement il était loin d'être défavorable aux chrétiens. Sa maison en était remplie. Son fils Caracalla fut élevé par une nourrice chrétienne[1]. Cette circonstance n'empêchait pas les gouverneurs de sévir. L'Apologétique de Tertullien, ses deux livres *Ad Nationes*, en 197, sa requête au proconsul Scapula, en 211, sont des protestations contre les rigueurs des magistrats de Sévère. Ce ne sont cependant pas des documents sur la persécution spéciale à laquelle le nom de cet empereur doit rester attaché. Ce que Sévère essaya, ce fut d'arrêter le prosélytisme chrétien. L'édit qu'il rendit à cet effet fut publié vers l'année 200, pendant son séjour en Syrie. Spartien le rapporte en termes laconiques, mais clairs. « Il est interdit, sous des peines graves, de faire des juifs et des chrétiens »[2]. Il y avait longtemps que la circoncision de personnes étrangères à la nationalté juive était rigoureusement interdite ; la même prohibition fut appliquée au baptême chrétien. Elle ne paraît pas l'avoir été longtemps ; en tout cas les écrivains chrétiens ne distinguent pas les victimes de cet édit d'avec celles de la persécution ordinaire. Cependant il est remarquable que l'école catéchétique

---

1. Tert., *ad Scap.*, 4.
2. *Iudaeos fieri sub lravi poena vetuit : idem etiam de christianis sanxit.* Spartien, Sévère, 17 (t. I, p. 137, Peter).

d'Alexandrie fut désorganisée juste à ce moment et que Clément, son chef, se vit obligé de quitter l'Egypte. Cette école était, en Egypte, le plus apparent organe de la propagande chrétienne : ses membres, maîtres et disciples, tombaient évidemment sous le coup de l'édit. Origène, ayant tenté de la reconstituer, se vit poursuivi ; et, s'il ne périt pas lui-même, plusieurs de ses disciples, nouvellement convertis, furent arrêtés et exécutés. On était à l'année 202. C'est alors que périrent à Carthage les célèbres martyrs Perpétue, Félicité, Saturus, et leurs compagnons, tous néophytes ou catéchumènes.

Pendant que l'empereur Septime Sévère[1] appliquait ainsi les vieux procédés romains, sa maison devenait le centre d'un mouvement intellectuel d'où pouvait sortir pour le christianisme une sorte de concurrence religieuse. Avant son élévation à l'empire, Sévère était allé chercher femme dans une vieille famille sacerdotale de Syrie, attachée à la desservance du temple d'El-Gabal, à Emèse. Julia Domna, fille du grand-prêtre Bassianus, était une personne de forte volonté, d'esprit distingué et de grande culture. Devenue impératrice, elle fut bientôt entourée de tout ce que l'empire comptait de beaux-esprits. En ce temps là les beaux-esprits n'étaient plus, comme jadis, portés à plaisanter les dieux. Ils devenaient religieux. Le

---

1. Sur l'état des esprits en ce temps là, au point de vue philosophique et religieux, v. Jean Réville, *La religion à Rome sous les Sévères*, 1886, p. 190 et suiv.

mysticisme philosophique ne se formulait pas encore dans le système néoplatonicien ; mais il avait, un peu partout, une tendance à hiérarchiser le panthéon reçu de façon à le concilier avec une certaine unité divine ; en morale, il prônait volontiers l'ascèse pythagoricienne. En somme, il cherchait sa voie. Julia Domna lui aidait à la trouver. Une femme d'esprit aussi pratique, qui eût volontiers gouverné l'Etat si on l'avait laissée faire, ne pouvait négliger la situation religieuse. Elle y intéressa ses académiciens. En dépit des édits anciens et nouveaux, les progrès du christianisme devenaient chaque jour plus menaçants. Les vieux cultes ne lui opposaient qu'une résistance en ordre dispersé. N'était-il pas possible de les grouper autour de quelque idée, de quelque symbole, et de leur donner ainsi une sorte d'unité ? Les dieux des divers temples, des diverses nations, ne pouvaient-ils pas être conçus comme les représentants d'un dieu suprême, auteur du monde, qu'il dirige par leur intermédiaire et dont ils ne sont que des manifestations partielles ? De ce dieu suprême, le symbole le plus naturel en même temps que le plus magnifique, c'est le soleil, qui verse partout la lumière et la chaleur. Elevée près des autels d'un dieu sémitique, initiée à toutes les mythologies ou philosophies de la Grèce, entourée au Palatin d'un aréopage de penseurs venus des quatre coins de l'empire, la belle impératrice était elle-même la vivante personnification de cet esprit nouveau, la grande prêtresse idéale du syncrétisme religieux.

d'Emèse, la déesse de Carthage, et beaucoup d'autres divinités venues de loin pour les noces célestes, furent renvoyés à leurs temples. Alexandre, lui aussi, avait une propension vers le syncrétisme religieux. Dans sa chapelle domestique, sa piété, bien plus large que celle de Julia Domna, honorait à la fois Abraham et Orphée, Jésus-Christ et Apollonius de Tyane. Sa mère Mammée fut en rapport avec Origène et Hippolyte[1]. Il est possible qu'Alexandre ait eu, lui aussi, quelque accointance avec ces docteurs. Il faillit élever un temple à Jésus-Christ et l'admettre officiellement au nombre des dieux. Ses conseillers l'arrêtèrent. En revanche ils ne l'empêchèrent pas de tolérer ouvertement l'existence des communautés chrétiennes, de faire l'éloge de leur morale et de leur organisation, enfin de prendre à l'occasion leur défense contre des revendications injustes[2].

Ce règne tranquille dura treize ans. Alexandre fut assassiné le 19 mars 235 par des soldats révoltés, qui jetèrent la pourpre sur les épaules de Maximin, soldat grossier et fanatique. Une réaction violente commença aussitôt. Les chrétiens, favorisés par le défunt empereur, furent l'objet d'un édit spécial, dont Eusèbe, nous apprend qu'il ne visait que les chefs des églises ; Origène atteste que les édifices religieux furent brûlés[3]. C'est alors que ses amis Ambroise, qui était diacre[4],

1. Ci-dessus, p. 318-244.
2. Lampride. *Alexander*, 22, 29, 43, 45, 49, 51.
3. Eus., VI, 28 ; Origène. *In Matth.*, 28.
4. Saint Jérôme, *De viris*, 56.

et Protoctète, prêtre de Césarée en Palestine, furent arrêtés, et qu'il leur écrivit son Exhortation au martyre. Lui-même fut obligé de se cacher. Tous les trois, pourtant, ils survécurent à la persécution. Elle fut très vive en Cappadoce, où le légat ne se borna pas à poursuivre les membres du clergé et sévit indistinctement contre tous les fidèles[1]. A Rome, l'évêque Pontien et Hippolyte, chef d'une communauté dissidente, furent arrêtés et exilés en Sardaigne, où ils ne tardèrent pas à mourir[2]. A Antioche, à Alexandrie, à Jérusalem, à Césarée de Cappadoce, les évêques échappèrent aux recherches, car on ne signale aucune vacance de ces sièges au temps de Maximin. On peut en dire autant de l'évêque de Carthage : aucun des prédécesseurs de saint Cyprien n'avait été martyr. En somme les édits de Maximin paraissent avoir été assez peu exécutés de son vivant ; ils ne reçurent aucune application après sa mort. Gordien III (238-243) et Philippe (243-249) laissèrent en paix les chrétiens. Philippe était chrétien lui-même ; on le disait, du moins[3], mais seulement en son particulier, car ses monnaies et ce que l'on connaît de ses actes n'indiquent aucune différence extérieure, au point de vue religieux, entre lui et les autres empereurs.

2º. — *La persécution de Dèce* (250-251).

Proclamé empereur, en septembre 249, Dèce se vit presque aussitôt en présence d'une double tâche :

1. Firmilien, ap. *Cypr.*, ep. LXXV, 10.
2. *Cat. lib.*
3. Denys d'Alexandrie, dans Eus., VII, 10.

repousser l'invasion des Goths et réformer les mœurs. La première lui était imposée par les événements ; s'il n'y réussit pas, il trouva au moins, en s'y essayant, une mort honorable. Quant à la seconde, il se l'était prescrite lui-même, sans mesurer ni ses forces ni les obstacles. Il rétablit la charge de censeur, la confia au sénateur Valérien, et lui donna commission de réformer tous les abus, au palais, au sénat, dans les administrations, enfin partout. C'est à ces idées de réforme générale que se rattache sa résolution d'extirper radicalement la religion chrétienne. Dèce vit dans le christianisme le plus actif dissolvant des mœurs romaines : il se figura qu'il en viendrait à bout par des mesures de rigueur sérieusement appliquées. Il était bien tard pour mener à bien une telle entreprise[1].

L'édit de persécution, à en juger par son application, car nous n'en avons plus le texte, obligeait tous les chrétiens et toutes les personnes soupçonnées de l'être à faire un acte d'adhésion au culte païen, sacri-

1. Sur cette persécution v. 1° Cyprien, *Ep.*, 1-56 ; *De lapsis* ; 2° Denys d'Alexandrie, lettres à Fabius d'Antioche (Eus., VI, 41, 42), à Domitius et Didyme (Eus., VII, 11, 20), à Germanus (Eus., VI, 40). — Parmi les *passiones martyrum* qui se réclament de la persécution de Dèce, la passion de Pionius est la seule qui se puisse citer avec confiance (texte grec dans Gebhardt, *Acta martyrum selecta*, p. 96) ; celle de Carpus (ci-dessus, p. 296, n. 1) est peut-être elle aussi, de ce temps. Quand à celles de saint Achatius (Antioche de Pisidie), de saint Maxime, des saints Pierre, André, Paul, Dionysia (Lampsaque), de saint Conon (Magydos), de saint Nestor (Sidé), des saints Tryphon et Respicius (Nicée), des saints Lucien et Marcien (Bithynie), de saint Saturnin (Toulouse), ce sont des textes trop postérieurs aux événements pour être facilement utilisables.

fice, libation, participation aux repas sacrés. Dans chaque ville, dans chaque bourg même, une commission était chargée de présider à ces formalités : elle délivrait, à ceux qui consentaient à s'y soumettre, des certificats de sacrifice[1]. Ceux qui s'y refusaient devaient être contraints par les fonctionnaires de l'administration et par les municipalités. Naturellement les évêques et le clergé, avec les autres notabilités chrétiennes, étaient recherchés tout d'abord. Les confesseurs, jetés en prison, s'y voyaient tourmentés par la faim, la soif et autres supplices lents, jusqu'à ce qu'ils se décidassent à l'apostasie. De temps en temps des condamnations capitales, des exécutions, montraient jusqu'où l'on était résolu d'aller. Le bûcher, supplice destructeur du corps, était assez souvent employé. On le considérait comme propre à déconcerter les espérances de résurrection. Quiconque se dérobait par la fuite avait ses biens confisqués.

Ces mesures, vigoureusement appliquées, parurent d'abord avoir obtenu un plein succès. Les masses chrétiennes eurent, devant la persécution, une tenue déplorable. « La défaillance fut universelle », dit Denys

1. Quelques-uns de ces certificats nous ont été rendus, en original, par les papyrus égyptiens. Trois ont été trouvés dans le voisinage d'Arsinoé ; le quatrième provient d'Oxyrhynque (Compte-rendus de l'Académie de Berlin, 1893, p. 1007 ; de l'Académie de Vienne, 1894, p. 3 ; Atti del II Congresso di archeol. crist., Rome, 1902, p. 398 ; Grenfell et Hunt, *Oxyrhynchus papyri*, t. IV, Londres, 1904). Cf. Harnack, *Theol. Literaturzeitung*, 1894, p. 38, 162 ; P. Franchi, *Nuovo Bull. di archeol. crist.*, 1895, p. 68, et *Miscellanea di st. e cult. eccl.*, 1904, p. 3.

d'Alexandrie ; « un grand nombre de personnages
» en vue se présentèrent d'eux-mêmes ; les fonction-
» naires se laissèrent conduire par leurs subordonnés
» ou par leurs collègues. Appelés par leurs noms et
» invités à sacrifier, ils s'avançaient, la plupart li-
» vides et tremblants, comme s'ils se fussent présentés
» non pas pour sacrifier, mais pour être sacrifiés eux-
» mêmes. La multitude assemblée à ce spectacle
» les tournait en dérision ; tout le monde voyait que
» c'étaient des lâches, aussi timides devant le sacrifice
» que devant la mort. Il y en eut qui montrèrent plus
» d'assurance : ils couraient aux autels, protestant
» qu'ils n'avaient jamais été chrétiens. C'est de ceux-là
» que le Seigneur a dit qu'ils auraient de la peine à se
» sauver. Quant aux petites gens, ils se mirent à la suite
» des autres ou s'enfuirent. Un certain nombre furent
» arrêtés. Parmi ceux-ci il y en eut qui persévérèrent
» jusqu'à se laisser mettre aux fers et en prison, quel-
» ques-uns même pendant un temps assez long ; mais
» avant de passer devant le tribunal ils abjuraient.
» D'autres ne furent vaincus que par la torture ».

Les choses se passèrent à Carthage et à Rome de
la même façon qu'à Alexandrie. A Smyrne l'évêque
Eudaemon abjura avec un grand nombre de ses
fidèles. Il y eut en revanche des martyrs et surtout
des confesseurs. A Rome, le Pape Fabien, arrêté
dès les premiers jours, fut supplicié le 20 janvier 250
Les prêtres Moïse et Maxime, les diacres Rufin et
Nicostrate, furent jetés en prison, où ils demeurèrent

plus d'un an ; Moïse y mourut vers la fin de l'année.
A Toulouse l'évêque Saturnin fut exécuté. A Smyrne,
le prêtre, Pionius, surpris au moment où il célébrait,
avec quelques fidèles, l'anniversaire de saint Polycarpe, subit le supplice du feu. En même temps que
lui fut brûlé un prêtre marcionite, appelé Métrodore.
Pione, qui se rencontra sur le bûcher avec un marcionite, avait trouvé un montaniste, Eutychianus, dans sa
prison. L'édit ne distinguait pas entre la grande Eglise
et les dissidents. A Antioche et à Jérusalem, les évêques Babylas et Alexandre furent aussi incarcérés
et moururent en prison. Origène, incarcéré aussi et
à peu près écartelé, échappa sur le moment à la mort ;
mais il survécut peu, affaibli sans doute par les souffrances qu'il avait endurées.

En beaucoup d'endroits les évêques réussirent à
s'échapper. C'est ce que firent saint Cyprien à Carthage et saint Grégoire à Néocésarée. Il en fut de
même, sans doute, à Césarée de Cappadoce et en bien
d'autres endroits pour lesquels les renseignements
font défaut. Denys d'Alexandrie, arrêté au moment
où il quittait la ville, fut enlevé à son escorte par des
paysans amis, qui le transportèrent en lieu sûr.

De leurs retraites, les évêques qui s'étaient cachés
continuaient à diriger leurs églises ; ils restaient en
communication avec les membres du clergé, qui, sous
le feu même de la persécution, continuaient à remplir
les fonctions de leur ministère, et avec les fidèles
hardis qui ne laissaient pas chômer les œuvres de la

charité chrétienne. La correspondance de saint Cyprien est très intéressante à ce point de vue. On peut y voir comment, à Rome et à Carthage, une communauté chrétienne parvenait à vivre sous le régime de la terreur.

A Rome la situation était si grave qu'il fut impossible de donner un successeur à Fabien. Le siège épiscopal resta quinze mois vacant.

Une année se passa dans ces angoisses. Les confesseurs, entassés dans les prisons, mouraient lentement. De temps à autre quelques-uns montaient sur les bûchers, étaient jetés aux bêtes ou avaient la tête tranchée. L'Eglise enregistrait avec joie ces nobles exemples. On enterrait les martyrs, on visitait les prisonniers, on secourait les fugitifs, on soutenait le courage des gens exposés, et déjà on s'occupait de consoler et de réconcilier les apostats pénitents.

Vers la fin de l'année 250 la persécution se ralentit. Au printemps suivant la sécurité revint. Les évêques reparaissaient; on reprenait les réunions. En novembre 251, Dèce périt devant l'ennemi, près du Danube. Le danger sembla disparu. Saint Cyprien put réunir un concile à Carthage et l'église de Rome se donna un évêque.

Cependant la tranquillité dura peu. Le successeur de Dèce, Trebonianus Gallus, rendit un nouvel édit par lequel les chrétiens étaient encore une fois obligés à sacrifier. Une peste terrible ravageait alors l'empire. Elle parait avoir été l'occasion de cette seconde persécution, sur laquelle il ne reste que quelques allusions dans les lettres de saint Cyprien et de saint Denys d'Alexandrie[1]. Le nouveau pape, Cornelius, fut arrêté ; mais ses fidèles se portèrent en foule au tribunal, proclamant leur foi et se déclarants prêts à mourir pour la conserver[2]. Cornelius fut simplement interné à Centumcellae (Civitavecchia), où il mourut quelques mois après (juin 253). Lucius, élu à sa place, fut exilé, lui aussi, aussitôt après son ordination ; mais son éloignement dura peu. Rappelé, soit par Gallus lui-même, soit par Emilien, son successeur éphémère, il reprit, vers le commencement de 254, la direction de son église, mais pour quelques semaines seulement, car il mourut le 4 mars. Emilien avait été déjà renversé par Valérien, qui rendit la paix à l'Eglise et se montra d'abord très favorable aux chrétiens.

On put alors apprécier les résultats de la persécution. Gallus l'avait ranimée pour satisfaire les passions populaires, soulevées par des calamités de tout genre, peste, famine, invasion des barbares. Mais à l'origine c'est la raison d'Etat qui avait dicté à Dèce ses édits sanglants. Dèce et la raison d'Etat étaient vaincus. Sans doute, pendant quelque temps, la vie du christianisme avait paru suspendue. Des fonctionnaires optimistes durent écrire alors des rapports triomphants. Un nombre immense d'apostasies avaient été obtenues

1. Cyprien, *Ep.* LIX, 6 ; Denys, lettre à Hermammon (Eus., VII, 1) ; c'est alors que Cyprien écrivit son traité *ad Demetrianum*.
2. Cyprien, *op. cit.*

et inscrites sur les registres. La plupart des chrétiens connus comme tels étaient munis d'un certificat de sacrifice. Quelques entêtés, soumis au régime de la prison finiraient à la longue par se soumettre aux formalités prescrites. Mais on oubliait une foule de gens qui avaient réussi à dissimuler leur qualité de chrétiens ou à dépister les recherches de la police. Si tant d'évêques, de prêtres, de diacres, étaient parvenus à se cacher et même à exercer leur ministère aux moments les plus critiques, c'est que la police ne pouvait ou ne voulait pas tout voir. La persécution finie, il resta un très grand nombre de fidèles qui, n'ayant pas été mis en demeure de sacrifier, n'étaient ni apostats ni confesseurs. Le succès de l'édit, complet en apparence, se trouvait être en réalité fort restreint.

De plus, ces mêmes apostats qui avaient sacrifié ou reçu des certificats de sacrifice, n'étaient pas pour cela ralliés à la religion de l'empire ni détachés du christianisme. En règle avec l'autorité, ils ne l'étaient pas avec leur conscience. Bien avant que la tranquillité ne fut revenue, les prêtres, les évêques, les virent arriver, pleins de larmes et de repentir, demandant pardon et sollicitant leur réintégration dans la société des fidèles. L'empereur avait réussi à faire commettre beaucoup de lâchetés, mais non pas à diminuer le nombre des chrétiens. Cette épreuve eut même pour effet de fortifier les courages. Les fidèles de Rome s'associèrent en masse, sous Gallus, à la confession de leur évêque : ils n'en avaient pas fait autant pour Fabien, au début de la persécution. L'opinion publique elle-même, celle des masses païennes, si parfois elle réclamait des rigueurs contre les chrétiens, tendait cependant à s'apaiser. Les vieilles calomnies tombaient chaque jour, à mesure que la multiplication des fidèles rapprochait, enchevêtrait davantage les deux sociétés et permettait de se mieux connaître. Il n'y avait que dans les temps de calamités publiques que l'on entendait encore retentir le cri des foules : «Aux lions les chrétiens! ». Les scènes de martyre, qui exaltaient l'enthousiasme des fidèles et troublaient la conscience des apostats, arrachaient parfois des protestations aux païens eux-mêmes[1]. En somme, depuis le IIIe siècle, les empereurs qui laissèrent les chrétiens tranquilles paraissent avoir été d'accord avec le sentiment public, beaucoup plus que ceux qui les persécutèrent.

3°. — *La persécution de Valérien.*

Saint Denys d'Alexandrie nous a laissé un tableau de la paix dont jouit l'Eglise dans les premières années (254-257) du règne de Valérien. Jamais la tranquilité n'avait été plus profonde ni les chrétiens mieux traités, pas même sous le règne de leur coreligionnaire Philippe. Ils étaient en si grand nombre dans l'entourage immédiat de l'empereur que sa maison formait comme « une église de Dieu ». Denys attribue le

1. « Cruelle sentence, ordres injustes », murmurent les païens à la vue du supplice de saint Carpus et de ses compagnons.

Denys était accompagné d'un prêtre, de trois diacres et d'un certain Marcellus, venu de Rome, sans doute un prêtre ou un diacre romain. En Numidie, le légat impérial prononça une peine plus grave et condamna aux mines un certain nombre d'évêques, de prêtres et de diacres; des fidèles figuraient avec eux [1]. Peut-être avaient-ils enfreint la défense de tenir des assemblées.

Le second édit, rendu l'année suivante en Orient, où la guerre contre les Perses avait appelé l'empereur, fut adressé par lui au sénat, avec des instructions pour les gouverneurs des provinces. Nous en avons l'analyse dans l'avant-dernière lettre de saint Cyprien [2] Outre le clergé, il visait aussi les laïques de certaines conditions. Les évêques, prêtres et diacres, devaient être exécutés sur le champ; les sénateurs et chevaliers dégradés et privés de leurs biens, puis, s'ils persistaient, décapités. Les matrones étaient soumises à la confiscation et à l'exil. Les césariens, c'est-à-dire les employés du domaine impérial, qui formaient un personnel immense répandu dans tout l'empire, devaient être dépouillés de leurs biens, enchaînés et enrégimentés dans les exploitations serviles (mines, fermes, etc.).

La teneur de cet édit fut apportée de Rome à

---

1. Cyprien, Ep. LXXVI-LXXIX. — Ces confesseurs étaient disséminés par groupes dans le *metallum* de Sigus, à quelques lieues au S. E. de Cirta en Numidie. Les évêques avaient tous assisté au concile de Carthage, en 256.
2. Ep. LXXX.

saint Cyprien. Au moment où ses messagers quittèrent la capitale, le pape Xyste II et quatre de ses diacres avaient été exécutés dans le cimetière (6 août) Deux autres, Félicissime et Agapit, le suivirent de près ; enfin le dernier survivant du collège diaconal, saint Laurent, fut brûlé le 10 août. A Carthage, Cyprien comparut une seconde fois devant le proconsul, qui, sur son refus de sacrifier, lui fit trancher la tête. En Espagne, l'évêque de Tarragone Fructuosus fut brûlé vif l'année suivante, avec ses deux diacres Eulogius et Augurius. Les deux passions des saints Jacques et Marien pour la Numidie, des saints Montan, Lucius et autres pour la Province proconsulaire, nous montrent que la persécution sévissait encore en 259 dans les provinces africaines. A côté de membres du clergé on y trouve des martyrs qui étaient de simples fidèles et des gens de condition commune. Ceux-ci furent sans doute victimes de la défense de tenir des réunions ; cette défense était à peine de mort[1].

Les documents font défaut pour les provinces orientales. Denys fut tiré de son exil et rapproché d'Alexandrie ; cependant, quoiqu'il ait eu beaucoup à souffrir, il ne fut pas exécuté. A Césarée de Palestine le clergé parvint aussi à échapper. Eusèbe[2] ne peut citer que

1. Sur les martyrs de la Massa Candida, près d'Utique, v. le mémoire de M. Pio Franchi de' Cavalieri dans les *Studi e Testi* de la bibliothèque vaticane, fasc. 9, p. 39 et suiv. Du même auteur, dans le même recueil, fasc. 3, un travail important sur les deux passions de Montant et de Marien.
2. *H. E.*, VII, 12.

trois paysans, Priscus, Malchus et Alexandre, qui furent jetés aux bêtes en même temps qu'une femme de la secte marcionite. Mais ces martyrs s'étaient dénoncés eux-mêmes.

En Syrie et en Asie-Mineure, l'invasion des Perses fit peut-être trêve à la persécution ; cependant le silence des documents directs n'est pas une raison suffisante pour l'affirmer. Valérien disparu, Macrien dut maintenir les rigueurs qu'il avait inspirées. Il n'en fut pas de même de Gallien, dont le nom figurait, il est vrai, avec celui de son père, en tête des édits contre les chrétiens, mais dont les sentiments favorables ne tardèrent pas à se manifester. Les poursuites cessèrent. Les évêques, rendus à l'exercice de leurs fonctions, s'enhardirent au point de s'adresser à l'empereur et de lui réclamer les églises et les cimetières confisqués. Gallien donna ordre de les leur rendre. Eusèbe eut sous les yeux deux lettres impériales relatives à ces restitutions ; de l'une d'elles, qui était adressée à Denys d'Alexandrie, Pinnas, Démétrius, et autres évêques, il inséra une traduction dans son Histoire ecclésiastique[1].

Avec le règne de Gallien s'ouvre une longue période de paix religieuse. La persécution directe et effective ne reparut que dans les dernières années de Dioclétien, à partir de 303. Aurélien eut, il est vrai, sur la fin de son règne, l'idée de recommencer les hostilités ; il prit

1. VII 13.

même des dispositions à cet effet. Mais les nouveaux édits n'étaient point encore parvenus aux provinces éloignées de son quartier-général[1], que la mort du du prince (275) arrêtait l'exécution.

4º. — *La propriété corporative des églises chrétiennes*

A partir du moment où l'autorité romaine fit officiellement une distinction entre les juifs et les chrétiens, ceux-ci se trouvèrent obligés de lui cacher non seulement leurs croyances individuelles, mais encore leur existence corporative. Les communautés chrétiennes, n'étant pas reconnues par l'Etat, tombaient sous le coup des lois, fort sévères, qui interdisaient les associations non autorisées. Pline, qui consultait Trajan pour savoir comment il devait traiter les gens convaincus de christianisme, n'avait nul besoin d'instructions pour empêcher leurs assemblées[2]. Trajan aimait mieux exposer les villes aux périls de l'incendie que de les laisser organiser des corps de pompiers, sous prétexte que les associations sont toujours dangereuses. Sous un tel régime, les églises durent avoir recours à bien des ruses pour dissimuler leur vie sociale aux regards de la police. Cependant, dès

---

1. Il était alors en Thrace, aux environs de Byzance. Ces édits sont attestés par Eusèbe, VII, 30, et Lactance, *De mortibus pers.*, 6. On ne connaît aucun martyr qui se puisse rapporter à ce commencement de persécution.
2. Il se figura y avoir réussi : *Quod ipsum* (les réunions) *facere desisse* (*adfirmabant*) *post edictum meum quo secundum mandata tua hetaerias esse vetueram* (Ep. X, 96).

les premiers temps, elles eurent des ressources en argent, une caisse de société. Un siècle après Trajan, il est déjà question d'immeubles, d'églises, de cimetières. Ces biens devaient être possédés sous le nom d'un propriétaire individuel; mais cette situation offrait peu de garanties. Un changement dans la volonté de ce propriétaire ou de ses héritiers, son apostasie, son passage à une secte hérétique et la jouissance de l'Eglise était mise en question. S'il s'agissait d'un lieu de sépulture, l'affectation funéraire ne pouvait être changée; mais, par exemple, un héritier mal disposé pouvait introduire dans une sépulture chrétienne des morts hérétiques ou païens appartenant à sa famille [1]. Il était donc désirable que l'on trouvat un autre mode de posséder.

On y parvint. Au commencement du IVe siècle, les églises avaient non seulement des lieux de culte et de sépulture, qu'elles possédaient corporativement, mais encore d'autres biens, fonds qui appartenaient à la communauté entière et non pas à tel ou tel de ses membres. L'édit de Milan les vise en termes exprès [2].

1. Il était impossible de les exclure par une disposition comme celle que vise la formule AD RELIGIONEM PERTINENTES MEAM, employée par un défunt pour désigner ceux des membres de sa famille qui auront place dans son tombeau. Le christianisme, étant *religio illicita*, ne pouvait invoquer la protection des lois (De Rossi, *Bull.*, 1865, p. 54, 92).
2. *Christiani non ea loca tantum ad quae convenire solebant sed etiam alia habuisse noscuntur ad ius corporis eorum, id est ecclesiarum, non hominum singulorum pertinentia*, Lactance, *De mort. persec.*, 48 ; Eusèbe, X, 5 (édit de Maximin). La basilique Saint-Laurent, à Rome, possédait, dès le temps de Constantin, un fonds de terre *quod fiscus occupaverat tempore persecutionis* (*Liber Pontif.*, t. I, p. 182).

On verra bientôt qu'en 272 l'empereur Aurélien intervint à Antioche entre la communauté catholique et un parti dissident qui lui disputait la maison épiscopale[1]. Après la persécution de Valérien, Denys d'Alexandrie et d'autres évêques furent invités à se présenter aux agents du fisc et à se faire remettre les lieux religieux mis sous séquestre. Ainsi, quand, en 257, on avait saisi les églises et les cimetières, c'était bien comme propriétés ecclésiastiques et non pas seulement comme propriétés affectées à l'usage ecclésiastique. Cet état de choses peut être constaté plus anciennement encore. Sous Alexandre Sévère, un débat s'étant élevé entre des cabaretiers et le corps des chrétiens de Rome, à propos de la possession d'un immeuble autrefois domanial, l'affaire fut portée devant le prince, qui la trancha en faveur des chrétiens[2]. Peut-être est-ce lui qui les autorisa à posséder. Le *Christianos esse passus est* de Lampride (c. 22) semble bien se rapporter à l'existence corporative des chrétiens, car leur sécurité personnelle n'avait guère été menacée sous les prédécesseurs immédiats d'Alexandre.

Les églises qui, au rapport d'Origène, furent détruites par ordre de Maximin (235), appartenaient

1. Eus., VII, 30.
2. Lampride, *Alex. Sev.*, 49 : *Cum Christiani quemdam locum qui publicus fuerat occupassent, contra popinarii dicerent sibi eum deberi, rescripsit melius esse ut quemadmodumcumque illic Deus colatur quam popinariis dedatur.* — L'affectation religieuse montre bien qu'il s'agit d'un lieu de culte, appartenant à la communauté chrétienne, et non d'une propriété privée, appartenant à des chrétiens quelconques.

vraisemblablement aux communautés chrétiennes.
On ne peut guère douter qu'il en soit ainsi de ce cimetière à l'administration duquel Calliste fut préposé
(198) par le pape Zéphyrin, et des *areae sepulturarum*
de Carthage qui, au temps de Tertullien, étaient connues comme appartenant aux chrétiens[1].

Ainsi la propriété ecclésiastique existait au IIIe
siècle et vraisemblablement dès le commencement
de ce siècle. Sous quelle disposition de loi ou sous
sous quelle fiction légale était-elle parvenue à s'abriter ? On a songé[2] à la législation sur les collèges funéraires, législation assez accomodante, dont l'empereur
Septime Sévère avait favorisé l'application. Il était
permis aux petites gens de se grouper en vue de se
procurer une sépulture convenable ; ces associations
pouvaient recueillir das cotisations mensuelles, posséder, tenir des réunions de caractère religieux ; elles
étaient représentées par un *actor* ou syndic, qualifié
pour agir en leur nom. Les inscriptions attestent
qu'elles pullulèrent dans tous l'empire. Pourquoi les
groupes chrétiens n'auraient-ils pas été admis à jouir
de ces facilités ? Pourquoi, eux qui avaient un tel
soin de leurs sépultures, n'auraient-ils pas présenté
leurs communautés comme des collèges funéraires,
les plaçant ainsi à l'abri de la loi ?

Pourquoi ? Pour plusieurs raisons. D'abord ces

1. *Ad Scap.*, 3.
2. De Rossi, *Roma sott.*, t. I, p. 101 ; t. II, p. viii ; *Bull.*, 1864,
p. 57 ; 1865, p. 90.

collèges leur inspiraient une répulsion profonde. Tertullien, qui nous a laissé une comparaison célèbre [1] entre les collèges païens et les associations chrétiennes, insiste avec sa vigueur habituelle sur les traits qui les distinguent. Un évêque d'Espagne, qui s'était risqué à faire partie d'un collège et à faire enterrer ses enfants par cette association, fut, pour ce fait l'objet de sentences ecclésiastiques[2]. De plus la loi sur les collèges funéraires supposait, comme condition essentielle, que l'on ne contreviendrait pas au sénatus-consulte qui prohibait les associations illicites.

Or quelle association était plus illicite que celle des chrétiens ? Il eût fallu que la police ignorat qu'il s'agissait de l'église chrétienne. Ceci surtout eût été difficile. Les collèges funéraires étaient des associations peu nombreuses, de quelques douzaines de personnes. Une église de grande ville, comme celle de Rome, de Carthage, d'Alexandrie, pouvait compter aisément, au milieu du IIIe siècle, de trente à quarante mille fidèles. Il eût été malaisé de déguiser en collège funéraire une multitude aussi considérable[3].

Il me semble plus naturel de croire que si, depuis la mort de Marc-Aurèle, les communautés chrétiennes ont joui de longs intervalles de paix, si elles ont réussi

[1]. *Apol.*, 39.
[2]. Cyprien, ep. LXVII, 6.
[3]. En dehors des raisons de convenance, on a cru relever quelques indices de l'usage que l'église romaine aurait fait de la législation sur les collèges funéraires ; ils sont extrêmement faibles et de significations très douteuse.

à posséder des immeubles apparents et considérables, c'est qu'on les a tolérées ou même reconnues, sans aucune fiction légale, comme églises, comme sociétés religieuses. Tertullien crie très haut que l'association chrétienne est une association religieuse : *Corpus sumus de conscientia religionis* etc. Il n'avait du reste pas besoin de le dire : tout le monde le savait. Pour les païens de son temps l'idée de chrétien était inséparable de l'idée de membre d'une société religieuse. Les réunions de culte, le lien religieux qui unit tous les fidèles, sont les premières choses qui aient été aperçues et calomniées. Dès lors tolérer les chrétiens, c'était tolérer le corps des chrétiens; persécuter les chrétiens c'était persécuter l'être collectif qu'ils formaient nécessairement. Cet être collectif, qui ne cessait de grandir et de se fortifier, pouvait paraître dangereux pour la sécurité de l'empire; alors on cherchait à l'exterminer. Mais il pouvait aussi paraître innoffensif. Commode, les empereurs syriens, Gallien, même Valérien, Aurélien et Dioclétien, au commencement de leurs règnes, n'en ont pas senti le péril. On pouvait enfin reculer devant l'extermination de tant de gens et devant la dissolution d'une société que tant de rigueurs n'avaient pu entamer. Quelques empereurs allèrent plus loin. Quand Gallien écrivait aux évêques de se faire rendre leurs églises, quand Aurélien faisait évincer Paul de Samosate de l'église d'Antioche, les chrétiens étaient sans doute bien tentés de se croire autorisés, comme individus et comme corporation.

En somme, les empereurs du IIIe siècle ont tous eu à l'égard de l'Eglise une attitude fort tranchée : ou bien ils l'ont persécutée ouvertement, ou bien ils l'ont tolérée. En aucun cas ils ne l'ont ignorée. Ses lieux de réunion, ses cimetières, les noms et domiciles de ses chefs étaient connus des magistrats municipaux et de l'administration. S'il arrivait un édit de persécution, on savait où trouver l'évêque, on le faisait arrêter, on mettait saisie sur les lieux de culte et les biens de l'église. L'édit révoqué, c'est encore à l'évêque que l'on s'adressait pour rendre les biens confisqués. De fictions légales, de collèges funéraires, de titres mystérieux, les documents ne donnent ni témoignage ni soupçon. Tout se passe entre le gouvernement et le corps des chrétiens. Le christianisme n'avait pas cessé d'être prohibé en théorie ; nul rescrit impérial ne lui avait reconnu la qualité de *religio licita*, ni déclaré que les communautés chrétiennes étaient des associations autorisées. Les barrières légales existaient toujours. Mais il devenait de plus en plus impossible de les prendre au sérieux. La vigne du Seigneur les débordait de tous côtés par sa prodigieuse végétation.

CHAPITRE XX.

L'Afrique chrétienne et l'église romaine au milieu du IIIe siècle - Cyprien.

Populations indigènes du nord de l'Afrique. — Colonisation phénicienne : Carthage. — Colonisation et administration romaine. — Origines chrétiennes. — Tertullien. — Cyprien, évêque de Carthage. — Sa retraite pendant la persécution de Dèce. — Attitude factieuse des confesseurs et des apostats. — Rapports avec Rome. — Schisme de Novatien. — Le pape Cornelius. — Schisme de Félicissime à Carthage. — Le pape Etienne. — Son conflit avec l'église africaine à propos du baptême des hérétiques. — Martyre de Cyprien.

1º. — *Les provinces africaines.*

L'Afrique des anciens s'étend, comme une grande île, entre le désert et la mer, depuis les Syrtes jusqu'à l'Océan. Les premiers habitants que nous lui connaissons appartenaient à une race assez semblable à celle de l'Europe. Des noms divers, Maziques, Maures, Numides, Gétules, désignaient, dans l'antiquité, certains groupes de leurs tribus ; à leur ensemble nous appliquons maintenant les dénominations de race berbère ou kabile. Jamais elles ne furent rassemblées en un état unique ; il est même assez rare qu'elles aient vécu longtemps en groupements partiels un peu considédérables. Le régime des tribus, encore en vigueur dans tout ce pays et surtout dans sa partie occidentale, leur convient plus que tout autre. Mais il les défend mal contre l'envahisseur : aussi sont-ils voués à la colonisation de l'étranger.

Les premiers colonisateurs furent les Phéniciens. Carthage, fondée pour être la reine des mers occidentales, devint aussi la métropole du continent africain. Ses comptoirs s'échelonnaient tout le long du littoral ; à l'intérieur aussi elle essaima, dans la fertile vallée du Bagradas et même plus loin, dans les régions productives qui portèrent plus tard les noms de Byzacéne et de Numidie. Tout ce pays était couvert de villes et de villages où régnaient les mœurs, les institutions, la langue de Chanaan. En arrière de cette zône colonisée et assimilée, le pays berbère s'ouvrait à l'influence politique des Carthaginois et surtout à leur commerce.

Le conflit avec Rome vint mettre un terme à cette expansion. Après la deuxième guerre punique, Carthage, exclue de la mer, ne conserva plus sur le continent africain qu'un domaine fort limité, correspondant à peu près à la région de l'intérieur où l'on parlait phénicien. Au delà s'étendaient les royaumes de Numidie et de Mauritanie. Ceux-ci survécurent à la catastrophe définitive (146 av. J. C.) : Massinissa avait aidé les vainqueurs. Les Romains détruisirent Carthage et gardèrent pour eux son territoire ; mais tout d'abord ils n'en firent rien. La colonisation latine ne commença qu'un siècle plus tard, lorsque César (44 av. J.C.) ressuscita l'antique rivale de Rome, annexa le royaume de Numidie et forma, de cette nouvelle Afrique (*Africa nova*) et de la province déjà existante (*Africa vetus*), une seule et même province. Des colonies d'émigrés latins s'établirent, tant sur l'emplacement de Carthage que dans quelques villes du littoral, ou même de l'intérieur. Les municipalités phéniciennes furent organisées à la façon romaine : les duumvirs succédèrent aux suffètes, les dieux de Rome aux anciennes divinités chananéennes, la langue latine à la langue punique. Puis, au delà du pays déjà colonisé par les Carthaginois, on gagna sur le région berbère, où s'élevèrent peu à peu de nombreuses cités latines.

Il s'en faut pourtant que l'assimilation ait été complète. Le phénicien se maintint logtemps dans les campagnes, comme le celte en Gaule et le copte en Egypte. Il finit par être supplanté, mais très tard, et et probablement pas avant les arabes, qui l'abolirent avec le latin lui-même. La langue berbère, elle, se défendit ; elle s'est même conservée, à travers tant de changements, jusqu'à nos jours. C'était celle des états indigènes de Numidie et de Mauritanie, qui durèrent plus longtemps que l'état punique, c'était celle des Gétules et des autres populations indépendantes qui avoisinaient le pays romain ; c'était celle enfin qui se maintenait, avec toutes les institutions berbères, en nombre d'îlots autonomes, épars à l'intérieur des provinces et gouvernés, soit par des chefs nationaux, soit par des administrateurs romains.

Pour tenir en respect des populations si éloignées encore des mœurs romaines, une armée était indispensable. Le proconsul, quoique relevant du sénat, avait, par exception, une légion sous ses ordres. Des conflits sortirent de là. Pour les faires cesser, il fut décidé, en l'an 37, que la province proconsulaire serait séparée de la Numidie et que celle-ci serait administrée par le légat de la légion. La première commençait à l'ouest d'Hippone (Bône) et s'étendait jusqu'à la Tripolitaine ; l'autre touchait la mer entre l'Ampsaga (Oued-el-Kébir) et le territoire d'Hippone, puis s'étendait en éventail vers le sud, faisant largement face aux tribus du désert. Le quartier général fut installé au pied de l'Aurès, d'abord à Théveste, puis à Lambèse.

A l'ouest de l'Ampsaga commençait le royaume de Mauritanie, qui dura jusqu'en 40. Il fut alors annexé et l'on en fit deux provinces, la Mauritanie Césarienne et la Mauritanie Tingitane, qui tiraient leurs noms de leurs capitales, Césarée (Cherchell) et Tingi (Tanger). Dans ces pays la colonisation, commencée trop tard ne réussit pas, tant s'en faut, au même degré que dans les provinces de l'est. Les postes romains n'allaient pas si loin au sud ; les montagnes du littoral restèrent aux mains de peuplades indépendantes. En Tingitane surtout on ne comptait qu'un très petit nombre de villes, presque toutes sur la côte de l'Atlantique. L'intérieur ne devint pas plus latin qu'il ne n'était devenu phénicien. La province de Bétique, en Espagne était sans cesse menacée par les pirates du Rif, sur qui les autorités romaines avaient alors aussi peu d'action qu'en ont maintenant les autorités marocaines.

Les romains faisaient une grande différence entre le pays mauritanien et les provinces orientales. Une barrière de douanes les séparait ; en Mauritanie on se servait, pour compter les années, non point des fastes consulaires de Rome, mais d'une ère provinciale. Les gouverneurs étaient de simples procurateurs, comme dans les districts peu civilisés des Alpes.

2°. — *Origines chrétiennes.* — *Tertullien.*

Il ne s'est conservé, sur la fondation de l'eglise de Carthage et des autres églises africaines, aucun souvenir, même légendaire[1]. De quelque pays que lui soient venus ses premiers apôtres, la chrétienté de Carthage s'oriente de bonne heure sur celle de Rome. C'est avec elle que ses relations étaient le plus fréquentes. On s'y intéressait extrêmement à tout ce qui se passait à Rome : aucun mouvement d'idées, aucun fait d'ordre disciplinaire, rituel, littéraire, ne se produisait à Rome sans retentir aussitôt à Carthage. La littérature de Tertullien en témoigne souvent ; il en est de même de celle de saint Cyprien, et en gé-

---

1. Les textes rassemblés par M. Monceaux (*Hist. litt. de l'Afrique chrétienne*, t. I, p. 5) ne représentent pas des légendes nées dans le pays, mais seulement des combinaisons byzantines de basse époque, sans aucune racine dans la tradition locale.

néral de tous les documents de l'église africaine, tant que dura son histoire.

De Carthage, d'où rayonnaient toutes les importations, le christianisme se répandit assez rapidement dans le pays colonisé. Il est de même possible qu'il ait fait au delà quelques conquêtes [1]. En général, cependant, la propagande chrétienne ne sortit guère des cadres de l'assimilation latine. Encore que l'Evangile ait été prêché en punique et en berbère, le christianisme demeura toujours, en ces pays une religion latine. La Bible ne fut pas traduite dans les idiomes du pays, comme elle le fut en syriaque, en copte, en arménien, en gothique. Du reste, qui écrivait en berbère ou en punique ? La littérature, chrétienne ou païenne, est entièrement latine. On n'a jamais entendu dire que la liturgie ait été célébrée en une autre langue que le latin [2]. S'il y eut des exceptions, elles seraient en faveur du grec et non point des langues indigènes.

C'était là une faiblesse. On le vit bien aux mauvais jours des invasions arabes. Le christianisme, trop étroitement lié aux institutions latines, ne parvint pas à leur survivre.

Le plus ancien souvenir chrétien d'Afrique n'est pas relatif à Carthage, mais à Scilli, ville de la Numidie

1. Tertullien, *Adv. Iudaeos*, I, donne comme gagnées au Christ *Getulorum varietates et Maurorum multi fines*. Mais il y a lieu de se défier de ses exagérations.
2. Ceci ne s'applique pas à la prédication ; au temps de saint Augustin on prêchait encore en punique. La connaissance de cette langue était indispensable pour exercer le ministère ecclésiastique en certaines localités.

proconsulaire [1]. C'est dans cette localité qu'avaient été arrêtés les martyrs que le proconsul Vigellius Saturninus jugea à Carthage en 180. Ce magistrat est le premier qui ait, en Afrique, instrumenté contre les chrétiens [2]. Il eut des continuateurs. Le règne de Sévère, prince africain, ne fut pas un temps de paix, pour les chrétiens de son pays. Tertullien écrivit alors, à plusieurs reprises, pour les défendre. Le 7 mars 203 Carthage fut témoin du martyre de deux jeunes femmes de Thuburbo minus, Perpétue et Félicité, qui périrent avec un groupe de leurs compatriotes, tous néophytes ou catéchumènes. Le récit de leur captivité et de leur martyre, presque entièrement écrit par Perpétue elle-même est un des joyaux de l'ancienne littérature chrétienne. Celui qui nous l'a conservé, en l'encadrant de quelques réflexions, parait avoir été dans le même état d'esprit que Tertullien à l'égard des visions et des prophéties. C'est peut-être lui.

Au temps de Sévère et de Caracala, Tertullien était le personnage le plus en vue de l'église de Carthage. Fils d'un centurion de la cohorte proconsulaire, il vécut d'abord dans le paganisme, cultiva les lettres et le droit [3], passa quelque temps à Rome. Après sa

1. La Numidie proconsulaire est cette partie de l'ancien royaume numide ou *Africa nova* qui fut annexée au ressort du proconsul lors de la division de la province entre le proconsul et le légat. — Scilli n'a pas encore été identifié.
2. Tertullien, *Ad Scap.*, 3, raconte qu'il devint aveugle.
3. Il n'est pas absolument impossible que ce soit lui le juriconsulte Tertullien dont quelques fragments sont conservés dans le Digeste : I, 3, 27 ; XXIX, 1, 23 ; XLVIII, 2, 28 ; XLIX 17, 4.

conversion il se fixa à Carthage, où l'on ne tarda pas à l'élever aux fonctions presbytérales. Dès l'année 197 on le trouve la plume à la main, exhortant les martyrs, défendant la religion devant l'opinion païenne et contre les rigueurs du proconsul. Dés ses premiers écrits se révèle cette rhétorique ardente, cette verve intarissable, cette connaissance profonde de son temps cette familiarité avec les faits anciens et les livres qui les rapportent, cet esprit ergoteur et agressif, qui caractérisent toute sa littérature. Il continua vingt ans, disputant contre les païens, les magistrats, les juifs, les hérétiques, Marcion surtout, se mêlant à toutes les querelles doctrinales, intervenant dans tous les cas de conscience, et les décidant toujours dans le même esprit intransigeant. Toujours batailleur, toujours exaspéré, il finit par n'avoir pas assez de ses adversaires du dehors; il s'en prit à ceux qui, dans l'Eglise, ne partageaient pas sa dureté et son intolérance. Dans cet état d'esprit la propagande montaniste le conquit tout naturellement. Sous l'égide du Paraclet, il put déblatérer à son aise contre les veufs qui se remariaient, contre les chrétiens qui se faisaient soldats, artistes, fonctionnaires, contre ceux qui ne voilaient pas leurs filles ou qui ne s'imposaient pas assez de macérations, contre les évêques qui prétendaient réconcilier avec l'Eglise les pécheurs pénitents. Sans doute il dut payer cette liberté de langage par l'acception, assez humiliante pour un tel homme, des révélations importées de Phrygie. Mais il trouva le moyen de s'en arranger. Impétueuse et imagée son éloquence inspirait facilement les femmes extatiques en qui parlait le Paraclet. Dans sa secte il fut le maître : le **Montanisme**, en Afrique, s'appela le Tertullianisme [1].

Au dessous de ces orages, la grande église de Carthage et ses succursales africaines continuaient à vivre du christianisme commun. Son histoire demeure inconnue : ce n'est sûrement pas par Tertullien qu'on en pourrait ressaisir le détail. Dans ses écrits certains il ne nomme aucun évêque. La passion de Perpétue parle d'un évêque **Optatus** et d'un **Aspatus**, prêtre-docteur, qui ne s'entendait pas entre eux et ne parvenaient pas à maintenir leurs ouailles en repos. Cet Optat est peut-être un évêque de Carthage [2]. Après lui, nous rencontrons un Agrippinus, sous lequel un grand concile africain décida que le baptême conféré par les hérétiques n'avait pas de valeur. Ce concile était une nouveauté. Au temps de Tertullien l'habitude de tenir des réunions d'évêques ne s'était pas encore introduite en Afrique [3]. Elle s'y implanta peu après lui, et c'est même en Afrique que l'institution des synodes acquit le plus de consistance.

Un événement qui dut avoir un grand retentissement dans toute l'Afrique chrétienne [4] c'est la

---

1. V. ci-dessus, p. 280.
2. Il est généralement considéré comme tel ; mais on doit admettre la possibilité que ce soit l'évêque de Thuburbo minus.
3. *De jejun.*, 13. Ce livre a été écrit vers l'année 220 ; c'est un des derniers écrits de Tertullien.
4. Cyprien, ep. LXIX.

condamnation de Privatus, évêque de Lambèse. Cette ville, quartier-général de la légion et résidence ordinaire du légat, était, après Carthage, la plus importante de ces contrées. Toutefois les chrétiens ne parraissent pas y avoir été en très grand nombre. Privatus fut condamné pour hérésie par un concile de quatre-vingt-dix évêques. Le chiffre est intéressant ; il nous montre combien le christianisme était déjà répandu dans les provinces africaines. Donat, évêque de Carthage, et le pape Fabien écrivirent contre Privat des lettres fort sévères. Si nous les avions, nous saurions au juste en quelle hérésie s'était fourvoyé l'évêque de Lambèse. L'intervention de Fabien et de Donat fixe entre 236 et 248 la date de cette affaire.

Donat fut remplacé, en 249, par saint Cyprien, dont les œuvres jettent, pendant une dizaine d'années une très grande lumiére sur l'église d'Afrique et sur ses relations avec celle de Rome.

3º. — *Saint Cyprien et la persécution de Dèce.*

Caecilius Cyprianus[1] était, avant sa conversion, un homme du meilleur monde africain. Riche ou du moins fort à l'aise, trés distingué d'éducation, rhéteur expert et maître d'éloquence, avocat recherché, il comptait de nombreux amis dans l'élite de la société. Rien ne faisait prévoir qu'il pût un jour se

---

1. Il s'appelait aussi Thascius.

joindre aux chrétiens et devenir un des leurs chefs. Pourtant, dans la gravité de sa vie, son âme s'ouvrait aux perspectives sérieuses. La grâce le toucha ; un un prêtre vénérable, Cécilien, l'aida à faire les premiers pas ; il demanda le baptême, le reçut (v.246) et s'émerveilla aussitôt du grand changement qui s'ensuivit en lui-même. De ces joies de la conversion nous avons le tableau dans son livre *Ad Donatum*, le plus ancien de ses écrits.

C'était une conversion compléte. Cyprien renonça au monde, à sa fortune, qu'il distribua en grande partie aux pauvres, et même aux lettres profanes. Tertulien et saint Jérôme ont beau maudire poètes orateurs et philosophes ; ils continuent de les lire et de les citer. Cyprien, une fois chrétien, ne connut plus d'autre littérature que l'Ecriture sainte. Il ne tarda pas à la posséder à fond. Nous avons de lui deux recueils de textes bibliques, classés par ordre de matières, pour la controverse avec les juifs, pour la justification des règles de la vie chrétienne, pour inculquer la résistance au paganisme jusqu'à l'effusion du sang[1]. Ces extraits, comme tous ses écrits du reste, témoignent de sa grande familiarité avec les livres sacrés de l'Ancien et du Nouveau Testament.

Peu après sa conversion il fut agrégé au corps presbytéral ; puis, le siège épiscopal de Carthage étant devenu vacant, il y fut porté par une élection presque unanime. Quelques prêtres, cependant, firent oppo-

---

1. *Testimonia ad Quirinon* I-III ; ad *Fortunatum*.

sition au néophyte, et, en dépit des efforts qu'il fit plus tard pour se les concilier, observèrent toujours à son égard une attitude assez malveillante.

Il n'était èvêque que depuis un an environ, lorsque la persécution de Dèce vint s'abattre sur l'Eglise. On estima autour de lui, et il jugea lui-même, que, connu comme il l'était à Carthage, il serait immanquablement arrêté et que, dans une crise aussi violente, la conservation de l'évêque importait plus que son martyre. Il quitta la ville et trouva au dehors une retraite sûre, où il put échapper aux recherches de la police, tout en se maintenant en communication avec ses fidèles et surtout avec les membres du clergé qui avaient pu demeurer parmi eux.

La situation était grave. Dans la longue paix qui avait précédé la persécution, les chrétiens d'Afrique s'étaient singulièrement affadis. Du haut de sa sévérité intransigeante, Tertullien avait fort malmené les « psychiques ». Cyprien, qui part de principes moins excessifs, n'est guère plus content de ses Africains. Il nous les montre attachés aux biens de la terre, âpres au gain, durs, haineux, indociles aux exhortations de leurs chefs, prompts à se mêler au monde païen par des mariages mixtes. Les femmes se fardent, les prêtres sont à peine religieux, les diacres à peine honnêtes ; on voit des évêques qui acceptent des places dans l'administration financière, et qui, pour en remplir les devoirs, nègligent leur ministère ; pendant que les pauvres meurent de faim, ils soignent leur fortune personnelle, fréquentent les marchés publics, ne reculent ni devant la fraude, ni devant l'usure.

De tels chrétiens, dirigés par de tels prêtres, on ne pouvait attendre un grand héroïsme. Devant la persécution leur attitude fut lamentable. La plupart cédèrent aux premières menaces, non pas même de mort mais de confiscation. Dans les premiers jours les magistrats de Carthage et les préposés spéciaux furent débordés par la foule des apostats qui réclamaient des certificats de sacrifice (*libelli*). Il y eut des défections jusque dans le clergé. Cependant une bonne partie des prêtres et des diacres parvint à se soustraire aux recherches; il en fut de même d'un assez grand nombre de fidèles; quelques confesseurs furent jetés en prison.

La retraite de l'évêque ne fut pas, on le pense bien approuvée de tout le monde. A Rome, en particulier, où l'on n'avait pas une idée nette de la situation de Cyprien à Carthage et des dangers spéciaux qu'il y pouvait courir, il s'éleva des critiques assez vives. Très peu de temps après la mort de Fabien, on y vit arriver un sous-diacre de Carthage, Crementius; les prêtres lui remirent deux lettres : l'une, adressée à Cyprien, lui annonçait le martyre de son collègue; l'autre, écrite d'après les nouvelles apportées de Carthage par Crementius, ne portait ni adresse, ni signatures ; mais le texte indiquait assez qu'elle était destinée au clergé de Carthage. Toutes les deux furent remises, en même temps, à Cyprien. La seconde l'étonna fort. Les rédacteurs parlaient au clergé de Carthage comme s'il n'avait plus été sous le gouvernement de son évêque : « Nous avons appris, disait-on, » que le saint pape Cyprien s'est retiré. On nous dit » qu'il a bien fait, étant un personnage en vue (*per-* » *sona insignis* ». Cette raison ne semblait pas suffisante aux prêtres romains, car ils commentaient aussitôt la parabole où le bon Pasteur qui meurt pour ses brebis (Fabien) est comparé au mercenaire (Cyprien) qui les abandonne à l'approche du loup. Un peu plus loin, en parlant des chrétiens qui avaient apostasié à Rome, on attribuait la chute d'une partie d'entre eux à ce qu'ils étaient des personnages en vue (*quod essent insignes personae*). Cette circonstance donnait au terme *insignis persona* un sens fâcheux, et le ton de la lettre n'était pas de nature à atténuer cette impression. Le clergé de Rome insistait baucoup sur son propre éloge et sur le zéle avec lequel il remplissait les devoirs que la persécution lui imposait. Il se proposait comme exemple au clergé de Carthage et ne lui ménageait pas des conseils, dont la forme, à tout le moins, pouvait paraître un peu dure.

Cyprien devait être blessé : il le fut en effet. Il écrivit aussitôt à Rome (ep. 9), accusant réception de la lettre par laquelle on lui avait notifié le matyre de Fabien et félicitant l'église romaine de la gloire qui rejaillissait sur elle. Quant aux instructions données au clergé de Carthage, il fit semblant de n'en pas connaître les auteurs, ou plutôt de douter qu'elles eussent été réellement écrites par les prêtres de Rome.

» J'ai lu, dit-il, une autre lettre, sans adresse ni signatu-
» re. L'écriture, le contenu, le papier lui-même
» m'ont un peu étonné. Peut-être y a-t-on retran-
» ché ou changé quelque chose. Je vous la ren-
» voie telle quelle afin que vous voyez si c'est bien
» celle que vous avez remise au sous-diacre Crémen-
» tius ».

Nous n'avons plus la réponse que fit le clergé de Rome à la lettre de Cyprien ; mais nous voyons qu'en la recevant il put constater que de faux rapports avaient été faits contre lui. Il sentit le besoin de se justifier. A cet effet il envoya à Rome une collection de treize lettres écrites par lui aux prêtres, aux diacres, aux confesseurs et a diverses personnes de son église [1]. Ces documents étaient propres à montrer qu'il n'avait nullement failli à ses devoirs de pasteur. En même temps il donnait les motifs de sa retraite. Le clergé et les confesseurs de Rome, qui avaient continué jusque là de correspondre directement avec le clergé de Carthage, mieux instruits maintenant de la situation, finirent par approuver la conduite de Cyprien. Ils changèrent aussi de rédacteur pour leur correspondance. A la plume précipitée et peu correcte qui avait écrit la première lettre, on substitua celle de l'éloquent Novatien.

1. Ep. 5, 6, 7, 10-19.

Ce changement, qui put coûter à Cyprien quelques sacrifices d'amour-propre, lui valut un appui bien précieux. Déjà, dans les dernières lettres de la collection qu'il avait envoyée à Rome, on voit se révéler les difficultés d'une situation étrange, créée à Carthage par alliance inattendue des confesseurs et des apostats. Parmi les premiers, beaucoup étaient des gens simples, grossiers même, quelques-uns d'une moralité un peu sommaire. Il y en avait qui avaient confessé la foi et vaincu la torture plutôt par fanfaronnade que par la conviction d'une piété réfléchie. La considération universelle dont jouissaient les martyrs, les honneurs qu'on leur rendait après leur mort, la vénération extrême, la sollicitude, les soins matériels, dont on entourait les confesseurs emprisonnés, tout cela était fait pour tourner des têtes peu solides. Ces braves gens avaient une tendance à se croire fort au dessus des autres chrétiens, à se considérer comme de grandes autorités religieuses, à se poser au besoin en rivaux des chefs spirituels régulièrement institués. La situation s'aggravait à Carthage de ce fait que l'évêque était absent et en fuite. Les raisons qui lui avaient imposé de se cacher échappaient facilement au populaire; celui-ci réservait son enthousiasme pour les vaillants qui avaient subi le chevalet, les verges, les atrocités de la prison, et n'attendaient plus qu'une dernière sentence pour aller au ciel régner avec le Christ.

De tels sentiments étaient très répandus, non seulement parmi les fidèles qui n'avaient pas failli (*stantes*), mais aussi et surtout parmi les *lapsi*, c'est-à-dire ceux qui, à un degré ou à un autre, s'étaient compromis en obéissant à l'édit. Ceux-ci, se trouvant ou se croyant désormais à l'abri des rigueurs, cherchaient à rentrer dans la communion de l'Eglise. Mais cela n'allait pas sans difficulté. L'apostasie était un cas de pénitence perpétuelle. Sans doute les coupables étaient trop nombreux pour qu'un adoucissemen des anciennes règles ne fût pas considéré comme nécessaire : mais ce n'était pas au milieu de la persécution qu'on pouvait délibérer sur une mesure aussi grave, apprécier la diversité des cas et proportionner la sévérité de la réparation à la culpabilité de chacun. Il était donc admis en principe, à Carthage et à Rome, que l'on attendrait, pour régler la situation des apostats, que les évêques pussent reprendre la direction immédiate de leurs églises, conférer entre eux et donner à leurs décisions l'autorité et l'uniformité convenables. Jusque là les *lapsi* devaient faire pénitence et s'abstenir des saints mystères[1].

Ce délai sembla trop long aux intéressés. Autour d'eux, d'ailleurs, on voyait s'agiter cinq prêtres qui avaient déjà fait de l'opposition à Cyprien au moment de son élection et depuis ; c'est eux sans doute

1. Dans les premiers mois, Cyprien avait exclu les apostats indigents de l'assistance ecclésiastique. C'était assez naturel. Toutefois l'exemple de l'église romaine, plus miséricordieuse en ceci, le décida à se montrer plus large.

qui l'avaient calomnié à Rome. Ils se mirent à recevoir les *lapsi* à la communion et à célébrer chez eux ou pour eux le saint sacrifice. La seule formalité qu'ils exigeassent était un billet de recommandation délivré par quelque confesseur sur le point de subir le martyre. C'était en effet l'usage que les recommandations des martyrs fussent prises en considération par les évêques et servissent à abréger pour les pécheurs le temps de la pénitence canonique. Mais il n'était pas dans l'ordre que cette indulgence fût appliquée directement par les martyrs ni surtout qu'on en usât avec une libéralité sans limites. Les confesseurs, surtout un certain Lucien, qui se disait mandataire d'un martyr appelé Paul, déjà exécuté, distribuaient sans compter les billets d'indulgence. Pour la forme ils revoyaient les *lapsi* devant l'évêque ; mais leurs recommandations étaient impératives. On sent, à les lire, que ces braves gens s'appuyaient sur l'opinion et qu'il n'était pas aisé de leur refuser quelque chose. Cyprien, quand il leur écrivait, s'ingéniait à se montrer respectueux et caressant, tout en cherchant à leur faire accepter de bons conseils et à sauvegarder sa propre autorité .

Mais, en dépit de sa bonne volonté, de sa condescendance, de son humilité, il ne pouvait les satisfaire toujours. Leurs billets concernaient souvent des familles entières, des groupes considérables et indéfinis *Communicet ille cum suis*, écrivait-on à l'évêque. Le *cum suis* était aussi large que le *communicet* était peu poli. Cyprien fit des objections. On lui répondit par un billet où les confesseurs passaient l'éponge sur toutes les apostasies de l'Afrique. L'évêque de Carthage était chargé de l'exécution dans son église et requis de faire parvenir aux autres évêques cette étrange décision du nouveau pouvoir ecclésiastique.

La situation se tendait. Sans doute l'évêque avait pour lui les gens sages du clergé et du peuple; quelques-uns des confesseurs désapprouvaient la conduite de Lucien et ses orgueilleuses distributions d'indulgences. Mais les gens sages sont toujours en minorité, surtout dans les moments de crise. Cyprien sentit le besoin de s'appuyer sur l'autorité de l'église romaine et en particulier de ses confesseurs, dont quelques-uns, comme les prêtres Moïse et Maxime, étaient depuis de longs mois en prison. On lui écrivit des lettres où sa conduite était hautement approuvée En même temps il saisissait toutes les occasions de montrer son respect pour les martyrs; il introduisait dans son clergé quelques-uns des confesseurs les plus méritants, choisis naturellement parmi ceux qui ne s'étaient point compromis dans l'affaire des indulgences.

Mais l'opposition ne désarmait pas; au contraire, elle s'organisait. Les cinq prêtres rebelles étaient toujours à la tête. On distinguait parmi eux un certain Novatus. Un laïque riche et influent, Félicissime, appuyait énergiquement cette coterie. Vers la fin de l'année 250, Cyprien ayant envoyé à Carthage une commission d'évêques et de prêtres pour préparer son retour et distribuer ses aumônes, Félicissime fit tout son possible pour que leur mission échouât et pour que l'on méconnût l'autorité de l'évêque. Cyprien se défendit. Ses représentants à Carthage prononcèrent, par son ordre, une sentence d'excommunication contre Félicissime et ses principaux adhérents. Les prêtres rebelles s'étaient mis d'eux-mêmes en dehors de la communion de l'évêque. L'un d'eux Novatus, partit pour Rome, afin d'assurer aux opposants de Carthage le concours du pape que l'on ne pouvait manquer d'élire bientôt, la persécution ayant commencé à s'apaiser.

Après Pâques, c'est-à-dire au mois d'avril 251, Cyprien put rentrer dans son église troublée. Deux instructions pastorales [1], sur la situation des *lapsi* et sur le schisme, furent adressées par lui à son peuple en fermentation.

Il convoqua, comme il l'avait annoncé depuis longtemps, une assemblée des évêques africains, pour régler avec plus d'autorité, les questions pendantes.

4º — *Le schisme de Novatien.*

Pendant ce temps-là Novatus s'occupait à diviser l'église romaine. A Rome, comme à Carthage, les confesseurs étaient hautement considérés. Ceux surtout qui étaient encore en prison se voyaient entourés d'hommages et consultés comme des oracles. Novatus

---

1. *De Lapsis, De Ecclesiae unitate.*

commança par se mettre en rapport avec Novatien, qu'il séduisit facilement ; puis il essya de gagner les confesseurs. Il n'y réussit pas d'abord. Moïse resta fidèle à Cyprien et déclara qu'il n'entrerait point en communion avec la coterie des cinq prêtres de Carthage. Mais après sa mort, qui arriva en janvier ou en février 251 ses compagnons de captivité se laissèrent séduire et joignirent leur influence à celles que Novatus et Novatien groupaient autour d'eux. Ce dont il s'agissait, c'était de faire élire un pape qui ne reconnaîtrait pas Cyprien comme légitime évêque de Carthage et qui protégerait le compétiteur qu'on lui préparait. De principes dogmatiques ou disciplinaires on n'en avait pas encore ; mais on entendait exploiter, à Rome comme en Afrique, le prestige des confesseurs. Le futur successeur de saint Pierre devait être le pape des confesseurs, comme à Carthage le parti anticyprianiste se proclamait le parti des confesseurs.

Ces calculs furent déçus. L'élection eut lieu vers la mi-mars : les ennemis de Cyprien ne parvinrent pas à empêcher le choix d'un candidat étranger à leurs vues, le prêtre Cornélius. Ils s'empressèrent de l'attaquer violemment, lui imputant, entre autres crimes, d'avoir reçu un certificat de sacrifice et d'avoir communiqué avec des apostats déclarés. Par les soins de Novatus une protestation motivée arriva à Carthage en même temps que la notification de l'ordination de Carnélius. Elle était rédigée au nom d'un prêtre de Rome, de Novatien probablement. Cyprien et les évêques africains commençaient à se réunir autour de lui jugèrent qu'il y avait lieu de se renseigner exactement : ils attendirent les procès-verbaux officiels de l'élection et dépêchèrent même deux évêques à Rome. Pendant ces délais[1], le parti opposé à Cornelius élisait un autre évêque, Novatien lui-même,[2] et faisait diligence pour le faire reconnaître dans toute l'Eglise. A cette nouvelle et sur des renseignements qui lui furent envoyés de Rome, Cyprien reconnut officiellement Cornelius.

Ainsi le schisme novatien, qui devait donner lieu

1. Il faut en effet distinguer deux temps dans la compétition de Novatien. D'abord on proteste contre Cornelius et son élection, mais sans en faire une autre. Saint Cyprien distingue très bien ces deux phases et les deux ambassades que les schismatiques envoyèrent successivement à Carthage. Ep. XLV, 1 : *Diversae partis obstinata et inflexibilis pervicacia non tantum radicis et matris sinum adque complexum recusavit, sed etiam gliscente et in peius recrudescente discordia episcopum sibi constituit...* c. 3. *Cum ad me talia adversum te et conpresbyteri tecum consistentis scripta venissent.* Ici, il s'agit de la première lettre contre Cornelius, expédiée par Novatien encore prêtre. Cyprien note (ep. LV, 8) que Cornelius est devenu évêque alors que la place de Fabien, c'est-à-dire de Pierre, était vacante, tandis que de Novatien on n'en pouvait dire autant.
2. Cornelius, dans une de ses lettres à Fabius d'Antioche (Eus., VI, 43), dit que Novatien envoya chercher dans un coin de l'Italie trois évêques, gens simples et sans culture (ἀγροίκους καὶ ἁπλουστάτους qui lui conférèrent l'ordination après boire. L'un d'eux demanda pardon à Cornelius, qui l'admit à la communion laïque ; les deux autres furent aussitôt pourvus de successeurs. Pour les détails de ce genre, je n'ai déjà fait (ci-dessus, p. 325) et je ne fais ici qu'un usage discret de cette lettre à Fabius, où Novatien est malmené avec cette ardeur dont les anciens usaient volontiers dans leurs invectives. Le rédacteur de cette pièce dépasse évidemment toute mesure, par exemple lorsqu'il attribue la conversion de Novatien au diable, lorsqu'il doute de la validité de son baptême, lorsqu'il tourne en ridicule sa science théologique. Plusieurs des traits lancés contre l'importun compétiteur atteindraient aisément le pape Fabien (c'est lui sans doute qui éleva Novatien au sacerdoce) et les chefs de l'église romaine pendant la persécution de Dèce.

à une secte importante, ne s'est pas fait d'abord sur une question de doctrine, mais sur une question de personne. Novatien, n'avait pas de principes spéciaux sur la pénitence. Novatus, par ses antécédents à Carthage, devait être favorable plutôt que contraire à la mitigation de la discipline. Pendant les controverses de l'année précédente, c'est Novatien qui avait rédigé les lettres du clergé et des confesseurs romains, ces lettres, qui, nous dit saint Cyprien[1], « furent envoyées dans le » monde entier et portées à la connaissance de toutes » les églises et de tous les fidèles ». Or, dans ces lettres, deux points étaient réglés : d'abord que les *lapsi* devaient être admis à la pénitence, la durée et les conditions de celles-ci étant renvoyées à l'examen des évêques, qui décideraient aussitôt la paix rétablie ; ensuite que ceux des faillis qui seraient en danger de mort pourraient être réconciliés[2]. Pendant la persécution, Novatien avait réussi à échapper aux recherches, mais sans faire preuve d'un héroïsme extraordinaire[3]. On ne pouvait donc prévoir qu'il se ferait le champion de la sévérité. Mais une fois le schisme organisé, il était inévitable qu'on n'adoptât dans la grande question du moment une attitude et des principes opposés à ceux de Cornelius.

Le concile de Carthage, enfin réuni, vers le milieu de mai, sous la présidence de Cyprien, décida que tous les *lapsi* sans distinction, pourvu qu'ils fussent

1. Ep., LV, 5.
2. Ep. XXX, 8.
3. Eus., VI, 43, § 16.

repentants, seraient admis à la pénitence et réconciliés au moins au moment de la mort ; que ,selon la gravité des cas, la pénitence serait plus ou moins longue ; que les évêques, prêtres et autres clercs pourraient être admis à la pénitence, comme les autres, mais non pas réintégrés dans leurs fonctions. Ces décisions furent transmises à Rome. Cornelius, comme la plupart des membres du clergé romain, était dans les mêmes sentiments que les évêques d'Afrique Cependant il voulut donner toute l'autorité possible au règlement d'une affaire à laquelle tant de gens étaient intéressés ; à cet effet, il convoqua de son côté à un grand concile tous les évêques d'Italie.

C'est alors que les positions se dessinèrent et que le parti de Novatien devint le parti de la discipline rigoureuse. Point de réconciliation entre l'Eglise et les déserteurs, anathème perpétuel aux idolâtres ! Tel fut le mot d'ordre de la nouvelle secte. On ne prétendait pas empêcher les apostats de faire pénitence ; on les y engageait même fortement, mais en leur enlevant tout espoir de rentrer dans la fraternité chrétienne, fût-ce à leur dernier soupir. Ce traitement avait été autrefois appliqué aux adultères aussi bien qu'aux apostats ; mais depuis longtemps on ne le maintenait plus que pour ces derniers. Novatien et ses adhérents protestèrent qu'il fallait s'en tenir là et ne pas faire aux apostats la concession que l'on avait faite aux adultères. Ce fut là tout le novatianisme primitif. Une fois séparée de l'Eglise, la secte

Cyprien. Dès le temps de la persécution, il avait ordonné de réconcilier les *lapsi* à leur lit de mort; aussitôt que la paix avait semblé renaître, il avait envoyé dans toute l'Egypte une sorte de tarif pénitentiel où les différents cas étaient distingués et soumis à des pénalités graduées. Les lettres de Novatien ne lui firent aucun effet ; il y répondit très franchement, quoique très doucement, suivant sa coutume en déclarant au compétiteur de Cornelius que ce qu'il avait de mieux à faire, c'était d'abandonner son prétendu épiscopat. Il s'employa aussi avec beaucoup de zèle à ramener les confesseurs romains qui s'étaient égarés dans le schisme. C'était là une affaire très importante. Cyprien s'y appliqua de son côté avec la même ardeur. Ces deux grands évêques, dont la situation et la carrière ont tant de traits de ressemblance, observèrent ici, sans se concerter, une attitude identique. Ils réussirent. Les confesseurs de Rome, touchés de la grâce, se séparèrent presque tous de Novatien ; ils revinrent à l'Eglise, où Cornelius et les siens leur firent le meilleur accueil. On réintégra même dans leurs dignités ecclésiastiques ceux qui en avaient été revêtus. Ce fait enlevait à Novatien le plus clair de son prestige aux yeux des populations chrétiennes. Cornelius et ses deux alliés, Denys et Cyprien, ne manquèrent pas de donner le plus grand retentissement à une conversion si opportune.

Les lettres écrites à ce propos ne sont pas les seules

œuvres de plume qui aient été dirigées contre **Novatien**. Nous avons encore, sous le titre *Ad Novatianum* une sorte d'homélie où il est pris assez vivement à partie. Elle paraît bien avoir été écrite à Rome [1].

La petite église se maintint cependant ; un certain nombre de fidèles « fermes dans l'Evangile »[2] demeura groupé autour de Novatien. Celui-ci, outre ses écrits de propagande, multipliait les instructions à ses disciples. Nous avons des spécimens de cette littérature dans son *De cibis iudaicis*, très probablement aussi dans le *De spectaculis et le De bono pudicitiae*. Ces compositions et quelques autres[3] pour lesquelles on a pu revendiquer la même provenance, nous sont parvenues sous le couvert de saint Cyprien. Saint Jérôme en connaissait bien d'autres[4]. Les trois dont j'ai marqué les titres ont cela de commun qu'ils ont été écrits en un temps de persécution, sous Gallus ou sous Valérien, alors que Novatien était séparé de ses disciples. D'après une tradition conservée dans sa secte[5], il aurait figuré parmi les victimes de la persécution de Valérien.

1. M. Harnack y voit l'œuvre de Xyste II (*Texte u. U.*, t. XIII, 1 ; cf. t. XX, 3, p. 116 ; *Chronol.*, t. II, p. 387).
2. *Novatianus plebi in Evangelio perstanti salutem*, titre du *De cibis*.
3. *Adversus Iudaeos, De laude martyrii, Quod idola dii non sint.*
4. *De Pascha, De sabbato, De circumcisione, De sacerdote, De oratione, De instantia, De Attalo.*
5. Socrate, *H. E.*, IV, 28 ; Euloge, évêque d'Alexandrie à la fin du VIe siècle, a eu sous les yeux une « passion » de Novatien, composition fabuleuse et sans valeur. Un martyr Novatien est marqué au 29 juin dans le martyrologe hiéronymien ; je pense que c'est le même qui figure déjà au 27, en tête d'une liste d'apparence africaine. Il serait bien invraisemblable que le fondateur du schisme ait été

A Carthage, la coterie de l'indulgence, qui, depuis de longs mois, exploitait contre Cyprien la vanité des confesseurs et l'empressement indiscret des *lapsi*, dut être bien surprise du pli que les choses avaient pris à Rome. Novat, passant d'un extrême à l'autre, organisait, avec les confesseurs romains, un parti de sévérité intransigeante. D'autre part, le concile de 251, par sa miséricorde à l'égard des libellatiques et autres *lapsi* moins compromis, avait enlevé aux fauteurs du schisme une bonne partie de leurs clients. Félicissime essaya pourtant de se maintenir. Il se fit ordonner diacre, c'est-à-dire trésorier, de la contre-église que l'on allait fonder. On battit toute l'Afrique pour recruter des adhérents, surtout dans l'épiscopat, en vue d'opposer un concile à celui de Cyprien, de le déposer lui-même et de proclamer la discipline commode qui était le but ou le prétexte de toute cette intrigue.

Le succès fut médiocre. On avait annoncé vingt-cinq évêques ; cinq seulement se présentèrent, dont trois apostats et deux hérétiques. L'un de ces derniers était ce même Privat de Lambèse qui avait été déposé quelques années auparavant dans un grand concile. En même temps qu'eux plus de quarante évêques arrivaient à Carthage pour le concile (le second après la persécution) que l'on avait coutume de tenir en

marqué dans les calendriers de la grande église. Le calendrier romain qui fait partie de la compilation pseudohiéronymienne a été arrêté vers 422, peu après que les dernières églises novatiennes de Rome eussent été fermées.

mai. Ce concile s'assembla le 15 mai 252. Privat chercha à s'y faire admettre pour plaider sa cause et obtenir sa réhabilitation : ce fut en vain. Le concile, ayant égard à la persécution que le nouvel empereur Gallus déchaînait en ce moment sur l'Eglise, accorda la communion aux *lapsi* de toute catégorie qui jusqu'alors avaient fait consciencieusement pénitence. Cette disposition diminuait encore les raisons d'être de l'opposition. Cependant elle n'atteignait pas les partisans de Félicissime, qui, depuis plus d'un an, formaient schisme et n'observaient aucune sorte de pénitence. Aussi ne laissèrent-ils pas de tenir un petit concile contre le grand. Ils y prononcèrent une sentence de déposition contre Cyprien et lui ordonnèrent un successeur, dans la personne de Fortunatus, un des cinq prêtres dissidents. Cyprien ne s'en émut guère. Il avait pour lui tout l'épiscopat d'Afrique et toute la population chrétienne de Carthage, sauf un petit noyau d'intrigants, auxquels on donnait volontiers, du nom de leur chef, le sobriquet d'*Infelicissimi*.

Félicissime, cependant, partit pour Rome avec quelques-uns des siens ; ils s'efforcèrent de faire reconnaître le nouvel évêque Fortunat. Le pape Cornelius les écarta de l'église ; mais, comme ils faisaient tapage contre Cyprien et menaçaient de publier des lettres de Fortunat, pleines d'infamies contre lui, Cornelius prit peur et consentit à recevoir ces documents. Cette concession, dont nous ne saisissons pas bien les modalités irrita fort l'évêque de Carthage, lequel n'était pourtant pas homme à s'irriter sans raison.

C'était un second nuage qui s'élevait entre deux évêques dont l'union est pourtant restée célèbre. Au commencement de son épiscopat, Cornelius avait été blessé du retard que Cyprien avait mis à proclamer son ordination et des précautions qu'il avait cru devoir prendre pour la vérifier[1]; Cyprien, à son tour, fut singulièrement étonné de la timidité de son collègue et des doutes qu'il semblait autoriser contre ses droits à occuper le siège de Carthage. Il se plaignit à Cornelius avec autant d'éloquence que de franchise[2]. On était alors à l'été de l'année 252 La persécution de Gallus, qui s'annonçait déjà, allait changer le tour des préoccupations de Cyprien à l'égard de l'évêque de Rome. Aussitôt qu'il le sut exilé, il s'empressa de lui écrire une lettre de félicitations[3].

Lui-même il put, cette fois, demeurer au milieu de ses fidèles, en dépit du peuple fanatique de Carthage, qui, à chaque instant, réclamait sa tête. L'année suivante Cornelius étant mort en exil, Lucius fut élu à sa place par l'église de Rome. Lui aussi, il fut exilé, mais peu de temps. La tranquillité revint : Lucius rentra à Rome. Cyprien, qui l'avait félicité de sa confession, lui écrivit encore

1. Ep., XLV, XLVIII.
2. Ep. LIX.
3. Ep. LX.

pour s'associer, avec l'épiscopat africain, à la joie des fidèles de Rome [1].

Ces lettres, comme, du reste, toute la correspondance de saint Cyprien, témoignent de l'union entre les deux sièges de Rome et de Carthage, de leurs fréquentes relations et du respect particulier des Africains pour l'église de Rome, « l'église principale (*principalis*), d'où procède l'unité sacerdotale »[2]. Sous le pape Etienne, successeur de Lucius, ces rapports devinrent moins aimables ; ils traversèrent même une crise assez délicate.

5°. — *La querelle baptismale.*

Lucius mourut le 5 mars 254. Etienne, qui le remplaça, parait avoir été, dès le principe, peu sympatique à l'évêque de Carthage. Ils ne tardèrent pas à se trouver en conflit, et cela d'abord à propos d'affaires qui ne concernaient ni l'Italie, ni l'Afrique.

Pendant la persécution, deux prélats espagnols, Basilide et Martial, évêque l'un d'Emerita (Mérida), l'autre de Legio et Asturica (Leon et Astorga) avaient demandé ou accepté un certificat de sacrifice. Pour ce fait et pour diverses autres fautes ils avaient été déposés de l'épiscopat et on leur avait ordonné des des successeurs, Sabinus et Félix. Ils ne se résignèrent pas. Basilide partit pour Rome, réussit à convaincre le pape Etienne que les accusations portées contre

[1]. Ep. LXI.
[2]. Ep. LIX, 14.

lui manquaient de fondement, et se fit rétablir dans sa dignité. Peu satisfaits de ce revirement, leurs fidèles et surtout leurs successeurs prirent le parti de s'adresser au concile d'Afrique. Celui-ci était devenu une institution règulière. Nous voyons par les lettres de saint Cyprien, que, sauf les temps de persécution, il se tenait au moins une fois par an, au printemps, et quelquefois à l'automne. Ces grandes assemblées périodiques contribuaient beaucoup au maintien et à l'uniformité de la discipline. Elles étaient célèbres en dehors de l'Afrique, et la réputation de l'homme illustre et sage qui en était l'âme ajoutait encore à leur considération. C'est à l'automne de 254 que le concile fut saisi de la requête des Espagnols. Il procéda exactement comme avait fait le pape ; c'est-à-dire qu'il n'entendit qu'une des parties et lui donna gain de cause. Basilide et Martial furent déclarés indignes de l'épiscopat. Il ne nous est guère possible, sur des enquêtes aussi incomplètes, de décider qui avait tort ou raison[1]. Mais, ce qui est clair, c'est que la lettre du concile d'Afrique[2] par laquelle les églises d'Emerita et de Legio-Asturica reçurent communication de la sentence, contraire à celle du pape Etienne n'était pas faite pour plaire à celui-ci.

Peu après cet événement, Cyprien reçut coup sur

1. Les évêques d'Espagne étaient partagés : Basilide et Martial étaient reconnus par quelques-uns d'entre eux. Ceux-ci sont fort malmenés par le concile africain (Ep. LXVII, 3).
2. Ep. LXVII.

coup deux lettres de l'évêque de Lyon, Faustin, qui lui dénonçait l'attitude schismatique de Marcien, son collègue d'Arles. Marcien était en communion avec Novatien ; il appliquait rigoureusement ses principes sur la réconciliation des *lapsi*. Faustin et d'autres évêques de Gaule s'étaient adressés en vain au pape Etienne pour obtenir la cessation du scandale En désespoir de cause, ils invoquaient le secours de l'évêque de Carthage. Etienne paraît avoir usé d'une certaine modération à l'égard des Novatiens ; on disait qu'il ne faisait aucune difficulté, contrairement à la discipline établie, de conserver leur rang aux prêtres ou diacres schismatiques qui revenaient à l'unité [1]. Cyprien lui écrivit une lettre fort pressante [2]. Selon lui le pape avait le devoir d'intervenir en Gaule, d'écrire aux évêques de ce pays et aux fidèles d'Arles pour qu'ils fissent en sorte d'écarter Marcien et de lui donner un successeur. L'évêque de Carthage semble ici se constituer le champion de la discipline proclamée par Cornelius et Lucius et de la tradition de ces papes, mise en oubli par leur successeur. Le ton de sa lettre indique vraiment peu d'estime pour celui-ci. Etienne, qu'il méritât ou non ces reproches, ne pouvait guère être satisfait de recevoir une telle leçon. C'est sur ces entrefaites qu'éclata la querelle à propos du baptême des hérétiques.

A quelles conditions les hérétiques qui abandon-

1. Ep. LXXII.
2. Ep. LXVIII.

naient leurs sectes pour passer à l'Eglise catholique pouvaient-ils être admis dans celle-ci ? Cette question paraît s'être posée avec quelque insistance vers la fin du IIe siècle, alors que les sectes pullulaient partout et que certaines d'entre elles commençaient à décliner. Deux cas pouvaient se présenter. L'hérétique converti pouvait avoir été initié au christianisme dans la grande Eglise ou dans la secte elle-même. Dans le premier cas, son initiation était sûrement valable, mais il avait commis une faute grave en abandonnant l'Eglise, et celle-ci était en droit de lui imposer une expiation pénitentielle analogue à celle des pécheurs ordinaires. C'est ce que l'on faisait partout. L'autre espèce était différente. L'Eglise catholique pouvait-elle reconnaître comme valable l'initiation accomplie par des sectaires, chrétiens de profession, mais en révolte contre l'autorité, séparés de la communauté des fidèles, attachés à des doctrines flétries ? En admettant que les bizarreries de leurs rites et de leurs formules en laissassent subsister l'identité essentielle avec ceux de l'Eglise, l'effet ne pouvait-il pas en être perverti par le sens que leur attachaient ceux qui s'en servaient ? Cette question, assez délicate, ne fut point l'objet d'une entente préalable ; aussi vit-on bientôt paraître des solutions diverses. Elles peuvent se ramener à deux. En certains endroits, on rejeta absolument toute initiation célébrée en dehors de l'Eglise légitime. A Rome et en Egypte on introduisit une distinction. L'initiation chrétienne comprenait deux actes, le baptême et ce que nous appellons la confirmation. Par le premier on était purifié de ses péchés, par le second on recevait le Saint-Esprit. Dans le rituel de ce second acte, un relief spécial était donné à une imposition des mains, accompagnée d'une invocation à l'Esprit septiforme. L'usage de Rome était de ne pas renouveler le baptême célébré par les hérétiques ; mais, comme on considérait que l'Eglise seule, l'Eglise légitime, est en situation d'invoquer efficacement l'Esprit-Saint, l'hérétique converti se voyait imposer les mains, comme pour la pénitence, en réalité pour qu'il reçût le Saint-Esprit.

A Carthage la répudiation totale s'autorisait d'une tradition assez longue. Tertullien, dans son traité du baptême, l'inculque expressément. Vers 220, elle avait été sanctionnée par un grand concile des évêques d'Afrique et de Numidie, réuni par Agrippinus. En Asie-Mineure, des conciles tenus à Iconium, à Synnada et en divers autres endroits avaient établi [1] la même règle. Elle était également observée à Antioche et dans la Syrie du nord [2]. La Palestine, sur ce point, comme sur l'observance pascale, suivait l'usage alexandrin [3].

Toutefois ces délimitations ne sauraient être consi-

1. Cyprien, ep. LXXV, 7 (lettre de Firmilien) ; Denys d'Alexandrie dans Eus., VII, 7.
2. C'est ce qui résulte de la Didascalie et des Constitutions apostoliques.
3. On peut le déduire de l'attitude d'Eusèbe en cette affaire. Pour lui « l'usage ancien » est que l'on ne renouvelle pas le baptême, mais seulement l'imposition des mains ; Cyprien lui fait l'effet d'un novateur.

» leurs propres usage. Nous non plus, nous n'entendons
» violenter personne, ni faire la loi aux autres. Chacun
» des chefs d'église est libre de conduire son admi-
» nistration comme il l'entend, sauf à en rendre
compte au Seigneur »[1]. Dans cette tension des
esprits, des paroles regrettables furent prononc-
cées. On traita Cyprien de faux christ, de faux
prophète, de mauvais ouvrier. Les légats ne furent pas admis à voir le pape; on interdit même
aux fidèles de les recevoir[2]. Aux prétentions de
Cyprien, Etienne répondit par une décision fort grave.
Non seulement il ne se laissa pas détourner de son
usage et il ne cessa pas de le considérer comme le seul
légitime, mais il signifia aux évêques d'Afrique qu'ils
eussent à s'y conformer, autrement il romprait tout
rapport avec eux. La même sommation fut adressée
en Orient.

La lettre d'Etienne parvint à Carthage dans le
courant de l'été. En attendant la prochaine réunion
du concile, indiquée pour le 1er septembre, Cyprien
écrivit à Pompeius, évêque en Tripolitaine, une lettre[3]
où il parle de la réponse d'Etienne et s'en plaint amè-
rement. Au jour dit, quatre-vingt-sept évêques de
toutes les provinces africaines s'assemblèrent à Car-

1. Il n'est pas aisé de concilier cette permission avec la réprobation
absolue dont Cyprien poursuit l'usage contraire au sien.
2. Ep. LXXV, 25. Firmilien répète ici ce que lui a raconté le diacre
Rogatianus, lequel étant parti de Carthage aussitôt après le concile
du 1er septembre 256 n'a pu connaître, en fait de propos romains,
que ceux qui avaient été tenus avant cette assemblée.
3. Ep. LXXIV.